GRATWANDERUNG

Schicksal meiner moselländischen Familie

im 20. Jahrhundert

2. erweiterte Auflage
© 2022 libri walthari, Berlin
hubertusklink@outlook.com
mit zahlr. Abb., farb. Frontispiz und einer Übersichtskarte am Schluss
Alle Rechte vorbehalten.
Printed in Germany
Herstellung und Verlag: BoD – Books on Demand, Norderstedt
ISBN: 9783754385258

Salve, magne parens frugumque virumque, Mosella!

Für mich ist es immer die Eifel geblieben
Mario Adorf

Für meine Kinder und alle Ukrainer

Heimat und Familie - Geborgenheit und Verpflichtung

Dem Andenken an meine bäuerlichen Vorfahren aus dem Rheinland
und Westfalen.
Meiner Großmutter Aenne Quint, geb. Franksmann-Tobergte
(*1901 Altenhagen b. Osnabrück, +1989 Wintrich/Mosel)
in Liebe und Dankbarkeit gewidmet.

Prolog - Schicksalhafte Begegnung in Berlin

Berlin-Lichterfelde, Gardeschützen-Kaserne, Herbst 1904

Im Hof der repräsentativen Kaserne aus rotem Backstein (sie ist noch heute zu bewundern) stehen angetreten die zur Entlassung anstehenden Unteroffiziere und Mannschaften der 4. Kompanie.
Das Garde-Schützen-Bataillon ist ohnegleichen in der großen Armee des deutschen Kaiserreichs, ein Eliteverband. Vielleicht nicht so exklusiv wie das 1. Garde-Regiment zu Fuß oder das Garde du Corps, aber hinsichtlich der besonderen Tradition und Bewährung auf diversen Schlachtfeldern gibt es im ruhmreichen preußischen Heer wenige Einheiten, die es mit den "Nöffschandellern"[1] aufnehmen können. Das Offizierkorps ist selbstverständlich zu 100% adelig, unter den Mannschaftsdienstgraden sind, wie auch bei der Jägertruppe üblich, die Forstberufe vorherrschend. Die 4. Kompanie hatte sich im Deutschen Krieg 1866 besondere Verdienste erworben, als sie in der Schlacht bei Königgrätz unter hohen Verlusten eine österreichische Batterie weggenommen hatte. Die Szene wurde im Kaiserreich gerne auf Schlachtengemälden wiedergegeben, vielleicht auch wegen der besonderen Uniform, denn der kleidsame grüne Waffenrock und der schwarze Tschako (besonders geformter Lederhelm, später Kopfbedeckung der deutschen Polizei bis in die 60er Jahre) war ausschließlich den wenigen Jägerbataillonen und eben den Gardeschützen vorbehalten.

Aufgrund ihres verhältnismäßig frischen Waffenruhms genoss die 4. Kompanie noch einmal einen Sonderstatus, sie war sozusagen die 'Elite der Elite'. Am heutigen Tag hat sich neben den Soldaten eine ausgesprochen exklusive Schar von Herrschaften auf dem Appellplatz versammelt: Vertreter des hohen Blut- und Finanzadels, hauptsächlich aus Preußen, aber auch anderen Gliedstaaten des Reiches. Männer, die über

---

[1] typisch Berliner Verballhornung des Französischen. Die Berliner, die für alles und jeden sofort einen neuen Spitznamen kreieren, bezogen sich auf den Schweizer Kanton Neufchatel/Neuburg, aus dem der Verband ursprünglich stammte. Sh. auch unter gleicher Nummer im Glossar.

ausgedehnten Landbesitz verfügen und sich eine stattliche Anzahl Angestellter leisten können. Zu einem solchen Hofstaat gehört selbstverständlich ein Hof- oder Leibjäger. Dieser wiederum nimmt in der Rangfolge der Angestellten eine herausgehobene Stellung ein, war doch die Jagd über Jahrhunderte ein an sich aristokratisches Privileg. Mit seinem Leibjäger ist der Jagdherr bei Ausübung selbiger Tätigkeit buchstäblich auf Tuchfühlung, da sucht man sich solch einen Mann vorzugsweise persönlich aus. Zu diesem Anlass sind also die 'Entlassungskandidaten', etwa die Hälfte der Kompanie, angetreten und zwar in drei Gliedern mit drei Schritt Zwischenabstand, so dass die hohen Herrschaften zwischen die Reihen treten können.

Die Front des ersten Gliedes schreitet gerade ab Clemens August Michael Hubertus Antonius Aloysius Maria Freiherr von Schorlemer-Lieser - der Mann hieß wirklich so - beurlaubter Oberpräsident der Provinz Schlesien, ernanntes Mitglied des Preußischen Herrenhauses, gewählter Abgeordneter des Rheinischen Provinziallandtags, 50 Jahre alt. Alter westfälischer Adel, durch Geschick und Befähigung in die genannten hohen Positionen, durch Heirat zu bedeutendem Wohlstand gelangt. Hohe Gestalt, graumelierter, pedantisch gepflegter Schnauzbart, die kurzen grauen Haare mit dem damals obligaten schnurgeraden Scheitel geteilt. Von der Erscheinung nicht unbedingt das Klischee des preußischen hohen Offiziers oder Beamten, eher ein englischer Lord. Der Mann genießt Sympathie und Vertrauen des Kaisers, irgendwann wird vielleicht auch Freundschaft daraus werden. Mehr kann man in einer Monarchie nicht erreichen.

Seine Exzellenz mustert also im Vorbeischreiten die angetretenen Soldaten. Viele haben eine Jagd- oder Forstausbildung vor ihrem Wehrdienst durchlaufen, bzw. einen verwandten Beruf erlernt, Gärtner etwa. Vor allem: diese Männer haben eine vortreffliche zweijährige Militärausbildung absolviert, bei der gesteigerter Wert auf die Schießausbildung gelegt wurde. Gardeschützen sind tatsächlich, was man auch Scharfschützen nennen könnte. Bei der leichten Infanterie herrscht zudem aufgrund der besonderen Kampfweise zwischen Offizieren und

Mannschaften ein anderer, etwas weniger steifer, dafür gleichberechtigterer Umgang. Der Gardestatus[2] ist das Sahnehäubchen, im Ergebnis ist dann selbst der einfache Gefreite fast schon satisfaktionsfähig. Kurz: ein besseres Reservoir für Leibjäger gibt es in Deutschland nicht.

In der ersten Reihe ist Schorlemer nicht fündig geworden, auch in der zweiten konnte kein Mann sein Interesse wecken. Eben beginnt er wieder ganz links außen im letzten Glied. Dort steht der Korporalschaftsführer, ein auffallend junger, schmucker Unteroffizier. Schorlemer bleibt stehen. Der Mann vor ihm hat nicht eben Gardemaß, weshalb er sich nach auch heute noch praktizierten militärischen Gepflogenheiten im hintersten Glied befindet. Ansonsten herrschen bei den Gardeschützen eben andere Maßstäbe: außergewöhnliches Sehvermögen kann da schon mal fehlende Wuchshöhe[3] ausgleichen.
In seiner kerzengeraden, korrekten Haltung unterscheidet sich der Mann nicht von seinen Nebenleuten. Das ansonsten glatt rasierte Gesicht ziert ein stattlicher Schnurrbart, so wie ihn auch seine Majestät der Kaiser trägt. Aber auch das ist damals an sich nichts Besonderes.

Die Messingknöpfe auf der Brust und den besonderen "Französischen" Aufschlägen glänzen in der Septembersonne. Und noch etwas blitzt den Herrn Baron an:
Es sind die Augen meines Urgroßonkels. Diese besonders dunklen Augen, die für seine Familie so charakteristisch sind. Sie schauen ihr Gegenüber lustig-herausfordernd an, gar nicht militärisch-starr oder gar devot. Nein, aus diesen Augen schaut Selbstbewusstsein.

"Sind Sie katholisch? "

"Jawohl, Euer Excellenz!"

"Name? Herkunft?"

---

[2] zum Begriff der Gardetruppen in der preußischen Armee sh. unter gleicher Nummer im Glossar.
[3] aufgrund ihrer spezifischen Kampfweise galten bei der Jägertruppe ohnehin andere Vorgaben. Im 18. Jhdt. gab es beispielsweise selbst bei den Gardejägern eine Körperhöchstgröße!

"Oberjäger[4] Georg Tobergte aus Altenhagen, Osnabrücker Land![5]"

Welchen Beruf haben Sie gelernt?"

"Gärtner, Herr Baron."

In diesem Augenblick nimmt das Schicksal von Georg Tobergte eine entscheidende Wende. Innerhalb kurzer Zeit sollte aus dem aus eher einfachen Verhältnissen stammenden westfälischen Bauernsohn ein angesehener und wohlhabender Weingutsbesitzer an der Mosel werden. Doch auch für eine Verwandte Georgs hatte dessen Zug nach Süden weitreichende Folgen und lenkte ihr Leben in völlig andere als die scheinbar vorbestimmten Bahnen. Hier und in diesem Moment nimmt die Geschichte der Verschmelzung zweier zuvor vollkommen entfernter Familien ihren Anfang und damit auch diese Aufzeichnung.

Die schönste Kaserne des Deutschen Reiches, zeitgenössische Aufnahme aus dem Erinnerungsalbum von Georg Tobergte

[4] Oberjäger: die nur bei der Jägertruppe übliche Bezeichnung für den Unteroffizier
[5] Wenn es Georg geschickt angestellt hat, und alles deutet darauf hin, dann ließ er in dieser entscheidenden Situation gegenüber Schorlemer 'den Westfalen raushängen'. Also: Altenhagen, Kreis Osnabrücker Land und nicht das an sich übliche: Altenhagen, Provinz Hannover. Landsmannschaftliche Verbundenheit spielte damals bei Personalentscheidungen dieser Art eine Rolle, die man nicht hoch genug einschätzen kann.

Ein Wort vorweg

Familiengeschichten nicht-fiktiver Art dürften in der langen Reihe effektiver literarischer Schlafmittel einen der vordersten Plätze einnehmen. Um dem entgegenzuwirken, enthält dieses Buch stellenweise ordentliche Prisen von sex 'n drugs, crime 'n violence sowie Gesellschaftsklatsch aus hohen bis allerhöchsten Kreisen. Dennoch - und darauf lege ich großen Wert - ist nichts erfunden, sondern vielmehr ALLES historisch oder durch Zeitzeugen belegt.

Dieses Buch richtet sich ausdrücklich auch an jüngere Leser.

Wintrich, Oberdorf, 21.05.2017, 14:45 Uhr

Gleich werde ich mich für vier Stunden in die Pfarrkirche St. Stephanus begeben. So genieße ich an eine Mauer gelehnt noch die warmen Sonnenstrahlen. Von oben kommt eine Frau die Pützgasse herab. In diesen Bereich des Ortes verirren sich in der Regel keine Touristen. Ich werfe ihr einen Blick zu, dabei denkend: lustig, aber die Chance, das ich mit dieser mir wildfremden Person verwandt bin, liegt bei mindestens 50%. Wie zum Gruß sagt sie: "Ein letztes Mal" und lacht. In Wintrich ist der letzte Tag der Passionsfestspiele. Was der kleine Ort alle fünf Jahre auf die Beine stellt, ist schlicht sensationell. Buchstäblich das halbe Dorf ist unmittelbar involviert, allein der Chor umfasst 88 Mitglieder.

Bahnstrecke, irgendwo zwischen Berlin und Frankfurt. 20.05.2017

Ich sitze im ICE - auf dem Weg an die Mosel - und schreibe. Ich schreibe die Geschichte meiner mütterlichen Familie und tue dies - in einem Zug - seit etwa fünf Wochen. Annähernd 200 Seiten sind bereits gefüllt, die Rohfassung der persönlichen Kapitel nähert sich dem Ende. Seit bald 20 Jahren sollte eigentlich alles bereits fertig sein, aber man scheut ja vor solchen Großvorhaben ständig zurück und es findet sich immer ein guter Grund, warum man mit dem Werk doch nicht beginnen kann.
Warum es jetzt auf einmal Klick gemacht hat? Ich weiß es selber nicht genau. In den Osterferien habe ich erstmals seit fast 25 Jahren wieder

meine Tante Hildegard, die 'Seniora' der Familie, in Freiburg besucht. Meine Tante weiß sehr viel, sie hat vor allem die seltene Gabe, sehr präzise Angaben zu machen und auch dezidiert darauf hinzuweisen, wenn sie sich in der einen oder anderen Sache nicht 100%ig sicher ist. Man spürt ihre akademische Ausbildung deutlich.

Hildegard ist zum Zeitpunkt meines Besuchs fast 88 Jahre alt. Die Zeit, sich mit den Kindern der Aenne und des Eduard unterhalten zu können, geht unaufhaltsam dem Ende entgegen. Dies war der eine Grund. Der andere war ein Fund, der mich geradezu elektrisiert hat. Die Gestapo-Akte meines Großvaters. Jahrzehntelang waren die Akten der Gestapoleitstelle Trier in einem französischen Militärarchiv verschwunden, erst 2015 wurden sie wiederentdeckt und waren erst Monate vor meiner Anfrage bei der Uni Trier grob erfasst worden. Dennoch hat man mir sehr schnell und umfassend Auskunft gegeben, so dass ich erstmals den Namen des abgeschossenen amerikanischen Fliegers erfuhr und weitere Nachforschungen im Internet anstellen konnte.

Das Wissen, die Hintergründe für dieses Buch haben sich über mehr als vier Jahrzehnte angesammelt, alles war im Kopf, es musste 'nur' noch zu Papier gebracht werden. Jede Minute in Urlaub, Freizeit und auf Reisen (einmal auch nach Afrika) nutzte ich in den folgenden Wochen. Ich schulde meiner Frau und meinen Kindern einerseits einen großen Dank für ihr Verständnis, andererseits ist dieses Werk in erster Linie für sie verfasst.

Für mich war das Recherchieren und Schreiben eine bislang einmalige und geradezu unglaubliche Erfahrung. Mir sind so viele Dinge klargeworden, die jahrzehntelang Rätsel aufgegeben hatten. Wenn man sich intensiv in die Rolle eines Menschen begibt, über den man an sich eine Menge weiß, wenn dann von rechts und links Puzzleteile hinzugefügt werden können, ergibt sich irgendwann ein annähernd komplettes Bild und plötzlich sieht man klar und versteht Vieles, was bislang rätselhaft erschien. Eine faszinierende Erfahrung, die selber zu machen ich jeden nur ermuntern kann.

Wenn nicht anders angegeben, beziehen sich Angaben zu Jahrzehnten in diesem Text stets auf das 20. Jhdt. Ein Stammbaum am Ende erleichtert die Orientierung in der weitverzweigten Familie.

Zu diesem Buch in besonderer Weise beigetragen haben, was die Quints angeht meine beiden Tanten Hildegard Kling und Erika Moser sowie die 93-jährige Nachbarin Pauline Simon. Was die Tobergtes und Franksmanns angeht der Cousin meiner Mutter Alex Himmermann (+ 2019) sowie mein Cousin Matthias Quint und was das Dorf Wintrich und seine Geschichte angeht, Herr Paul Jüngling (+2020). Ihm verdanke ich auch viel Hilfe bei Übersetzungsarbeiten (Hoch-) Deutsch - Wintricher Platt. Herrn Günter Kettern aus Konz schulde ich viel Dank für vielfältige Unterstützung durch seine umfangreiche genealogische Datenbank. Selbstverständlich haben viele weitere Menschen beigesteuert, nicht zuletzt mein Vater und meine Geschwister.

Jede Familie hat ein kollektives Gedächtnis, aber wenn es nicht von Zeit zu Zeit niedergeschrieben wird, geht Vieles unwiederbringlich verloren. In meiner Familie gab es auffallend viele ausgesprochen starke Persönlichkeiten, mit allen positiven wie negativen Begleiterscheinungen solcher Menschen. Ich erwähne dies deshalb, weil es für den Autor den großen Vorteil birgt, authentische und unverwechselbare Charaktere als Ausgangsmaterial vorzufinden. Ich habe mich bemüht, meine Vorfahren in der sie prägenden Zeit und ihren Umständen *vorzustellen.* Wie man diese dann persönlich *beurteilt,* möchte ich ausdrücklich dem Leser überlassen.

Vorwort zur 2. Auflage:

Eine ganze Reihe zum Teil spektakulärer Aktenfunde gab den Anstoß, eine zweite Auflage dieser Familiengeschichte zu besorgen.

Konkret: die Akten der Spruchkammerverfahren (Entnazifizierung) meines Großvaters Eduard Quint und meines Urgroßonkels Georg Tobergte - beide spielen in dieser Saga eine herausgehobene Rolle - brachten eine Reihe sehr interessanter und bislang nicht mehr bekannter Aspekte ans Licht. In diesem Zusammenhang möchte ich den Herren Archivräten Dr. Daniel Heimes und Dr. René Hanke vom Landeshauptarchiv in Koblenz danken.

Großen Dank schulde ich Frau Elisabeth Quint aus Rastatt und Herrn Claus Quint aus Wintrich, die mir wertvolle Informationen zum Schicksal jener Wintricher Quints gaben, die im 18. Jhdt. in das Banat auswanderten. Ich habe deren bewegtem Schicksal ein eigenes, neues Kapitel gewidmet. Damit findet auch eine Facette der reichen Geschichte der deutschen Siedlung im Osten Europas seinen Niederschlag in dieser Familienchronik.

Insgesamt, so denke ich, konnte der Inhalt dieses Buches durch die neuen Informationen abgerundet, bereichert und komplettiert werden.

Ich wünsche allen Lesern viel Vergnügen bei der Lektüre!

Sofia, im März 2022

Aber da draußen am Wegesrand,
Dort bei dem König der Dornen,
Klingen die Fiedeln im weiten Gebreit,
Klagen dem Herrn unser Carmen.
Und der Gekrönte sendet im Tau
Tröstende Tränen herunter.

Fritz Sotke

Wilde Gesellen - Die Quints ziehen an die Mosel

Der Winzer und Bauer Matthias Quint wurde am 18.12.1873 in Wintrich/Mosel geboren. Sein Vater hieß ebenfalls Matthias[6] und erblickte 1835 das Licht der Welt, bei seinem Tod war mein Urgroßvater 13 Jahre alt. Matthias d.Ä. war der Sohn des Johann, der von 1807 - 1885 lebte. Johann war der Sohn des Jakob (*1774 + 1807), Jakob der Sohn des Michael, dieser schließlich der Sohn des Gerlach, der 1717 geboren war. Ein älterer Bruder des Gerlach (Johann) wanderte 1766 aus ins Banat.

Fast wäre unser Quint-Zweig in den dreißiger Jahren des 19. Jhdts., als die Kindersterblichkeit besonders stark grassierte, ausgestorben, denn von den 5 Kindern, die der Johann mit seiner Katharina Esselen hatte, überlebte nur der Matthias. Die in den Akten erhaltene Heiratsbescheinigung des Vaters Jakob und der Mutter Anna Eva (übrigens einer Analphabetin, die mit Kreuzen unterschrieb) stellt bemerkenswerterweise die erste Urkunde der Franzosenzeit im Amt (Marie) Lieser dar (03.03.1798).

Matthias Mutter war die ebenfalls aus Wintrich stammende Anna Maria Kiemes, 10 Tage vor seinem 16. Geburtstag war Matthias Vollwaise. Auch Großvater Johann[7] war selbstverständlich schon tot, so alt wie heute wurden die Menschen Anfang/Mitte des 19. Jhdts. nicht. Die besagte Anna Maria starb mit 29. Matthias hatte fünf Geschwister: vier Schwestern und

---

[6] Matthias (hebr.: "Geschenk Gottes"; im 19. Jdt. oft nur mit einem t geschrieben), war über Jahrhunderte einer der gebräuchlichsten männlichen Vornamen im Großraum Trier und der ganzen Moselregion. Dies lag an dem Umstand, dass die Kaiserin Helena, also die Mutter Kaiser Konstantins des Großen, den Trierer Bischof Agritius (auch diesem Namen werden wir noch einmal begegnen) beauftragt hatte, die Gebeine des Apostels Matthias nach Trier zu bringen, wo sie seit Anfang des 12. Jhdts. in der gleichnamigen Basilika verehrt werden. Auch heute noch tragen zwei meiner Cousins den schönen Namen zu Ehren ihres/ihrer Vorfahren.

[7] Der Hausname der Wintricher Quints lautet "Haanesen". Über den Ursprung gibt es konkurrierende Theorien. Die These, weil in der Familie der Vorname Johannes so häufig gewesen sei, ist m.E. völlig abwegig. Erstens stimmt es nicht und zweitens träfe es auf viele andere Familien wesentlich eher zu. Wahrscheinlicher ist, dass ein Johannes seinen Namen auffällig gedehnt aussprach: "Ei-esch sinn der Joha-anes".

einen Bruder. Außer den Schwestern **Elisabeth (Liß)** (*1869) und **Anna** (*1875) wurden alle Geschwister nicht wirklich alt. Der Bruder hieß **Johannes (Hanni,** *1867); die beiden übrigen Schwestern **Gret** (*1868) und **Marie** (1871) verstarben früh [Kommentar Tant' Lis: "Se hunn sej-ich iwer de Bur gelocht." Sie haben sich über den Bor (Brunnen) gelegt: Wir vermuten, dass in der Familie offene Tbc grassierte]. Gret war die älteste Schwester und übernahm nach dem Tod der Eltern das Kommando. Die Geschwister blieben nämlich zusammen und wurden nicht, wie sonst in solchen Situationen üblich, auf die gesamte Verwandtschaft verteilt. U.a. hielt sich die Kinder-WG mit der Zucht von Ochsen über Wasser. Es muss eine sehr harte Schule gewesen sein, völlig ungewöhnlich war so etwas damals keinesfalls.

Wir können die Vorfahren des Matthias recht weit zurückverfolgen, die ersten Quints tauchen etwa Anfang des 17. Jhdts. im Hunsrückraum (Hoxel) auf. Sie kamen von außerhalb Deutschlands, wohl aus dem romanischen Sprachraum, mutmaßlich aus der Lombardei. Die ältesten an der Mosel nachweisbaren Quints übten ein 'unehrliches' Gewerbe[8] aus und zogen als vagabundierende Kesselflicker im ersten Viertel des 18. Jhdts. vom rauen Hunsrück auf Dauer herunter an die liebliche Mosel.

Umherziehende Kesselflicker bei der Rast in Reil ca. 1925

So, so, meine Ahnen waren also 'Fürsten in Lumpen und Loden, ehrlos bis unter den Boden', wie es in dem schönen Wandervogellied heißt, sie zogen

---

[8] unehrlich im Sinne von ehrlos. Bis ins 18. Jhdt. galten alle nicht ortsfest, von als „herrenlos" geltenden Menschen („Fahrendes Volk") ausgeübten Gewerbe wie Lumpensammler, Spielleute, Kesselflicker, Scherenschleifer oder Hausierer als unehrlich. Sh. auch Glossar.

'weiter wirbelnd auf staubiger Straß' und 'klopften bei Veit und bei Velten' ... und ab und an werden sie sich auch gekloppt haben wie die ….

„Die Quint waren und sind auch wegen ihres Jähzorns (Gätsch [?]) bekannt."[9]

Das Haus, in dem Matthias geboren wurde, existiert noch. Es liegt auf der Flur namens "Thanischt" und heißt folgerichtig in der moselländischen Diktion: 'auf Tónischt' (kelt.: tanaoon; es ist der älteste besiedelte Teil Wintrichs).[10] Eigentlich ist es gar kein einziges, zusammenhängendes Haus sondern ein ziemliches Sammelsurium von mindestens drei recht verschiedenen und unterschiedlich alten Gebäudeteilen. Das typische Produkt einer Bauweise, bei der fehlender Platz die Mutter und fehlendes Geld den Vater bilden. Da wurde hier mal was zugekauft und angestückelt und dort mal was um- bzw. angebaut. Dann musste aufgrund eines Erbfalls wieder etwas abgetrennt werden, am Ende kam ein architektonischer Frankenstein heraus, nur viel kleiner und schwächer. Aufgrund der auch Realteilung genannten fränkischen Erbteilung sahen in Moseldörfern Baugrundstücke genauso aus, wie die Wingerten im Berg: schmale, lange Handtücher, wobei die Bauplätze zwar fast immer schmal, dafür aber fast immer eher kurz waren.

Der Erbauer des jüngsten, den rechten Flügel des Hauses bildenden Teils war Matthias' Großvater Johann. Folglich ziert den Türsturz (dieser bildet, zusammen mit den schönen, in Sandstein gefassten und oben abgerundeten beiden Fenstern des Mittelteils, den einzigen Schmuck des Hauses) folgende Initiale: J 18 + 85 Q.
Johann ließ also diesen Flügel bauen, wirft nach Fertigstellung einen Blick auf die Handwerkerrechnungen und fällt auf der Stelle tot um. Das war folglich im besagten Jahre 1885 und zwar gleich im Februar, sein Enkel ist gerade zarte 11, fünf Jahre später wird er Vollwaise sein. So etwas ist heute kein Spaß, damals war es so ziemlich die Hölle.
Die Lage eines Hauses innerhalb des Dorfes sagt viel über den sozialen Status seiner Bewohner aus, das ist letztlich allerorten so. Es gibt gute und weniger gute und natürlich gibt es auch schlechte Lagen. Aufgrund der

---

[9] Aufzeichnungen des Eduard Quint, S. 117
[10] etymologische Ausführungen zur Flurbezeichnung im Glossar.

spezifischen Moseltopographie (Ernst Jünger hat sie einmal mit dem treffenden Adjektiv 'plastisch' versehen) sieht es in einem typischen Moseldorf so aus: die besten Lagen befinden sich entlang von Hauptstraße und am Dorfplatz. Die Hauptstraße liegt, womöglich, hoch genug, dass sie einerseits frei von Hochwasser ist aber gleichzeitig nicht so hoch, dass die Topographie zu steil wird/das

akuter Platzmangel herrscht. In Wintrich war dies der Fall, eine glückliche Ausnahme, denn in den meisten Moselorten liegt die Hauptstraße aus Mangel an ebener Fläche mehr oder weniger direkt am Fluss bzw. auf dessen Höhe. Dann kommen die Grundstücke 'in zweiter Reihe', aber immer noch im Flachen und möglichst hochwasserfrei. Je weiter nach oben zum Berg, bzw. je tiefer hin zum Wasser (letzteres gilt ausdrücklich nur für Wintrich, an vielen Orten standen die schönsten Häuser am Wasser und man nahm die Folgen in Kauf) sich alle übrigen Häuser ziehen, desto schlechter die Lage.

Auf Thanischt liegt auf einer unteren bis mittleren Hanglage, in dieser Kategorie dürfte sich bis heute ein Großteil bis die Masse aller Häuser in Wintrich befinden. Wie mit einem modernen Refraktometer den Oechslegrad des Traubenmostes, können wir anhand dieser Einstufung erstaunlich präzise den sozialen Stand der Quints bestimmen: sie lagen sozial vollkommen im Durchschnitt, d.h.: sie lebten in bescheidenen aber auskömmlichen Verhältnissen. Für uns Heutige waren sie damit ziemlich arm. Sie waren es auch im Vergleich zu bäuerlichen Verhältnissen in anderen (nicht allen!) Teilen des damaligen Deutschlands. Außenstehende verbinden heute mit Weinbau reflexartig eher bäuerlichen Wohlstand. Damals war das an der Mosel definitiv nicht so.[11] Bis nach dem 2. Weltkrieg konnte man in den Moseldörfern nackte Armut antreffen, zu Matthias Zeiten dürften 40, eher 50% seiner Klassenkameraden aus bescheideneren Verhältnissen als er selbst gekommen sein.

---

[11] welche Kriterien ausschlaggebend dafür waren, ob eine Weinregion eher arm oder wohlhabend war, findet sich im Glossar

Matthias

Am 26.05.1904 heiratet Matthias Susanna Kettern, die von einer vergleichsweise begüterten Familie aus dem moselaufwärts gelegenen Nachbarort abstammt. Für diese Geschichte ist Matthias gewissermaßen der Ausgangspunkt, der "Stammvater". Wenn wir an die Stammväter denken, welches Bild haben wir vor Augen? Großgewachsene, ehrwürdige ältere Männer mit kahlem Haupt und Rauschebart, so oder so ähnlich, nicht wahr?

Nun, so können wir uns unseren Matthias auch tatsächlich vorstellen, nur den Rausche- müssen wir durch einen Schnauzbart ersetzen, allerdings einen stattlichen. Gegen Ende des Weltkrieges trug er tatsächlich einen sorgfältig gestutzten Vollbart. A propos: Matthias war ein ausgesprochen ansehnlicher Mann: das Hochzeitsbild zeigt ihn groß gewachsen und von kräftiger Statur, mit den großen Händen eines Landwirts und tatsächlich - auch bereits mit 30 - recht kahlem Haupt. Dieses Haupt ist freilich ein echter Charakterkopf: vollkommen ebenmäßig geformt, mit gerader Nase, den beiden leicht kalt-herablassend blickenden blauen Augen (das Markenzeichen aller waschechten Quints: die graublauen Augen) und darüber, buchstäblich als Krönung: eine hohe und sehr breite Stirn. Das Haupt eines freien und stolzen Mannes, der Schädel Eines, der stur und unbeirrbar dem Weg zu einem selbst gesetzten Ziele folgt.

Sein erstes wichtiges Ziel hatte Matthias tatsächlich sozusagen im Moment der fotografischen Aufnahme erreicht: durch die Heirat mit Susanna war der aus beengten Verhältnissen stammende junge Mann mit der schwierigen Kindheit zu Wohlstand gelangt, jedenfalls zählte er von diesem Moment an zu der sehr überschaubaren bäuerlichen "Oberschicht" im armen Wintrich.[12]

Ich fürchte, dieser stets ausgesprochen rational denkende und auf äußerste Effizienz und Sparsamkeit ausgerichtete Mann hat später in der Ehe auch nicht einen Hauch für romantische Gefühle erübrigt. Ein drastisches Beispiel mag dies verdeutlichen: nachdem innerhalb Jahresfrist nach Eheschließung wunschgemäß ein Junge (Eduard, mein Großvater) geboren war, stellte Matthias bildlich die Betten auseinander, der 'Ehebetrieb' wurde komplett eingestellt. Der Hoferbe war ja geboren, jedes weitere Geschwister hätte doch nur das Erbe verkleinert und damit seine Lebensleistung geschmälert, den Quint-Hof (der mit Rücksicht auf das von außen ererbte Vermögen noch etwa bis Susannas Tod der Quint-Kettern Hof hieß) endlich groß zu machen. Um sich nicht in Versuchung zu bringen, musste Susanna alsbald sogar ein Zimmer unter dem Dach beziehen, wenn Matthias etwas machte, dann immer nur zu 100%.

Man sollte in diesem Zusammenhang wissen, wie Matthias bereits früh seine Prioritäten gesetzt und diese dann auch zeitlebens konsequent gelebt hat: Zu allererst kam sein Hof. Dann kam ganz lange gar nichts. Dann kamen seine Frau und die beiden Kinder und am Schluss schließlich noch die Kirche. Das war's.
Nix Volk, nix Reich und gleich gar nix Führer, mochte er Wilhelm, Friedrich oder Adolf geheißen haben.

---

[12] Bereits wenige Jahre nach der Heirat war Matthias zum reichsten Winzer in Wintrich aufgestiegen. Sh. auch Glossar

Exkurs Erbrecht:

Tatsächlich erscheint die an der Mosel herrschende fränkische Erbteilung (Realteilung) auf den ersten Blick zwar als gerecht und modern, führte im Resultat jedoch häufig dazu, dass sich die oftmals ohnehin kleinen Höfe bis unter die Wirtschaftlichkeitsgrenze verkleinerten (Eduard: "Die Leute haben sich buchstäblich zu Tode geteilt." Auf Platt: 'Sei hunn se-ich dootgedehlt'). Dies verschärfte die allgemeine Armut eher noch. Das Gegenmodell, die in Gegenden wie Westfalen, Niedersachsen, Sachsen, dem Hochschwarzwald, Oberbayern und Tirol vorherrschende germanische Erbteilung (Anerbenrecht) bevorzugte einen einzigen Erben. Dies benachteiligte objektiv die übrigen Geschwister, sicherte aber den Fortbestand der Höfe innerhalb der gleichen Familie oftmals über Jahrhunderte. Der Hoferbe wiederum konnte aus praktischen und auch moralischen Gründen seinen Geschwistern die Hilfe nicht versagen, sollten diese sich in einer Notlage befinden. Matthias war ganz eindeutig ein entschiedener Gegner der Realteilung oder umgekehrt und noch präziser ausgedrückt: er wollte seinen Hof auf möglichst lange Zeit in voller Größe erhalten wissen. Das war seine Lebensvision.

Sozio-historisch betrachtet ist das Anerbenrecht übrigens eine Übertragung der feudalen Sippschaftsstrukturen auf den Bauernstand. Auf den Einzelfall projiziert lautete das Ziel aller Träume mithin: Herr Matthias von Quint auf und zu Korbel.

Wo wir schon mal bei den Herren sind. An der armen, weinbäuerlichen Mosel unter fürstbischöflicher Herrschaft gab es deren in Wirklichkeit nur exakt drei: 1. dé Hä-a im Himmel, 2. dé Hä-a Pastóa unn 3. dé Hä-a Weinkommissär.[13]

Sèrèck zo osem Matti: Seinen Vorfahren hatte sich das 'Problem' eines reichen Erbes nie gestellt, Matthias musste sich hierzu erstmals Gedanken machen und anschließend entsprechend handeln. Er tat dies in der für ihn eigenen konsequenten und unbeirrbaren Art.

Die später von einem anderen Großen Vorsitzenden als fortschrittlich erkannte und entsprechend kopierte 'Ein-Kind-Politik' war in den

---

[13] Weinhändler, sh. auch Glossar

Winzerfamilien der Mosel, wo man im Schnitt mindestens 4 Kinder hatte, etwas vollkommen Außergewöhnliches. Neun Jahre später ereignete sich dann doch ein 'Betriebsunfall'.[14] Dessen Ergebnis war die kleine Schwester Rosa Christiane, die im Februar 1914 geboren wurde.

Wer war dieser Matthias Quint? So, wat wiss'n mir iwer de Haanessen-Mattes?

Auf den ersten flüchtigen Blick unterscheidet er sich mit Mitte 20 in keiner Weise vom Gros seiner Altersgenossen in Wintrich und damit an der Mittelmosel. Er stammt aus einer vergleichsweise armen Winzerfamilie. Das dürfte, wie wir gesehen haben, auf 80-90% seiner Altersgenossen zugetroffen haben. Natürlich gab es noch eine ganze Menge Vertreter verschiedener Handwerke (Bäcker, Metzger, Schreiner, Stellmacher, Schmiede, Schuster, Küfer u.v.m.), die waren deshalb aber in aller Regel nicht wohlhabender. Lediglich Müller konnten es oftmals zu einem mehr oder weniger bescheidenen Wohlstand bringen. Dafür mussten freilich (wie beispielsweise bei den Brauern) zuvor erst einmal kräftige Investitionen getätigt werden.

Matthias wächst 'Auf Thanischt' (Tónischt) auf. Die Straße liegt am südlichen Ortsrand, an einer leichten Hanglage unweit des Friedhofs. In den Moseldörfern herrscht aufgrund der spezifisch topographischen Verhältnisse fast überall diese drängende und belastende Enge (vorne der Fluss, hinten der Berg). Beim Hantieren und Rangieren mit den teilweise recht großen Fahrzeugen und Gerätschaften einer Winzerwirtschaft, Behinderung der Durchfahrt, Ableitung von Regenwasser oder gar Jauche, sind ständige Nachbarschaftsstreitigkeiten vorprogrammiert. So war die

---

[14] Neben der allzu menschlichen Theorie des 'Betriebsunfalls' gibt es noch eine weitere, leider eher wahrscheinlichere Theorie: Im Jahre 1913 fanden in Wintrich sogen. 'Exerzitien' statt. Dazu entsendet der Bischof alle 10-15 Jahre einen Trupp von 2-3 Priestern in ein Dorf, um es im Sinne der Kirche 'auf Vordermann' zu bringen. Den Herren Geistlichen dürfte nicht gefallen haben, dass ausgerechnet der reichste Bauer im Dorf (Vorbild!) nur ein einziges Kind hatte. Sie werden dem Matthias energisch ins Gewissen geredet haben, was denn da bei ihm los sei von wegen des göttlichen Auftrags 'Wachset und mehret euch!" und so. Prompt kommt im folgenden Jahr eine Tochter auf die Welt.

Zufahrt zum Stall auf Thanischt gemeinschaftlich, es gab ständig Ärger. Matthias will unbedingt raus aus dieser beklemmenden Enge, aus dieser elenden Armut, die keine Entwicklung zulässt. Matthias fehlen aber nahezu alle Voraussetzungen, um seine Absichten auch in die Tat umzusetzen. Er verfügt über keinerlei finanzielle Mittel, sein Bildungsabschluss entspricht dem Minimum bzw. ist vollkommen durchschnittlich (8-jährige Dorfschule), er hat keine reichen Verwandten oder sonstigen Gönner.

Zur politischen Einstellung meines Urgroßvaters: Matthias war katholischer Rheinländer. Damit ist schon viel zu seiner politischen Verortung im Kaiserreich der Jahrhundertwende gesagt, viel mehr, als man heutzutage annehmen würde. Das Moseltal wurde, wie die Mehrheit der linksrheinischen Territorien, jahrhundertelang überwiegend von Fürstbischöfen regiert (Wintrich gehörte zum Kurfürstentum Trier). Die Herrschaft der Kirchenherren war gemeinhin etwas weniger drückend, als dies in den weltlichen Territorien der Fall war (daher auch der Spruch "Unterm Krummstab lässt es sich gut leben"). Dieses vergleichsweise liberale Regiment wurde noch bestärkt, als die Franzosen Ende des 18. Jhdts. die gesamten linksrheinischen Territorien besetzten und Frankreich einverleibten. Zwar war das französische Militär bzw. die Verwaltung keineswegs beliebt, u.a., weil es fleißig Steuern eintrieb, aber die positiven Seiten überwogen zunächst: politische Freiheit und ein modernes Rechtssystem. Jedwede Privilegierung Einzelner oder bestimmter Gruppen wurde abgeschafft, vor dem Gesetz waren erstmals alle gleich.

Einen nicht unerheblichen Anteil an der Attraktivität der Herrschaft der Franzosen hatte zu allen Zeiten und Orten ihre wohlklingende Sprache, die selbst den profansten Dingen einen Hauch von Eleganz und Exklusivität zu verleihen vermochte. So wurde aus meinem Urururururgroßvater, dem Bauern Jakob, "Jacques", der "cultivateur", so steht es in der Geburtsurkunde seines Sohnes Johann, pardon, Jean, aufgesetzt im März 1807 in der Mairie de Lieser, Département de Sarre. Doch keine 20 Jahre sollten sich die rheinischen Bauern ihres schicken neuen Titels erfreuen dürfen, nach 1815 machten die Preußen aus ihnen schlichte "Ackerer", welch ein Fall! "Das sie uns nicht gleich "Rackerer" genannt haben, war aber auch schon alles", pflegte mein Großvater bei dieser Gelegenheit stets anzumerken. Sein Vater wählte übrigens nicht das Zentrum, sondern rechtsliberale, nationale Parteien, am Schluss wohl DNVP.

Als ausgerechnet den anti-liberalen Preußen 20 Jahre später auf dem Wiener Kongress das Rheinland zugesprochen wurde, musste das auf seine Bewohner wie die sprichwörtliche kalte Dusche gewirkt haben. Kurzum: die Preußen waren nicht beliebt im Rheinland und das blieb in vielen rheinischen Familien so über Generationen. Bis weit in das 19. Jhdt. hatte das preußische Militär erhebliche Probleme bei der Aushebung seiner rheinischen Rekruten. Der lange und schwere preußische Wehrdienst war gerade im Rheinland sehr unbeliebt und zahllose junge Männer suchten sich ihm durch Flucht oder kurzfristige Auswanderung zu entziehen. Selbst wenn es gelang, einen Rheinländer in den 'blauen Rock' zu stecken, galt dieser bei Preußens pauschal als unzuverlässiger Soldat und lästiger Fragensteller. Erheblich beigetragen zu dem verbreiteten anti-preußischen Sentiment und die Entfremdung nochmals entscheidend vertieft hat die prononciert anti-katholische Haltung und Politik des preußischen Ministerpräsidenten und späteren Reichskanzlers Bismarck während langer Jahre seiner Regierungszeit.

Mit den Preußen hatte Matthias nichts im Sinn, mit einer gewichtigen Ausnahme: ihre sprichwörtliche Sparsamkeit und ihren Sinn für Ordnung und Organisation hat mein Urgroßvater zeitlebens hemmungslos bewundert. Die Geschichten, dass der Soldatenkönig sich seine Badewanne nicht gekauft, sondern beim Nachbarn ausgeliehen habe (zumindest für einen gewissen Zeitraum ist das historisch verbürgt), oder dass der Alte Fritz sich seinen Uniformrock eher fünfmal flicken ließ, als sich einen neuen zu beschaffen, wurden bei Quints von Generation zu Generation als leuchtendes Beispiel vorbildlicher Lebensführung weitergegeben.

Ansonsten wurde die preußische Verwaltung, wenngleich korrekt und sparsam, als brutal empfunden. Noch bei meiner Mutter konnte ich deutlich spüren, dass alles, was östlich der Elbe lag, als zutiefst rückständig, wenn nicht primitiv, wahrgenommen wurde. Dass ostelbische Agrarier ihre Landarbeiter schlugen, hat Matthias zutiefst entsetzt.

Ein geflügeltes Wort im Rheinland:
„Was brachten uns die Preußen?
die Flöh (die Armut)
die Schandarm (Gewalt)
den kalten Wind (Osten)"[15]

Nasse Achter: Wir standen an der Mosel Strand, zum Schutze für das Vaterland - Militärdienst in Metz

Von 1895 - 1897 leistete Matthias seinen obligatorischen 2-jährigen Wehrdienst beim Rheinischen Fußartillerieregiment No. 8 in Metz. Dazu musste er sich im Prinzip nur genau 160 km moselaufwärts begeben.

Metz war eine sogenannte "Festung Ersten Ranges" versehen mit einer geradezu riesigen Garnison (natürlich diente diese geballte Militärmacht dem Schutz der Westgrenze des Reiches, man könnte freilich auch sagen, sie war gegen Frankreich gerichtet). Ansonsten war die Stadt an der Mosel ein wichtiger Verwaltungssitz (Hauptstadt von Lothringen), Bischofsresidenz und Standort von Industrie (dominierend dabei Gerbereien und Lederverarbeitung). Metz hatte in den 90er Jahren rund 60.000 Einwohner, aus der Perspektive eines Winzerjungen von der Mittelmosel eine absolute Großstadt. (Zum Vergleich: Trier hatte zur gleichen Zeit nur gut 36.000 Einwohner). Ein großer Teil der Metzer Stadtbevölkerung - mehr noch die umliegende Landbevölkerung - war französischsprachig, wie der gesamte Westen von Lothringen, das 1871, nach dem gewonnenen Krieg gegen Frankreich, als Teil des Reichslandes Elsass-Lothringen vom Deutschen Reich annektiert worden war.
Insgesamt umfasste die Metzer Garnison rund 20.000 Mann[16] und war damit eine der größten des Deutschen Heeres (ein Kaiserliches Heer gab es nicht, laut Verfassung des Deutschen Kaiserreiches unterstanden alle Heereseinheiten den jeweiligen Reichsstaaten. Eine Kaiserliche Marine hingegen gab es). Eine Besonderheit verdient Erwähnung: die 'bunte

---

[15] Aufzeichnungen des Eduard Quint, S. 17
[16] sh. im Glossar zu den milit. Kommandobehörden

Mischung' aus Truppen aller Reichsstaaten war im Kaiserreich keinesfalls normal und stellte eine Besonderheit der Garnisonen in Elsass-Lothringen dar, die von allen Gliedstaaten 'beschickt' wurden um den Charakter des 'Reichslandes' zu unterstreichen.

Fußartillerie nannte sich im Kaiserreich die schwere Artillerie, die im Gegensatz zur (leichten) Feldartillerie zu schwerfällig war, um der kämpfenden Truppe unmittelbar zu folgen. Wir erinnern uns, Clemens August Schorlemer tat Dienst in einem Feldartillerieregiment. Er war zwar von Adel, aber nur Beutepreuße und - Gott sei mit uns - Katholik!! Ab zu den Bummsköppen!!! "Aba marsch, marsch, wenn ick bitten daaf!!" Ein echter ostelbischer Junker wäre 'da' nie hingegangen.

Das Rheinische Fußartillerie-Regiment Nr. 8 wurde am 16. Juni 1864 gegründet. Einzelne Kompanien/Batterien weisen zum Teil ältere Traditionslinien auf, die bis auf die Befreiungskriege zurückreichen. Das Regiment erhielt seine Feuertaufe bei der Erstürmung der Düppeler Schanzen 1864 im Krieg gegen Dänemark, wo es eine prominente Rolle spielte. Auch die Kriege 1866 und 1870/71 sahen das Regiment im Einsatz.

Der Regimentsspruch des 8. Fußartillerie-Regiments war, neben dem für alle Artilleristen auch heute noch gültigen „Zu-gleich!"[17], seit 1877 „Treu Metz alle Wege!"

Spitzname für die Angehörigen des Regiments war „Nasse Achter". Eine Anspielung auf die rheinische Trinkfestigkeit der Artilleristen. Dazu kam, dass in den Reichslanden Elsaß-Lothringen das Bier so billig war, wie nirgends sonst im Deutschen Reich. (Jetzt wissen wir also, warum die Bayern das zweitgrößte Truppenkontingent in Metz stellten.)

Eine amüsante Begebenheit ereignete sich gleich zu Beginn von Matthias' Metzer Zeit. Nachdem er sich ordnungsgemäß am 01. Oktober (einem Dienstag) zum Dienstantritt bei seinem Truppenteil gemeldet hatte, sollte er am nächsten Tag eingekleidet werden. Dabei ergab sich ein Problem.

---

[17] bei der Artillerie wurde von Beginn an mit schwerem Gerät hantiert, da mussten die Kanoniere ihre Muskelkraft oftmals gemeinsam und koordiniert einsetzen, beispielsweise, wenn ein Geschütz in Stellung gebracht wurde oder wenn man mit der Wischerstange ein Rohr reinigte. Angaben zum Fußartillerieregiment 8 aus Wikipedia, abgerufen am 18. und 19.04.2017

Laut Eintragung im Militärpass, den ich wie ein Kleinod verwahre, betrug das Stiefelmaß von Matthias 30,5 cm, was einer heutigen Schuhgröße von 48 entspricht. Solch ungewöhnlich große Stiefel hatte der Kammerbulle der La Ronde Kaserne einfach nicht auf Lager, nicht ein einziges Paar. Es wurden zwei Paar speziell in Auftrag gegeben, doch bis die fertig waren, würden mindestens 2 Wochen ins Land gehen. Kulanterweise entließen die Preußen unseren Matthias für diese Zeit wieder nach Hause. Er trat seine Militärzeit aufgrund übergroßer Füße also mit Verspätung erst am 17. Oktober (steht so im Militärpass) an, mit Sicherheit ein rarer Ausnahmefall.

Ein knappes Jahr nach Einberufung ereignete sich ein Zwischenfall. Matthias hatte sich wegen irgendeiner Sache mit einem Unteroffizier überworfen, es kam zum Streit, der Unteroffizier wurde schließlich handgreiflich. Nun war das preußische Militär bekanntlich kein Mädchenpensionat. Die Ausbildung war hart und der Ton fast durchweg rau, gerade in den Grenzgarnisonen, wo man sich, sozusagen Auge in Auge mit dem Feind, keine Laxheiten erlauben wollte. Andererseits gab es klare Regeln, die einzuhalten waren, und zwar von allen. Schließlich gab es ein Beschwerderecht und ab 1918 sollte es sogar in jeder Kompanie eine Art Vertrauensmann geben, damals eine Weltneuheit. Kurz: die preußische Armee war auch in dieser Hinsicht vielen anderen europäischen Armeen weit voraus. Die schwere Prügelstrafe (Gassenlaufen - oft mit Todesfolge für den Delinquenten) hatte bereits der Alte Fritz abgeschafft, aber auch jedwede andere Form von Tätlichkeit war bereits seit längerem strikt untersagt.[18]

Matthias reichte noch am gleichen Abend schriftliche Beschwerde ein. Bereits am folgenden Tag wurde der Beschwerde stattgegeben und der Unteroffizier wanderte für eine volle Woche in den 'Bau'. Doch auch Kanonier Quint wurde bestraft, und zwar mit einem Tag Arrest. Hatte das Gericht eine Mitschuld erkannt und ahnden wollen? Nein. Matthias hatte die vorgeschriebene Frist zur Einreichung der Beschwerde unterschritten. Laut Reglement sollte der Beschwerdeführer die Angelegenheit mindestens eine Nacht 'überschlafen', bevor er seinen Schriftsatz

---

[18] Die Prügelstrafe für ganz Deutschland (und damit auch für Heer und Marine) wurde 1871 mit der neuen Reichsverfassung abgeschafft. Bestehen blieb allerdings bis 1900 (Einführung des BGB) das Züchtigungsrecht des Ehemanns (!) und noch bis 1918 durfte Gesinde "im Affekt" geschlagen werden.

einreichte. Eine sehr weise und von viel Lebenserfahrung gespeiste Regelung, die auch in meiner Soldatenzeit 90 Jahre später Anwendung fand und sicher heute noch Gültigkeit besitzt. Der etwas hitzköpfige Matthias hatte diese Geduld nicht aufgebracht, er hatte die Regel verletzt und dafür durfte er sein Temperament im Karzer kühlen.

Ein mit der Sache befasster Leutnant oder Oberleutnant, der mutmaßlich beide Soldaten angehört hatte und dem Matthias und sein Vorgehen nicht unsympathisch waren, bestellte ihn nach Verbüßung der kurzen Strafe zu sich und machte ihn zu seinem Burschen.[19] Kurzfristig war Matthias damit aus der Schusslinie, was wohl die Hauptintention des wohlmeinenden Vorgesetzten gewesen sein dürfte. Langfristig wurde der verbleibende Aufenthalt in Metz dadurch entscheidend verbessert.

Das Haus auf Korbel

Der erste Schritt war die Heirat 1904. Vier Jahre später folgt der zweite, der einschneidendere: Matthias baut ein neues Haus. Schon die Wahl des Bauplatzes folgt geradezu strategischen Überlegungen. Platz muss her, gleichzeitig soll der neue Hof nahe seiner Weinberge liegen ("Ich zahle meine Arbeiter nicht für's Spazierenfahren") - Die besseren sind, da überwiegend von Susanna in die Ehe gebracht, in oder Richtung Piesport gelegen. Das Haus muss also an den südlichen Ortsrand, wo gerade neue Baugrundstücke ausgewiesen werden. Die Flur heißt Korbel, 'auf Korbel' entstehen entlang der Straße nach Niederemmel zwischen 1907 - 1919 insgesamt sechs neue Anwesen, fünf davon Bauerngüter verschiedener Größe. Nur durch einen Trick kommt Matthias an das begehrte Baugrundstück. Sein Sohn schildert 80 Jahre später, wie:

„Anfänglich wollte er nach Reinsport ziehen, wo seine Frau her war, und er hatte die heutige Gaststätte ‚Moselloreley' bis auf 500 M Differenz gekauft. In dieser Zeit kam der Jude Isidor Mendel aus Emmel an ihm vorbei. Er sagte: „Mathi, ich hab gehört, du willst Fuchsen [?] Haus kaufen?" „Ja, das hab ich vor." Der Isidor zur Antwort: „Mathi, vor dir

---

[19] Zum Begriff des Burschen beim Militär sh. im Glossar

hast du die Mosel, hinter dir den Berg und um dich herum die Pipen. [??]"
Die Wirkung: Mein Vater wollte das Haus nicht mehr, obwohl er es 1000
Mark billiger haben konnte.
Jetzt hieß es in Wintrich eine Baustelle finden. ...1907 kam eine
Versteigerung mit einer passenden Parzelle. Dem Ausbieter [Versteigerer]
stand die Auswahl der Parzelle frei. Mein Vater gab ihm 16 M. Die
Parzelle kam und wurde mit 6 M à Mtr. (viel Geld) zugeschlagen. Der Bau
konnte beginnen. Die Steine für das Fundament kamen mit der Bahn ...
von Maring."[20]

Die Häuser auf Korbel liegen etwas außerhalb des Dorfes, etwa 300 m von
den nächsten Häusern entfernt. Nicht das dort reichlich Platz wäre, jedoch
deutlich mehr als in den beengten Gassen des Dorfes. Matthias baut ein
beeindruckendes Haus: groß und von schlichter Klarheit, die Proportionen
sind ausgewogen. Es sieht aus, wie wenn Kinder ein Haus malen:
rechteckiger Grundriss, zwei Stockwerke, Zeltdach mit hohen Giebeln auf
beiden Seiten.
Beeindruckend ist der Bauschmuck: das Haus ist komplett aus Schiefer
errichtet (Wandstärke ca. 70 cm!), was damals nicht ungewöhnlich ist,
doch nicht jeder kann sich das leisten. Alle Fenster und Türen sind mit
schön gearbeiteten Stürzen aus rotem Sandstein versehen. Das große
Scheunentor ist aus Eichenholz gefertigt, genauso wie die reich
geschnitzte Eingangstüre. Auf dem Türsturz sind die Initialen der beiden
Erbauer und das Jahr der Errichtung in geschwungener Schrift
eingemeißelt (M.Q. + 1908 + S.K.).
Die Initialen finden sich auch auf dem Schlussstein über dem Scheunentor.
Die Fenster in beiden Stockwerken sind weiß gestrichen und beidseitig mit
grün gestrichenen Läden versehen. Die Tür ist bekanntlich die Visitenkarte
eines Hauses. Die Erbauer wählen eine kunstvoll geschnitzte,
zweiflügelige Eichentür mit Fenstern in der oberen Hälfte, wie sie nur von
wohlhabenden Hausbesitzern dieser Zeit genutzt wurden. Der
davorliegende etwa 50 cm tiefe offene Eingangsbereich ist rechts und links
mit jeweils 4 Bilddarstellungen verziert, darunter mehrere Szenen mit
arbeitenden Menschen im Wingert, beim Binden, beim Lesen (die Frauen
der 'Musel-Männer' trugen damals alle Kopftuch) oder beim Keltern.
Oben links ist ein Weintrinker in schöner Mosellandschaft dargestellt,

---

[20] Aufzeichnung des Eduard Quint, S. 122

oben rechts ein frommer Beter unterm Kruzifix. In die Mitte der Giebelseite des Wohnbereichs ist eine Nische eingelassen, in ihr steht, als zusätzlicher und wertvollster Schmuck, eine Darstellung des Heiligen Michael aus grauem Sandstein gehauen. Er wird dem Hof später seinen Namen geben.

„Das Haus stand, mein Vater konnte drin bleiben, er mußte nicht hinterher versteigern aber er war finanziell am Ende, alles Eisen hatte Menniganstrich, alles Holz war mit Bleiweiß gestrichen, aber im Haus waren nur Küche, Wohnzimmer u. ein Schlafzimmer geweißt."[21]

Das Haus hat 32.000 RM gekostet (ein Arbeiter verdiente damals etwa 1.500 RM im Jahr), allein der Hl. Michael 300 RM, soviel wie ein halbes Fuder Wein.

Warum der Heilige Michael? Dass ein Mann vom Schlage des Matthias sich dabei nichts weiter gedacht hätte, kann getrost ausgeschlossen werden.

Aus politischer Perspektive betrachtet, handelt es sich um den Schutzheiligen des Deutschen Reiches und zwar seit dem Sieg des besagten Otto - der war, in seiner Rolle als einstiger Weingutsbesitzer am gleichen Ort, quasi Kollege - über die Ungarn 955 auf dem Lechfeld. Aus kirchlicher Perspektive war der höchstrangige Erzengel der Schutzpatron der *wehrhaften* Kirche, der *ecclesiae militans*.
Matthias war deutschnational eingestellt und hat so gewählt,
er war treuer Anhänger seiner Kirche,
und 'militant' war er auch.
Passt alles 100%ig.

Das Haus ist mittig geteilt: links Wohnbereich, rechts Scheune und Ställe für die beiden Zugpferde und die 4-5 Stück Milchvieh. Alles ist wohl durchdacht und weitsichtig angelegt. So setzen sich die an sich unnötigen Fensteröffnungen im Obergeschoss des Wirtschaftsflügels (dahinter befindet sich der Heuboden) in gleicher Ausführung wie im Wohnbereich fort. Das Haus wirkt so einheitlicher und großzügiger. Rechts vom Haus führt eine mit Katzenkopfsteinen gepflasterte abschüssige Zufahrt zum

---

[21] Aufzeichnungen des Eduard Quint, S. 3

hinter dem Haus gelegenen Hof und zum Eingang des Weinkellers. An der Spitze des Giebels vom Wirtschaftsteil befindet sich die große Luke des Heuspeichers (mit Zugkran), in der Mitte der darunterliegenden Giebelseite der Zugang zum Stall mit dem davorliegenden Misthaufen, auf dem sich das obligate Plumpsklo für alle Bewohner befindet. Unter dem Mist befindet sich die 'Meastepoulskaul', die Jauchegrube.

Korbel 1965

Eine weitere Besonderheit: der (Wein-) Keller. Das Haus ist groß, eine komplette Unterkellerung ist teuer und wäre für die wirtschaftlichen Verhältnisse des Jahres 1908 (Jahresproduktion vielleicht 7 Fuder) nicht notwendig gewesen. Matthias, vor 5 Jahren noch in beengten Verhältnissen, denkt aber weit voraus und er denkt groß. Das Haus wird komplett unterkellert, er selbst wird den Keller nie vollständig nutzen. Seine Nachfolger werden ihm dankbar sein.

Von Anfang an hatte Matthias eine Erweiterung geplant, sie aus Gründen des soliden Wirtschaftens (Schulden machte er, wenn überhaupt, nur sehr dosiert) aber erst 1921 verwirklicht, indem er links vom Wohnbereich ein weiteres Wirtschaftsteil anfügt: ein großzügiges Kelterhaus mit neuem Pferdestall (hinter der heute noch gut sichtbaren separaten Stalltür links vom Tor befindet sich jetzt die Brennerei des Hauses). Das darüber liegende Stockwerk wird dem Wohnbereich zugeschlagen. Der neue Flügel wird bis ins letzte Detail dem 15 Jahre älteren Teil angeglichen. Das Haus ist dadurch nunmehr weitgehend symmetrisch und großzügig: rechts und links des Wohnbereichs zwei Wirtschaftsbereiche mit identischen Toreinfahrten. Es dürfte wenige zeitgenössische Bauernhäuser am langen Moselstrand geben, die das Haus des Matthias und der Susanna an gutem Geschmack und Schönheit übertreffen.

Das Haus war anfangs nicht feuerversichert. „Wenn nun der Blitz einschlägt, und es brennt ab?", hielt man dem Erbauer vor. „Dann bau'n e- isch en nauet!", war seine Antwort.

Der geschilderte äußere Schein des stattlichen Hauses soll niemanden täuschen: im Hause Quint war keinesfalls der große Wohlstand ausgebrochen. Selbst wenn dies der Fall gewesen wäre, hätte Matthias nichts an seinem hergebrachten Lebensstil geändert und sei es nur aus purer Sturheit. Im Inneren war das neue Haus letztlich ein schlichtes Bauernhaus.

Beschreibung:

Durch die schöne eichene Eingangstür gelangte man in einen Flur mit Terrazzoboden (in der Mitte eine große Lilie und an den Rändern eine schwarze Zierborte), von dem nach rechts und links eine Tür zu den beiden großen, zur Straße hin gelegenen Zimmern führte. Rechts lag die 'gute Stube'. Ihr einziger Schmuck war ein schöner Eichenwandschrank, der in eine große Nische an der Stirnseite eingelassen war. Hier befand sich der 'Großvatersessel' des Hausherrn, in dem er sich sonntags nach der Messe ein Pfeifchen schmecken ließ. Gegenüber war Susannas Reich. Es wurde für diverse Heimarbeit genutzt und hatte mit seinen Spinnrädern, dem Butterfass und anderen Gerätschaften eher den Charakter einer Werkstatt als eines Wohnraums. Den Flur geradeaus gelangte man zur hölzernen Treppe, vorher konnte man links in die 'Alltagsstube' gelangen, heute würde man Wohnzimmer sagen. Rechts an der Treppe vorbei kam man zu einer Eichentür, die der Vordertür an Schönheit nicht nachstand. Ich hebe das hervor, weil ich es bemerkenswert finde, dass der Hausherr selbst bei seiner Hintertür raus zum Hof keine ästhetischen Abstriche machte.
Rechts vor der Treppe ging es in den wichtigsten Raum, die Küche. Sie war der täglich zuerst und zuletzt genutzte Funktionsraum des Hauses und dies bedeutete, dass sich in ihr während des gesamten Tages stets mindestens eine Person aufhielt. Die Küche war eindeutig der Mittelpunkt

des Hauses, hier wurden sämtliche Mahlzeiten zubereitet und auch eingenommen. Sie war entsprechend groß, ich schätze ca. 4,5x 6 m. Der Schmuck der Küche war ein Terrazzo-Boden der in etwa 1,5 m Breite den ganzen Raum umlief. Im verbleibenden Mittelfeld, das nochmals mit einer eigenen schwarz-weißen Zierborte eingefasst war, lagen massive Eichenbohlen (alle anderen Räume hatten Weichholzdielen).

Im Obergeschoss befand sich eine Anzahl von Schlafräumen. Alle Räume hatten einfachen Bodenbelag aus herkömmlichem Nadelholz und waren auch sonst von großer Schlichtheit, die Wände gekalkt. Das Mobiliar beschränkte sich auf das Notwendige.

Folgte man der erwähnten Treppe, die genau in der Mitte des Wohnteils verlief, gelangte man zum großen Dachboden. Gleich linker Hand befand sich der Eingang zur Fruchtkammer. In dem großen Raum, der mit einem besonders feinen und glatten Estrich versehen war, wurde Getreide, Gemüse und diverse Vorräte aufbewahrt (Kartoffeln brauchten Feuchtigkeit und lagerten im Keller, wo sich übrigens auch der Brotbackofen befand).
Neben der Fruchtkammer lagen zwei einfache Kammern für das Gesinde. Der übrige große und hohe Raum wurde als Vorratskammer, Aufbewahrungsort für Kleidung und Abstellraum genutzt. Erwähnen muss ich noch die Räucherkammer ('Rä-äschhaisjen') in der rechten Ecke. Hier wurde auch Wurst und Schinken aufbewahrt. Der Raum über den Stallungen war bis zum First Heuboden.

Bislang habe ich mich auf den Wohnbereich und die Teile des Anwesens beschränkt, die der Weiterverarbeitung bzw. Lagerung landwirtschaftlicher Produkte dienten. Es fehlen noch die Teile, die der landwirtschaftlichen Produktion dienten. Neben den Ställen für Zugpferde, Kühe, Schweine (4) und Hühner (20) der Bereich, der aus einem reinen Bauern- ein Weingut macht, der Weinkeller.

Durch das große Scheunentor ('Schaiapood') gelangte man in die Scheuer, die durch eine Wand vom Stallbereich getrennt war. In die Wand waren drei Futterluken eingelassen. Durch die innere Stalltür gelangte man zum

Vieh. Linker Hand ein abgetrennter Teil für die beiden Kaltblut-Zugpferde. Rechts Platz für ca. 6-7 Kühe bzw. Mastbullen und ganz hinten erneut ein abgetrennter Bereich für Kälbchen und Jungvieh. Im Stall nisteten stets Schwalben. Das war gern gesehen, denn die Vögel halfen gegen die Fliegenplage.

Nun zum Herzstück jedes Weinguts, den Keller. Er bestand (und besteht bis heute fast unverändert) aus vier großen Tonnengewölben. Trat man durch das Eingangstor, befand man sich in einem geteilten Gewölbe, dessen rechte Hälfte der mit einer separaten Tür versehene Flaschenkeller (heute Raritätenkabinett) einnahm. An ihn angelehnt war der Backofen. Das komplette linke Gewölbe, also ein Viertel des Kellers, war bei Erbauung des Hauses nicht wirklich notwendig und dürfte 40 Jahre lang der teuerste Kartoffelkeller Wintrichs gewesen sein. Die beiden verbliebenen Gewölbe waren Fasskeller. Am Anfang des 20. Jhdts. kamen fast ausschließlich Fuderfässer zum Einsatz. Sie beinhalten rund 1000 Liter und sind ca. zwei Meter lang bei einem Durchmesser von ca. 1,2 m. In jedem Gewölbe war Platz für ungefähr 8 - 9 Fässer.

Das alles unter dem einen einzigen Dach dieses Bauernhauses: eine ganze Welt.

Wintricher, auf Korbel, September 1908

Das neue Haus ist fertig, die dreiköpfige Familie Quint kann einziehen. Es sind zwar nur deutlich weniger als ein Kilometer zu überwinden, aber Umzug ist bekanntlich Umzug und wenn ein komplettes Weingut umzieht, ist das ein logistischer Kraftakt. Susanna kann nicht gleichzeitig arbeiten, den Umzug beaufsichtigen und nach dem knapp dreieinhalbjährigen Eduard schauen. Der kleine Indianer nutzt die günstige Gelegenheit der mütterlichen Abgelenktheit zu einer gründlichen Erkundung der neuen Jagdgründe. Sein besonderes Interesse gilt dem Bereich hinter dem Haus, Richtung Moselwiesen. Dort nimmt er zwei stählerne Stränge wahr, die vermittels dicker Holzbohlen miteinander verbunden sind und wo es - das fand der Knirps besonders anziehend - jede Menge Steine zum Hantieren gab. 'Little Five' nimmt folglich Platz inmitten dieser fremden und verlockenden Dinge, zumal sie von der Septembersonne auf das angenehmste erwärmt sind.

Was soll ich sagen?? Auf jeder normalen Bahnstrecke wäre das junge Leben unseres Abenteurers hiermit beendet gewesen. Zum großen Glück für ihn und alle, die ihm später folgen sollten, ist an der Mosel zu allen Zeiten alles immer etwas anders gewesen. Die fünf Jahre zuvor eröffnete Moselbahn verkehrte zwischen Bullay und Trier als eingleisige Schmalspurbahn. Hohe Betriebsgeschwindigkeit gehörte von Anfang an nicht zu ihren hervorstechendsten Merkmalen. Hinzu kommt, dass an der fraglichen Stelle der Bremsvorgang zum Halt an der Station Wintrich bereits eingeleitet wurde. Der aufmerksame Lokomotivführer des Nachmittagszuges ('Veijaaurenzuuch')[22] aus Richtung Niederemmel erkennt das Hindernis in seinem Streckenbereich rechtzeitig und veranlasst das Notwendige: er gibt einen langgezogenen und scharfen Warnpfiff ab. Eduard hebt nicht mal seinen kleinen aber prägnanten Quint - Schädel. Ein zweiter Pfiff zeitigt ebenfalls kein Ergebnis. Der Lokführer leitet unmittelbar darauf eine Notbremsung ein.

Zwei Meter vor unserem Großvater kommt der Zug zum Stehen, neugierige Hälse strecken sich aus zahlreichen Waggonfenstern. Auch der Lokomotivführer lehnt sich aus seiner Seitentür und fordert Klein-Eduard auf, endlich die Strecke frei zu machen. Diesmal schaut der Junge wenigstens auf. Weit davon entfernt, von dem großen, dampfenden und zischenden Ungeheuer vor ihm allzu sehr beeindruckt zu sein, legt er eine frühe Probe der ihm in die Wiege gelegten Sturheit ab. "Wie? Ich soll meinen schönen neuen Spielplatz räumen? Kommt gar nicht in Frage! Fahr doch gefälligst woanders lang, Platz ist doch genug! ", wird er gedacht und sich wieder seinem Spiel zugewandt haben. Wenn nicht kurz darauf der Häuptling der Haaneesen-Indianer aufgetaucht wäre und sich entschuldigt hätte ("Wild ist der Westen - hart ist der Beruf"), der Kondukteur des 'Eisernen Pferdes' hätte sich wohl noch länger die Zähne an unserem kleinen 'Sitting Bull' ausbeißen müssen.

Heimatfront - Kanonier Quint im Weltkrieg

Pünktlich am 30.09.1897 wurde der Kanonier Matthias Quint nach 2-jährigem Wehrdienst (verkürzt durch 2 Wochen aufgrund zu großer Füße) aus dem aktiven Dienst entlassen (präzise, er wurde "beurlaubt"). Das obligate Erinnerungsphoto zeigt ihn im Kreis seiner Entlassungskameraden sowie der Offiziere und Unteroffiziere der 6. Kompanie, Rheinisches Fußartillleriegiment No. 8. Diese großformatigen Photographien waren aus zahlreichen Landschafts-, Einzel- und Gruppenbildern zusammen montiert und zierten im Kaiserreich und noch lange danach unzählige deutsche Wohnzimmer. In der oberen Bildmitte und der rechten oberen Bildecke sieht man die Waffen des Regiments, die Kanonen 9 cm rechts und vmtl. 10,5 links, zur Ansicht und im scharfen Schuss. Sie sehen noch erstaunlich 'mittelalterlich' aus, so wie Klein Erna sich halt eine Kanone vorstellt (2 Räder mit einem Rohr dran). Eine Kompanie schwerer Feldhaubitzen wurde geführt von einem Kompaniechef im Rang eines Hauptmanns oder Rittmeisters. Sie umfasste etatmäßig 5 Offiziere, 1 Veterinäroffizier und 224 Unteroffiziere/Mannschaften mit 122 Pferden, 18 Fahrzeugen und 4 Geschützen. In der linken oberen Bildecke darf der Oberste Kriegsherr auf seinem Schimmel und mit Generalstab hinten dran natürlich nicht fehlen. Den größten Teil des Bildes machen die rund 50 zur Entlassung anstehenden Reservisten aus, mit ihren langen Pfeifen und den Bierkrügen in der Hand.

Ab dem Tag der Einberufung durchlief der Wehrpflichtige ein ausgeklügeltes System verschiedener Grade von Bereitschaft, die auch im Falle des Kanoniers Quint als Beleg für die Effizienz der preußischen Militärbürokratie dienen mag, welche es auch ohne Computer und Mobiltelefone vermochte, ein Millionenheer von Reservisten ständig einsatzbereit zu halten und buchstäblich auf Knopfdruck auch kriegsbereit zu machen.

Gemarkung Wintrich, Auf dem Berg, Am Schutzhaus, 1. August 1914

„Mit dem Vater war ich … Klee holen, wir hatten ein großes Stück bei Karteich Apelboom (so geheißen = Karthäuser Apfelbaum). Ein Zeppelin flog vorbei, - vom Militär war einer in Trier-Euren stationiert. Als wir mit der Fuhre ins Dorf kamen, sahen wir die Leute beisammen stehen, einige gestikulierten und die Frauen weinten. „Es ist etwas Besonderes", sagte mein Vater. „Matz, et is mobil gemaach, et gevt Kriesch!""[23]

Matthias ist inzwischen 40 Jahre alt und zählt damit zum 'Landsturm'. Nach Standardmobilmachungsorder wäre der Landsturm erst am sechsten Tag nach der Generalmobilmachung aufgeboten worden. Doch bereits in der Nacht zu Sonntag dem 02. August läuten die Kirchenglocken Sturm. Selbst 70 Jahre später, als er das Folgende zu Papier bringt, fällt es Eduard schwer, die Fassung zu bewahren. Er ringt mit den Tränen, erst nach einem Glas Wein kann er weiterschreiben. Vor dem Haus auf Korbel, wie vor vielen Häusern im Dorf, spielen sich herzzerreißende Szenen ab. „Schreien und Weinen an allen Ecken und Kanten … „Vatter, Vatter, bleiv hei, geh net fort, bleiv hei, bleiv hei!" Draußen riefen schon die Männer: „Matz, kumm, mir müsse vieroon maachen!"[24]

Matthias muss sich bei einer Landsturmeinheit in Temmels, einem kleinen Weindorf bei Trier, melden. Ich finde es bemerkenswert, dass der Staat, während Millionen junge Männer im besten wehrfähigen Alter in der Stube hocken (weil bislang noch nicht zum Wehrdienst einberufen), auf die Dienste eines in Ehren ergrauten Familienvaters nicht verzichten zu können glaubt. Wahrscheinlich ist sein Beispiel exemplarisch. Wer einmal in der Mühle der Militärbürokratie erfasst war, kam da so leicht nicht wieder raus.

Auf Korbel werden deutsche Truppen einquartiert. Die Soldaten kommen aus Westpreußen, Angehörige der polnischen Minderheit, die kein Wort Deutsch sprechen und die Moselaner nicht verstehen. In der Annahme,

---

[23] Aufzeichnungen Eduard Quint, S. 2
[24] Aufzeichnungen Eduard Quint, S. 4

sich bereits in Frankreich zu befinden, stellen sie im Schlafzimmer den Schrank vor die Tür.[25]

„Ein Pferd mussten wir auch sofort abliefern und zwar in Morbach, wo es sich losriss und – welch Gespür – auf einmal stand „Babbi" vor dem Haus. Wir durften es behalten."[26]

Matthias hat dann im Krieg verschieden Stationen durchlaufen, fast durchweg auf Reichsgebiet, einmal war er auch für ein paar Wochen im Lazarett. Weil er 1913 (als Einziger im Dorf!) „Wehrbeitrag" gezahlt hatte, erhielt er ab 1916 bevorzugt Urlaub. Am 26.01.1918 wird der Kanonier Quint aus wirtschaftlichen Gründen (sic!) nach Wintrich entlassen und bis zum 30.04.18 zurückgestellt.

Für seinen Dienst am Vaterland erhielt Matthias exakt 9,9 Mark Löhnung im Monat, ein besseres Taschengeld. Zum Vergleich: ein einfacher Weinbergsarbeiter erhielt damals eine Mark am Tag.

Im Oktober 1914 wurden dem Hof 3 kriegsgefangene Russen als Arbeitskräfte zugewiesen. Im Vergleich zu dem, was 25 Jahre später geschah, ging es offenbar wesentlich humaner zu. Ein Russe konnte sich sogar in einem nahegelegenen Photoatelier ablichten lassen. Eduard schreibt: „Es waren sehr gute Menschen. Einer hieß Sardin, er war Muselman und wusch sich oft in der Mosel. ...Alle Russen bekamen Post und oft mussten den Analphabeten die Briefe vorgelesen werden. Sardin bekam sogar Tee, für uns etwas Neues.

[Mitte 1916 wurden zwei Russen in die Eifel abgezogen] Anton blieb mit dem Kommando bei uns. Oft nahm er mich auf seinen Schoß, strich mir durchs Haar, er weinte, später wußte ich, weshalb. Anton war dann bei seinen Kindern. Er war Sibiriak, Unteroffizier bei der Garde und konnte weder lesen noch schreiben. Mein Vater sprach ihn darauf an. Anton sagte: Papa, Mama sagte: Anton Schule. Pan sagte: Nix Schule....

[25] Aufzeichnungen Eduard Quint, S. 5
[26] Aufzeichnungen Eduard Quint, S. 5

Anton lernte mich säen, vor dem Beginn der Saat machte er über dem Acker ein Kreuz. Ich übernahm das und behielt es bewußt bei, auch beim Brot."[27]

Sardin, russ. Kriegsgefangener von der Krim, Herbst 1915

39 Wintricher Jungen zogen aus und kehrten nie mehr zu den Bergen und Wiesen ihrer Heimat zurück, gefallen für Kaiser und Reich, wie es damals hieß. Unter ihnen trugen 5 den Namen Kilburg, je 3 Auler und Quint (entfernte Verwandtschaft), je 2 Felten und Metzen. Unter den Vornamen dominieren Josef (10, sage und schreibe jeder 4.), Matthias (8), Johann (6), Nikolaus (4) und Jakob (3). Peter kam zweimal, die in protestantischen Gegenden zeitgleich dominierenden Namen Wilhelm, Karl und Friedrich/Fritz nur je einmal vor.

---

[27] Aufzeichnungen Eduard Quint, S. 12

Wintrich, Auf Korbel, Oktober 1919

Deutschland hatte den Krieg nach vierjährigem blutigem Ringen verloren. Laut Waffenstillstandsbedingungen wurden seine linksrheinischen Gebiete von den alliierten Siegern besetzt. Am Anfang rückt die 90.US-Infanteriedivision in den Raum der Mittelmosel und den Kreis Bernkastel ein. In das große Haus auf Korbel zieht ein Regimentsstab ein (sh. S. 189). Die Amerikaner ziehen im Mai 1919 ab und werden von französischen Truppen abgelöst. „Das gesamte frz. Kolonialreich war vertreten. Besonders schön waren die Spahi, große Leute, rassige Pferde und sehr schöne Montur, je Schwadron verschieden in der Farbe.“[28] Auch die Franzosen nutzen das Haus des Matthias und richten dort im Herbst eine Fahrschule für LKW-Fahrer ein. Es ist eine exotische Kolonialtruppe, die auf Korbel Quartier bezieht. Die Mannschaften sind, um im damaligen Sprachgebrauch zu bleiben, Tongking-Chinesen (also Vietnamesen aus Französisch-Indochina), die Unteroffiziere deutschsprachige Schweizer.

Nun muss man wissen, dass einer, der 1919 (zumal auf dem platten Land) in der Lage war, einen LKW zu steuern, mindestens das Renommée eines heutigen Jumbo-Jet Kapitäns gehabt hat. Will sagen, die Bewohner auf Korbel haben Respekt vor den kleinen Vietnamesen.

Nicht so ihre Unteroffiziere. Wenn immer ein Fahrschüler bei den täglichen Übungen auf der Straße vor dem Haus einen Fehler macht, schlagen die Schweizer gnadenlos auf den armen Soldaten ein.

Irgendwann wird es Matthias zu viel. Gegen Prügelei beim Militär ist er allergisch, wir sahen es schon. Er nähert sich einem der Unteroffiziere, der neben einem der von den Vietnamesen gesteuerten Lastwagen steht.

"Warum schlagt ihr diese Leute?!"

Der Unteroffizier ist völlig überrumpelt. Was will dieser Kerl, Angehöriger der besiegten Nation? Was mischt er sich in die Angelegenheiten der Besatzungsmacht?

"Sieh zu, dass du fortkommst, sonst verpasse ich dir auch eine!", brüllt er zurück.

---

[28] Aufzeichnungen des Eduard Quint, S. 14

Matthias lässt sich nicht einschüchtern. 34 Jahre vor Dien Bien Phu[29] erwidert er ganz ruhig: "Diese Menschen sind nicht dumm. Eines Tages werden sie es euch heimzahlen."

Die Franzosen waren im Rheinland nicht sonderlich populär, wie das ebenso ist bei Nachbarn, die immer mal wieder uneingeladen 'reinschauen'. Nach dem verlorenen Weltkrieg soll sich diese Antipathie in blanken Hass verwandeln. Der Grund hat einen Namen: Versailler Vertrag. Nach dem Zweiten Weltkrieg galt es als unschicklich, dessen Inhalt und Konsequenzen einem breiteren Publikum zu veranschaulichen, schließlich sollten die Beziehungen zum Nachbarn Frankreich, mit dem man nach Jahrhunderten der Feindschaft endlich vernünftige Beziehungen aufzubauen trachtete, nicht unnötig mit alten Rechnungen belastet werden. Dies ist absolut nachvollziehbar, es erschwerte freilich ganzen deutschen Schülergenerationen das Verständnis der vergifteten Atmosphäre in der Weimarer Republik. Es ist das Verdienst von Wibke Bruhns, diese Wissenslücke erstmalig für ein breiteres Publikum geschlossen zu haben, über 50 Jahre nach Ende des Zweiten Weltkrieges. In ihrem hervorragenden Buch "Meines Vaters Land" zählt sie im Einzelnen, aber keineswegs vollständig auf, was Versailles für die Deutschen tatsächlich bedeutete. Jeder einzelne Paragraph atmet den Geist kleinlicher Rache, US-Präsident Wilson war dermaßen angewidert von diesem 'Friedensvertrag', dass er unter Protest abreiste, die Vereinigten Staaten haben den Vertrag von Versailles nie unterschrieben. Selbst der französische Oberkommandierende Foch bezeichnete ihn im besten Fall als "Waffenstillstand für 20 Jahre".

Man muss wissen, dass es sogar eine Steigerung gab: für das besetzte Rheinland galten nochmals eigene Paragraphen im Vertrag und darüber hinaus zahllose schikanöse Bestimmungen aus dem Besatzungsrecht. Kurzum: das ohnehin belastete Verhältnis zwischen Franzosen und Deutschen, zwischen Besatzungsmacht und rheinischer Bevölkerung, war

---

[29] Die Niederlage der Franzosen 1954 im Kampf um diesen ihren wichtigsten Stützpunkt im Norden Vietnams führte zum Verlust ganz Indochinas. An den Kämpfen war die Fremdenlegion - darunter sehr viele Deutsche - prominent beteiligt.

hoffnungslos vergiftet.

Die alliierte Besatzung der gesamten linksrheinischen Gebiete soll laut Vertrag zwischen 5 und 15 Jahren andauern, was besonders während der 1000-Jahr Feiern des Rheinlands 1925 als schmerzlich empfunden wird. Als 1930 französische Kavallerie aus Trier abzieht, tauchen die Reiter ihre Lanzenwimpel in das Wasser der Mosel: wir kommen wieder!

Wintrich, Moselwiesen unterhalb Korbel, Sommer 1924

Es ist ein heißer Sommertag. Matthias und sein 19-jähriger Sohn besorgen die zweite Mahd, die Sensen streifen mit dem charakteristischen Schnittergeräusch durch das hohe Gras. Ab und an greift einer der Männer zu dem am Rücken am Gürtel befindlichen Wetzstein (dieser steckte im 'Schloatafaaß', eine meist aus Horn gefertigte wasserdichte Scheide, denn der Stein musste immer nass sein) und schärft die Sense (das 'richtige' Schärfen nennt man dengeln, es vollzieht sich in einer anspruchsvollen Technik mit einem speziellen Hammer und dem Dengelamboss und konnte daher nicht auf dem Feld, sondern nur in einer Werkstatt erledigt werden. Mit dem Sacktuch (so nannte man damals das Taschentuch) wischt sich Eduard gerade den Schweiß von der Stirn als er ein Faltboot bemerkt, dessen zwei paddelnde Insassen durch die Krippen[30] hindurch auf die beiden Schnitter zuhalten.

Dem Boot entsteigen zwei junge Männer, Kunststudenten aus Düsseldorf, wie sich herausstellen wird. Die Paddler sind durstig und bitten bescheiden um etwas Wasser.

In einem (seltenen) Anfall von Großzügigkeit erwidert Matthias mit Stammvaterstimme:

"Sie sind hier bei einem Winzer, Sie können auch ein Glas Wein bekommen."

Dies war der Beginn einer jahrzehntelangen Freundschaft, die drei Generationen Quint umspannen sollte. Die beiden Studenten waren Arno

---

[30] Krippen sind im rechten Winkel zum Uferverlauf errichtete Dämme Richtung Flussmitte. Sie erhöhen die Fließgeschwindigkeit und dienen der Fahrrinnenvertiefung.

Breker und Werner Peiner. Sie sollten für relativ kurze Zeit zu den bedeutendsten Künstlern ihrer Epoche gehören. Ihre Freundschaft konnte buchstäblich Leben retten, doch davon später.

Diese Episode erfordert einige Erläuterungen:

1. Nach einem weitverbreiteten Irrglauben wird angenommen, die Winzer hätten zu allen Zeiten kräftig Wein getrunken, was denn sonst? Dies ist, zumindest bezogen auf die gesamte Zeit vor dem Krieg, vollkommen falsch. Selbst der durchschnittliche Winzer hätte sich niemals (allenfalls zu hohen Festtagen) seinen eigenen Wein gegönnt, auch keinen anderen. Der Wein war teuer und der Winzer arm bzw. notorisch klamm, der Wein sein einziger Wert, um dringend benötigte Dinge wie Kleidung, Hausrat, Werkzeuge, Salz und höherwertige Nahrungsmittel, Spritzmittel usw. zu beschaffen.

2. Was die Winzer bei der Arbeit tranken war der 'Bupel' oder, je nach Region, auch 'Buppes'/'Bumpel'/'Fluppes' oder anders genannte Weinersatz. Was hatte es damit auf sich? Wenn im Spätherbst die Trauben abgepresst waren, blieben Stiele, Kerne und Beerenhäute zurück, der sogenannte Trester. Heute werden daraus größtenteils feine Brände gemacht (Tresterbrand, in Italien Grappa genannt), damals eher selten, vielmehr füllte man den Trester in die bis zur nächsten Lese nicht mehr benötigten großen hölzernen Sammelbottiche, kippte Wasser und vorzugsweise auch noch etwas Zucker hinzu und ließ das ganze vergären. Im Frühjahr, wenn im Keller der "Erste Abstich" erfolgte, also der junge Wein aus dem Fass geleert und in ein anderes Fass umgepumpt wurde, dann verblieb in dem alten Fass außer der Hefe, die sich unten abgesetzt hatte, auch notwendigerweise eine gewisse Menge Wein. Dieser wurde nun, so gut es ging, von der Hefe getrennt und ebenfalls 'beigemengt'. Das Ergebnis dieser unappetitlichen Mancherei eine ziemlich üble Brühe zu nennen käme wohl einem Euphemismus gleich.

3. Immerhin, es gibt auch noch ein geringfügig besseres Rezept, nachdem der mit Wasser gestreckte Trester gleich wieder abgepresst wurde (Nachwein). Den kannten bereits die Römer

(daher auch der Name: popul(o) vinum = Bupel) und versorgten mit diesem alkoholarmen aber Durst löschenden Getränk ihre Legionäre. Um besagte Wirkung zu vergrößern, wurde er mit Essig versetzt (genau der Trank, den man dem Gekreuzigten reichte und das war keinesfalls als Schikane gedacht).[31] Der Bupel soll eine ausgesprochen kräftigende Wirkung gehabt haben. Man gönnte sich halt nichts Besseres bzw. es wurde nichts, wirklich gar nichts, einfach ungenutzt weggeworfen. So trank man eben seinen Fluppes, oftmals erneut mit Wasser versetzt, aus einem Tonkrug im Wingert und auf dem Feld - er stillte den Durst und Moselwinzer waren eine hartgesottene Spezies. Wahrscheinlich war es Matthias einfach peinlich, dieses Gesöff wem auch immer anzubieten. Stattdessen bot er etwas an, was er sich selbst versagte.

4. Die jungen Herren wurden also ins Haus gebeten und dort anständig in der guten Stube versorgt. Das hat bei beiden einen bleibenden Eindruck hinterlassen. Später wurden sie gute und wertvolle Kunden. Das Gläschen Wein mit einem Butterbrot sollte sich in Folge tausendfach bezahlt machen. Ich habe Peiner als 13-jähriger in der Weinstube gegenüber gesessen, als sein Rat für gewisse Umbaumaßnahmen gefragt war. Der Herr Professor hat mich dabei getadelt, ich war ihm zu vorwitzig, weil ich es gewagt hatte, meine eigenen, von den seinen abweichenden Vorstellungen zu äußern. Er erschien mir im Nachhinein als sehr divenhaft. Damals wusste ich noch nicht, dass dies geradezu das Markenzeichen beinahe jedes echten Künstlers ist.

5. Werner Peiner, Jg. 1897, Maler und Arno Breker, Jg. 1900, Bildhauer, waren beide Rheinländer und studierten kurz zusammen an der Kunsthochschule Düsseldorf, wo sie sich anfreundeten. Sie sollten in der NS-Zeit zu den besonders erfolgreichen und vom System großzügig protegierten "Staatskünstlern" gehören. Breker schuf größtenteils monumentale Plastiken, die den nordischen Menschen verherrlichten. Zu seinen bekanntesten Arbeiten zählen die Darstellungen "Partei" (eine Kopie steht heute im Historischen

---

[31] vgl.: Haart, Reinhold: Schon die Römer kelterten in Piesport Tresterwein. In: Jahrbuch 1998. S. 233

Museum in Berlin) und "Wehrmacht", die den Eingang zu der 1939 nach Plänen von Albert Speer erbauten Neuen Reichskanzlei in Berlin flankierten.

Peiner malte schon vor 1933 teilweise so, wie es danach offizielle Staatskunst wurde: Bauern hinter dem Pflug, ländliches Leben, "Blut und Boden" eben. Das hatte dann wahnsinnig Konjunktur und Peiner schwamm halt mit. Allerdings wurde auch mindestens eines seiner Bilder von den Nationalsozialisten als "entartet" konfisziert. Er schuf riesige Gobelins für die besagte Reichskanzlei.

Breker konnte nach dem Krieg, zunächst vor allem in Frankreich, dann aber auch in Deutschland, nahtlos an seine Karriere anknüpfen und hat viele berühmte Persönlichkeiten porträtiert, darunter Bundeskanzler Adenauer, Ernst Jünger und (im hohen Alter) auch die Hochspringerin Ulrike Meyfarth und andere Spitzensportler.

Für Peiner stellte das Jahr 1945 hingegen eine Zäsur dar. Er verlegte sich auf 'unverfängliche' Tierdarstellungen, galt aber als belastet und konnte nie wieder an seine großen Erfolge anknüpfen, worunter er (Stichwort Diva) sehr gelitten hat.

Natürlich haben sich beide (wie viele andere auch) in den NS-Kulturbetrieb einspannen lassen, zumindest Breker hat sich aber nachweislich immer wieder für Verfolgte des Regimes eingesetzt bzw. diese aktiv geschützt, darunter Kollege Pablo Picasso und den Verleger Suhrkamp. Es versteht sich von selbst, dass beide über privilegierten Zugang zu höchsten Stellen im NS-Apparat verfügten, insbesondere zu Göring (über dessen Bett ein Frauenakt von Peiner hing) und Goebbels.[32]

Peiner blieb der Familie den Rest seines Lebens freundschaftlich verbunden. Einige seiner Bilder hängen in der Weinstube bzw. der Rezeption des Weingutshotels, darunter eine eindrucksvolle Darstellung des Hl. Michael. Professor Peiner besorgte auch den

---

[32] Biographische Angaben zu Peiner und Breker tlw. auch aus Wikipedia, abgerufen am 21.04.2017

Entwurf für das 'Logo' des Betriebs mit dem Drachentöter und einer mehr oder weniger eigens entworfenen Schrift. Meine Mutter sprach immer voller Hochachtung von ihm.

Wintrich, auf Korbel, Juli 1940

Der Westfeldzug der Wehrmacht ist beendet. Diesmal war der Kriegsgott mit den Deutschen. Was die Väter im Großen Krieg in vier Jahren nicht geschafft hatten, erledigten die Söhne in weniger als sechs Wochen. Am 22. Juni wird in Compiègne der Waffenstillstand unterzeichnet. Die siegreiche Armee marschiert im Anschluss nach Deutschland zurück, natürlich wieder mal auch durch das Moseltal.

Vor dem Haus hält ein sogenanntes Sturmgeschütz, die vierköpfige Besatzung stärkt sich in der guten Stube des Hauses. Matthias ist zugegen und auch seine Schwiegertochter Aenne sowie sein Sohn Eduard, der im März nach halbjährigem Militärdienst aus einem Lazarett nach Hause entlassen worden war. Der Panzer ist so groß, dass er die beiden Scheiben der großen Stube verdunkelt. Inzwischen haben sich auch die beiden älteren Kinder Hildegard (10) und Walter (9) eingefunden, möglicherweise noch ein Arbeiter oder eine Magd. Alle hängen an den Lippen des Kommandanten, eines Feldwebels, der von seinen Heldentaten in Frankreich erzählt. Meine Großmutter hat dem Sieger ein Glas Wein kredenzt, vielleicht ist er auch schon beim zweiten, als er folgende Episode zum Besten gibt: "Ja, und dann waren da noch die Flüchtlingstrecks. Da haben wir aus 200 m Entfernung so richtig reingehalten, da blieb kein Auge trocken!"

In die augenblicklich einsetzende Stille hinein räuspert sich mein Urgroßvater. Kurze Pause, nur das Ticken der Wanduhr ist zu hören. Schließlich, auf Hochdeutsch, Matthias möchte verstanden werden: "Wer sowas macht, der ist ein Schweinehund. Und wenn du (!) das wirklich gemacht hast, dann bist du auch ein Schweinehund!"

Matthias hatte stahlblaue Augen und stahlhart war er auch als Ehemann, Vater, Arbeitgeber und Weinbauer. Das hieß aber auch: geradlinig, ehrlich und unverbiegbar.

Der Tod hat nach seiner Auffassung weniger sein Leben, als vielmehr seine Arbeit beendet. Sein Leben war in erster Linie Arbeit, weshalb er wahrscheinlich am liebsten im Wingert, in seinen Stiefeln gestorben wäre. Das hat nicht ganz geklappt. Aber als er merkte, dass der Tod um das Haus strich, ließ er sein Bett aus der Schlafkammer nach unten in den Arbeitsraum seiner Frau schaffen. Dort ist er am 23.08.1947, gerade einmal 73-jährig, verstorben.

Matthias hat für seine Zeitgenossen und Nachfahren in jeder Hinsicht Maßstäbe gesetzt.
Er hat die Latte dabei sehr hoch eingelegt.

Matthias Quint-Kettern, ca. 1940

Susanna

Obwohl meine Urgroßmutter Susanna hieß, stammte sie keineswegs aus Alabama - wie es das Volkslied nach der Version der von mir sehr geschätzten Evelyn Künneke vermuten lassen könnte - sondern vielmehr aus dem nicht minder schönen Reinsport. Der Ort liegt - das sollte man wissen - just gegenüber der Moselloreley und verdankt dieser Tatsache seinen Eingang in die Weltliteratur durch niemand Geringeren als Goethe.[33] Ein Banjo hatte unsere Susanna bedauerlicherweise auch nicht fest im Arm, wie überhaupt jegliche musikalische Erziehung - irgendwann muss das mal raus - bei ALLEN meinen mütterlichen Vorfahren fast komplett in den Tombigbee fiel.[34] Über Susanna weiß ich wenig mehr als ihr Geburts- und Sterbedatum (11.09.1877 bis 30.11.1954). In ihrem Heimatort (er gehört heute zu Piesport) erlaubten die Geländeverhältnisse die Ansiedlung einer Reihe von Schiffern und Fischern. Die Kettern waren vergleichsweise wohlhabend, durch die Heirat kam erstmals ordentlich Geld in die bis dato eher arme Quint-Sippschaft.

Susanna war eine etwas sonderliche Frau, sie galt in erster Linie als bigott und still, folgende Episode mag dies verdeutlichen: Wenn an der Mosel ein Unwetter niedergeht, kann es aufgrund der spezifischen örtlichen Topographie dazu kommen, dass ein Dorf und seine Fluren schwer geschädigt werden, während das 1-2 Kilometer entfernte Nachbardorf vollkommen verschont wird. Immer, wenn sich mal wieder ein Hagelsturm über Piesport zusammen zu drauen schien, stand Susanna sorgenvoll am Fenster mit Blickrichtung moselaufwärts und sprach die folgenden Worte: "Hä-a, verschon me-in Heimat".

Ansonsten sprach sie zu ihren Enkelkindern, wenn mal wieder ein Unwetter niederging: "Datt Gottes'che schennt!" (Der liebe Gott schimpft). Ihre Enkelinnen nannte sie "die törichten Jungfrauen", diese

---

[33] die Beschreibung seiner Moselflussfahrt von Trier nach Koblenz im Rahmen der "Campagne in Frankreich" enthält nur sehr wenige Ortsamen. Allerdings kann man mit einiger Ortskenntnis die steilen Weinberge gegenüber von Reinsport ausmachen. Kenner wollen auch den 'Brauneberger Juffer' und sogar Wintrich erkannt haben, was mir selbst bei allem Lokalpatriotismus nicht gelingen wollte.

[34] Wer etwas über die wenigen Versuche musikalischer Bildung auf Korbel erfahren möchte, findet dies m Glossar.

revanchierten sich mit "Moustenpänz'che" (Mohrrübe, der Dorfname für alle Reinsporter).

Die Verbindung mit ihrem Mann entsprach reinem Zweckdenken und war keine Liebesheirat, Eduard wir später sagen, seine Eltern hätten nicht zusammengepasst und er habe darunter sein Leben lang gelitten. Von der Mutter erfuhr er quasi keine Liebe, dafür hing er an seiner ,Goot' (Patin) ,Tant' Liß'. „Sie war nicht klug, sie war herzlich, sie war meine Mutter."[35]

„Autoritär war die Erziehung, Vater und Mutter wurden in der dritten Person angesprochen, Widerrede gab es nicht, der Auftrag wurde ohne Frage – warum tun? ausgeführt, das Wort des Pastors war heilig und die [spätere] Erkenntnis, daß es doch nicht heilig war bedeutete die größte Enttäuschung. Alles nicht Katholische war teuflisch…"[36]

Susanna hat eine beachtliche Mitgift in die Ehe eingebracht. Im Vergleich zu den Quints müssen die Kettern regelrecht wohlhabend gewesen sein. Das große Haus auf Korbel wurde nahezu ausschließlich mit ihrem Geld gebaut. Dennoch ist Susanna eine ganz normale Bauersfrau, ihre Ansprüche an Wohnkomfort und Lebensstil sind entsprechend. Sie war recht naiv, still und zurückhaltend, dazu auf eine übertriebene Art fromm. Überflüssig zu betonen, dass sie gegen ihren Mann nicht die geringste Chance gehabt hätte, wäre sie einmal gegen ihn aufgestanden. Niemand scheint sie so richtig für voll genommen zu haben.

Ich hatte die inneren Umstände im Haus meiner Urgroßeltern bereits geschildert. Ausgelassen habe ich die sanitären Verhältnisse, auf die Frauen ja gemeinhin größeren Wert als Männer legen. Dies sei nun nachgeholt.

1. Fließend Wasser gab es auf Korbel erst knapp 30 Jahre nach Erbauung. Dabei waren die Häuser entlang der Hauptstraße noch die ersten im Dorf. Vorher gab es lediglich in der Küche, an der 'Waasch' (Spülstein) eine Handpumpe. Zur Illustration: bis weit in die 70er Jahre des 20. Jhdts. erachteten es Vermieter von

---

[35] Aufzeichnungen des Eduard Quint, S. 2
[36] Aufzeichnungen des Eduard Quint, S. 113

Fremdenzimmern an der Mosel für angezeigt, auf ihren Hinweisschildern den Zusatz "fl. Wasser" anzubringen. Elektrischer Strom war übrigens deutlich früher, kurz vor dem Ersten Weltkrieg, erhältlich.

2. Alle Wohnräume waren, wie bereits geschildert, sehr einfach, ein Badezimmer gab es nicht. In jeder Schlafkammer stand eine Waschschüssel mit einer Kanne. Das war's.

3. Was war mit Ganzkörperwäsche, werden Hygieniker jetzt fragen. Gute Frage. Badewannen gab es nicht, auch keine Zinkwannen, die man in der Waschküche hätte aufstellen können (die sollte erst Aenne anschaffen). Im Sommer hätte man in einen Bottich im Hof oder gleich mit den Kindern in die Mosel springen können. Machte aber keiner, Frauen schon gar nicht.

4. Susanna wird sich, wohl oder übel, aber das war damals ganz normal, in eine Waschschüssel gestellt und vorsichtig übergossen haben. Ansonsten galt, dass alle Menschen damals, im Vergleich zu heute etwas streng gerochen haben.

St.Michael im Mai 2017

Der Martinerhof in Wintrich, Aufnahme aus dem Jahr 1983

Wintrich

Einer der ältesten nachweisbaren Höfe Deutschlands liegt - Tusch! - in Wintrich.

Sein Besitzer war nicht irgendein kleiner Landedelmann oder Hintersasse des Bischofs von Trier, nein, sein Besitzer war vielmehr ein gewisser Herr Otto von Sachsen, von Beruf Kaiser. Im offiziellen Geschichtsbetrieb ist er eher als Otto I. oder Otto der Große bekannt. Im Jahre des Heils 966 - in München steht nichts, in Hamburg ein paar faulige Strohhütten und in Berlin überlegen seine 30 Einwohner gerade, ob sie erst den dünnen oder doch gleich den dicken Missionar zum Nachtisch verspeisen sollen - im Jahre 966 also vermacht der Kaiser seinen Wintricher Besitz dem Kloster St. Maximin in Trier.[37] Die Schenkungsurkunde stellt die erste urkundliche Erwähnung der Heimstatt meiner Vorfahren dar.

Kaiserliche Schenkungen an Klöster bzw. die Kirche waren im Frühmittelalter groß in Mode, denn Klostervorsteher oder Bischöfe hatten, wie alle Kirchenmänner, praktischerweise keine erbberechtigten Nachfahren - merke: bei Immobilien geht es *immer* nur ums Erbe! - und so

---

[37] Die ehem. Reichsabtei St. Maximin war das größte und einflussreichste der vier früheren Benediktinerklöster in Trier und eines der ältesten Klöster Westeuropas. Sie soll auf eine vom Heiligen Martin im 4. Jhdt. gegründete Kirche zurückgehen.

konnte der Kaiser (oder ggfs. dessen Nachfolger) sein 'Geschenk' spätestens bei Ableben des besagten Abtes oder Bischofs wieder hübsch einsammeln. Außer dem zeitaufwändigen ständigen Verschenken und wieder Einkassieren seiner zahlreichen und weit verstreuten Latifundien hat besagter Herr Otto übrigens nebenbei noch das deutsche Kaiserreich gegründet. Früher wusste das jedes Kind, aber da in den Schulen mittlerweile alles Mögliche nur nicht sowas gelernt wird, erwähne ich das hier speziell für meine jungen Leser.

Bei Lichte betrachtet handelte es sich bei der Wintricher Schenkung also eher um eine Art Leihgabe (woher übrigens das Wort 'Lehen' stammt) oder Pacht. Eigentlich war es sogar noch ärger, denn St. Maximin war eine sogenannte Reichsabtei, damit 'reichsunmittelbar', unterstand also dem Kaiser direkt, sprich: es war dem Otto seine Abtei. In gewisser Weise ein Geschenk an sich selbst (Juristen würden hier von einem 'in sich - Geschäft' sprechen) und er hat es ergo auch nicht wieder eingesammelt. Tatsächlich hat mein Großvater immer gesagt: "Niemand hat etwas zu verschenken", die Wintricher wussten das eben aus nächster und sehr früher Anschauung ganz genau.

Wie dem auch sei, in der Zwischenzeit bewirtschafteten die fleißigen und frommen Mönche das Gut meist überdurchschnittlich gut, legten zusätzliche Anlagen an und taten nebenbei oft auch noch etwas für die Bildung bzw. das Seelenheil der umliegenden Bevölkerung. Heute würde man so ein Geschäft "win-win-Situation" nennen. Der Hof wechselte irgendwann in den Besitz des Klosters St. Martin, heißt deshalb heute 'Martinerhof' und gehörte ab 1893 für knapp 100 Jahre der uns bereits hinreichend bekannten Familie v. Schorlemer.

Wintrich - klingt fränkisch, der Name ist aber keltisch-römischer Herkunft: *vindriacum* bedeutet so viel wie „Winzerdorf"; von jeher wird dort Weinbau betrieben, wahrscheinlich schon vor Ankunft der Römer etwa um Christi Geburt. Als Wintrich zum ersten Mal urkundlich erwähnt wird (über 30 Jahre vor Frankfurt und satte 200 Jahre vor München), hatten die Römer den Moselraum bereits ein halbes Jahrhundert vorher wieder verlassen. Sie, die an der Mittelmosel (ich rede nicht von Trier!) befestigte Straßen und wehrhafte Kastelle angelegt hatten, Weinkeltern und eine prächtige Kaiservilla (von der aus, keine 10 km von Wintrich entfernt, Kaiser Konstantin ein Weltreich regierte). Wenn Berliner von meiner Heimat erfahren und gönnerhaft äußern: "Kenne ich, landschaftlich sehr schön, nur leider tiefste Provinz", kriege ich jedes Mal einen Lachanfall.

Die zweite urkundliche Erwähnung Wintrichs erfolgt im Jahre 1098 (in Stuttgart … , lassen wir das. Tatsache ist: auch hier wäre die Mehrheit deutscher Bürgermeister stolz, könnten sie für ihre Stadt auf eine solch alte Urkunde verweisen), im Jahre 1098 bestätigt Kaiser_Heinrich IV. (ja, es handelt sich um den berühmten Bußgänger nach Canossa; mit zweiter Garnitur geben wir uns in Wintrich nicht ab) dem Simeonsstift in Trier (logisch, wieder ein Kloster) dessen Besitz in Wintrich. In der Urkunde werden außerdem neben vielen anderen Orten im Rhein-Mosel-Raum auch Lieser (Lisura) und Niederemmel (Embelde) erstmals urkundlich erwähnt.

In der Schulchronik von 1912 schreibt Lehrer Staudt: "Die Gemeinde Wintrich besteht aus dem großen Dorfe Wintrich, dem Weiler Rondel, den beiden Höfen Geiersley [durch Roald Dahl in die Weltliteratur eingegangen] und Kasholz, der Staudtenmühle und den beiden Häusern in Buhlenhell." Weiterhin befinden sich ausgedehnte Äcker auf der Hochfläche und die Gemeinde besitzt viel Wald.

Soweit zur Topographie des Ortes und seiner Ortsteile. Wie sah es aber mit historischer Bausubstanz und/oder Kunstdenkmälern aus? Nun, verglichen mit einigen anderen Moselorten ziemlich mau. Verglichen mit anderen deutschen Dörfern gleicher Größe östl. des Rheins oder gar der Elbe ziemlich gigantisch.

Dem Verfasser (Hans Vogt) des Bandes über den Kreis Bernkastel, der 1935 im Rahmen der wunderbaren Reihe über die Kunstdenkmäler der Rheinprovinz erschien, ist der Ort ganze 6 Seiten und zwei photographische Abbildungen wert, was wirklich nicht wenig ist. Auch hier sei wieder das Wesentliche (mit Hervorh. durch Verf.) auszugsweise zitiert:

["KATHOLISCHE PFARRKIRCHE (s. t. s. Stephani Mart).
[....]
Geschichte.

Die Kirche des im J. 1098 zuerst genannten Orts (Anm.: die 966er Urkunde wurde erst später entdeckt)[38] wird 1330 als Pfarre bezeichnet. [...]

Beschreibung.

Der schlichte verputzte Bruchsteinbau besteht aus einem Langhaus ..., einem an den Westgiebel des Schiffes angefügten Turm von quadratischem Grundriß, einem östlich anschließenden, dreiseitig geschlossenen Chor ... und einer östlich an den Chor angebauten Sakristei ....

[Außerdem gibt es - nur sehr wenige Wintricher wissen das - an einer ganz versteckten Stelle des Westgiebels, hinter der Orgel, ein halbrundes Fenster mit einer sehr schönen Darstellung der **Hl. Barbara**(!)] ... Die **Ausstattung** ist größtenteils alt, aber ziemlich einfach und nicht von besonderer künstlerischer Bedeutung.

[...]

Taufe aus Stein, Unterbau von runder Grundform mit vier Säulchen auf vieleckigen Basen, dazwischen je zwei Spitzbogen, darüber ein achteckiger gotisch profilierter Kranz. Schöne Arbeit, wahrscheinlich aus der Zeit des spätgotischen Baues (um 1462); 82 cm breit, 88 cm hoch.

HÖFE.[39]

In Wintrich befanden sich außer einem kurtrierischen Hof [...] zahlreiche HÖFE von Klöstern und Edelleuten, z. B.:

1. von St. Simeon in Trier (seit 1048) …
2. St. Matthias …
3. Maria ad martyres in Trier (Schenkung 1158 bestätigt: …

---

[38] Es gibt Hinweise, dass die Schenkungsurkunde möglw. eine Fälschung ist. Die Urkunde von 1098 ist in jedem Fall echt.

[39] Mit dem Christentum kamen zur Frankenzeit die klösterlichen und adeligen Grundbesitzer, und das Tal verwandelte sich in einen blühenden Garten: auf der Gerget (Herrengarten), im Mardeinerland (St. Martin Trier), auf dem Münichbösch (Busch der Mönche), im Härenecken (Herrenecke). Es muss schon ein begehrenswertes Fleckchen gewesen sein, das sie sich ausgesucht hatten. (Internetauftritt der Gemeinde Wintrich, abgerufen am 26.04.2017)

4. Himmerode (im J. 1254 von Johann von Cochem an das Kloster geschenkt: …

5. des Geschlechtes von Noviand …

6. der Vögte von Hunolstein (Lehen der Grafen von Salm, 1393, 1454 für 300 Gulden dem

Hospital S. Nikolaus in Cues verpfändet …

7. der Grafen von Manderscheid-Blankenheim …

8. des Münzmeisters Joh. Tibus von Veldenz (1497 an Kanzler Ludolf von Enschringen verkauft: …

[Anm.: wem nach dieser geballten Ladung Geschichte noch nicht schwindelig ist, der möge sich spätestens jetzt anschnallen, denn jetzt kommt er: der Hof des eingangs erwähnten Herrn Otto aus Sachsen! "Noch'n düscht'schen Düsch!"]

Erhalten ist das **Hofgebäude der Abtei St. Martin** zu Trier, Hauptstraße Nr. 4, am unteren Ende des Dorfes, 1302,1468,1783 im Besitz des Klosters bezeugt, …. [Anm.: Zur Erinnerung: davor, genauer, von 966 bis ins ausgehende 13. Jhdt., St. Maximin]. Um 1871 von Joh. Puricelli in Lieser erworben und jetzt im Besitz des Frhr. v. Schorlemer-Lieser. ….. Schöner zweigeschossiger Massivbau mit gebrochenem Zeltdach [...] rundbogige mittlere Einfahrt, auf deren Schlußstein die Jahreszahl 1765, links davon im Erdgeschoß (Kelter und Wirtschaftsräume) ovale, im übrigen flachbogige Fenster in Steingewänden (Fig. 299).

Einer der bedeutendsten Wintricher Höfe war der der Kartause, seit 1333 ungefähr zugleich mit dem Patronat der Kirche vom Kloster erworben, [...]

Ferner ist noch der **HOF GEIERSLEY** (früher auch Güntersley genannt [Anm.: so hieß noch in den 70er Jahren des letzten Jhdts. eine Wintricher Lage]) am Fuße des

Ohligsbergs erhalten: [...] Unter der Freitreppe des Hauses Nr. 226 ein kapellenartiger Raum, die Wendelinuskapelle, mit einem Steinkreuz, das im Sockel die Inschrift trägt … Heute steht es übrigens etwa 30 m links vom Haus in einer eigens errichteten kleinen Kapelle, zu der auch ich als kleiner Junge so manches mal gelaufen bin um für die 4-5 Kühe meines Großvaters zu beten, der Hl. Wendelinus ist nämlich u.a. der Schutzpatron des Hausviehs]"[40]…

---

[40] Anekdoten zur Entstehung der Kapelle und ihrer Nutzer sh. Glossar

"Die Pfarrkirche zum hl. Stephanus erscheint erstmals in dem Diplom vom 14. Januar 1340, in welchem der Trierer Erzbischof Balduin von Luxemburg die Inkorporation der Pfarrei Wintrich durch die Edelknechte

Philipp und Johann von Weiskirchen vom 9. Dezember 1339 mit der Kartause bei Trier bestätigt." Balduin von Luxemburg war der Onkel und Erzieher des späteren Kaisers Karl IV. (Prag) und einer der einflussreichsten Territorialfürsten seiner Epoche. Auch den kann das kleine Wintrich also in seinen Annalen aufbieten …, ach ja, tiefste Provinz.

An der Mosel hat jedes Dorf einen Spitznamen. Damit soll, wie bei Einzelpersonen, das hervorstechende Merkmal seiner Bewohner anschaulich gemacht werden. Die Lieserer sind beispielsweise die "Kaatzestripper" (Katzenstreichler), liebe, gemütliche Leute. Das ist buchstäblich das eine Ende der Skala. Was ist ein Mensch am entgegengesetzten Ende? Nun, die Wintricher sind (vielleicht sollte ich vorsichtshalber sagen: waren) nicht unbedingt für liebevollen Umgang mit Haustieren bekannt, die Wintricher sind die "Dootschläjer". Es sind recht rustikale Menschen, wie sich auch ihr dörflicher Dialekt durch gewisse Derbheit in Klangfarbe und Wortschatz auszeichnet.[41] Die Wintricher sind

---

[41] Kleine Kostprobe: der Büstenhalter ist 'de Audasteip', die Euterstütze. Während einige Leser jetzt vielleicht Tränen lachen, würden Wintricher 'Treenen fuazen'. Der Spitzname selbst geht übrigens zurück auf die Tatsache, dass zwei Wintricher citoyens, Philipp-Josef Prüm und Peter-Josef Thinnes, bei der

- wie alle Rheinländer - gesellig und trinkfreudig, gelten aber in erster Linie als hitzköpfig und streitlustig, ihre Männer sind bei Raufereien bevorzugt in der ersten Reihe zu finden. Ihr habt das bestimmte Gefühl, das euch das alles gerade irgendwie bekannt vorkommt? Ja, man kann sich die Wintricher tatsächlich ziemlich genau wie die Nachfahren der Bewohner des berühmten 'kleinen gallischen Dorfes' vorstellen. Außer vielen Automatixen und Verleihnixen gibt es natürlich auch einen Troubadix, genauer, es gibt deren mehrere. Sie haben sich in einer Selbstschutzorganisation zusammengeschlossen, die den Namen 'Männergesangverein' trägt und heute noch existiert.

Immerhin bilden die Kelten (also die Gallier![42]) tatsächlich die ethnische Grundlage aller echten Moselaner. Römer und ihnen auf den Fersen folgend Franken sollen später ihre Schichten darüberlegen. Es ist bis heute faszinierend zu sehen, wie sich der genetische Fußabdruck dieser 3 teilweise grundverschiedenen Völker im Aussehen der Moselaner niederschlägt. Bis vor etwa 60/100 Jahren hat fehlende Mobilität dazu beigetragen, dass sich diese regionale Besonderheit besonders ausgeprägt halten konnte. Dadurch, und durch die spezifische Topographie mit der engen Tallage, hat sich der Blutanteil der Römer, er ist von den drei genannten Gruppen der kleinste, nirgends in Deutschland stärker gehalten als an der Mosel.

Die mit Abstand längste Periode seines Bestehens, bis Ende der sechziger, Anfang der siebziger Jahre des letzten Jahrhunderts, war Wintrich ein (reines) Bauerndorf. Nahezu alle Bewohner lebten entweder im Voll- oder zumindest im Nebenerwerb von Wein- und Ackerbau. Daneben gab es eine stattliche Anzahl Handwerksbetriebe. Anfang der dreißiger Jahre wird Wintrich den Höchststand an Einwohnern (ca. 1.300) erreichen. Damals gab es im Dorf 6 Weingüter (darunter Quint-Kettern; die größten waren der Martinerhof und die Geierslay), je 5 Schuster und Maurermeister; je 3 Schmiede, Stellmacher, Tischler, Korbmacher, Maler und Dachdecker; je 2

1848er Revolution an der Mosel ganz oben auf der Barrikade standen. Auch beim Sturm auf das Bernkasteler Finanzamt 1926 erwiesen sich Wintricher Männer ihres Spitznamens würdig.

[42] Kel-/Kehl-/Cel- in den germanischen haben ihre Entsprechung in Gal-/Gaul- in den romanischen Sprachen

Schneider, Bäcker und Frisöre; ein Fuhrunternehmen und einen (Hä-eren) Weinkommissär. Wintrich 1932: ein einziger riesiger Obi, es gab einfach alles.

Nicht nur für den Handwerker. Ihren Kaufrausch konnten die Wintricher in einem Kolonial-, und drei Gemischtwarenläden, einer "Drogenhandlung" (!!) und … der Gipfel der Dekadenz!: einem "Zigarrengroßhandel" austoben. Das nötige Kleingeld gab's praktischerweise in der kundenfreundlich zentral gelegenen eigenen Sparkasse. Ihren Durst löschte die (selbstverständlich ausschließlich männliche) Kundschaft in drei Saloons, welche damals noch ziemlich spießig 'Gastwirtschaft' hießen. Einen Polizeiposten gab es zum Glück nicht, also konnte man es regelmäßig tüchtig krachen lassen, wozu die Wintricher Männer (remember: Automatixe vs. Verleihnixe) nicht erst gebeten werden mussten, irgendein nichtiger Anlass fand sich immer. Man merkt: es war das pralle Leben. Wintrich! ähh, … wirklich!

Wo rohe Kräfte sinnsuchend walteten, musste ein gewisser ordnender Ausgleich her. Die staatliche Obrigkeit war tatsächlich durchaus zahlreicher vertreten, als man das heute so denken würde. Um die Jahrhundertwende - ich springe jetzt aus dramaturgischen Gründen gut 30 Jahre zurück - gab es in Wintrich eine Schule (normal), ein Postamt (auch normal), einen Bahnhof (ziemlich normal) und …ein Fasseichamt (das hatte nicht jedes Dorf!). Neben den Lehrkräften sowie den Post-, Bahn- und Eichbeamten gab es schließlich noch öffentliche Angestellte bei der Gemeindeverwaltung, der Straßenunterhaltung sowie im Feldhüter- und Forstdienst. Macht zusammen ca. 20 Mann (okay, davon waren 2-3 Lehrerinnen in Wahrheit 'Fraleut'). Schließlich gab es noch einen Ortsbürgermeister, das war aber kein Vollzeitjob, denn … der eigentliche Boss im Ring war natürlich …

DE HÄ-A PASTÓA!

Den dürfen wir uns optisch exakt wie Don Camillo vorstellen - unter freiem Himmel stets in Soutane und Birett - nur ohne Dauergrinse. Wo der Pfarrer auftauchte, war augenblicklich Schluss mit Lustig, respektive Ruhe im Karton - und sei die Keilerei auch noch so kurzweilig gewesen. Der

Herr Oberpräsident war ein netter und reichlich harmloser Mann, der Kaiser und König weit, weit weg in Berlin: die eigentliche, die wahre Autorität an der Mosel war die Kirche und das Wort ihres örtlichen Vertreters hatte mehr Gewicht als das eines jeden anderen. Bitte nicht vergessen: der Klerus war rund 1000 Jahre lang nicht nur die geistliche Macht, sondern auch die politisch herrschende Klasse (um mal den Lieblingsausdruck eines Fach- und Landsmannes zu gebrauchen) im Eifel-Mosel-Hunsrück-Raum gewesen, das prägt. Von Erwachsenen wurde der Hä-a Pastóa grundsätzlich mit "Hochwürden" adressiert, Kinder hatten (und sei es im Vorbeigehen) ein "Gelobt sei Jesus Christus" zu schmettern. Der Mann wurde nicht nur als Nachfolger Christi empfunden, er war vielmehr gefühlt sein Stellvertreter, quasi ein Pontifex im Westentaschenformat, nur das seine Autorität im Gegensatz zu der des Heiligen Vaters im fernen Rom unmittelbar wirken konnte.

Jeden Sonntag nach der Messe erhielt der Bürgermeister über einem Trester in der Gastwirtschaft (Wein trank man *dort* - wenn überhaupt - immer erst ab dem späten Nachmittag) den Wochenbefehl und dann begab sich diese wandelnde Personalunion von Majestix und Miraculix in sein wirklich schmuckes barockes Pfarrhaus, wo die Haushälterin mit einem nahrhaften Mittagessen (selbstverständlich mit dem Rest des Messweins) aufwartete.

Es gibt so Einiges, auf das die Wintricher und alle, die sich mit dem Ort verbunden fühlen, stolz sein können. Die glorreiche Vergangenheit, der gute Wein, die einzigartige dörfliche Mundart mit vielen Wörtern, die es nur dort gibt,[43] einen der größten Kastanienwälder Deutschlands, die Schönheit der Flusslandschaft , die Gastfreundschaft und Herzlichkeit seiner Bewohner. Am hellsten jedoch strahlt ein Stern, der auf das Engste mit dem tief verwurzelten Volksglauben verbunden ist: die Passionsspieltradition.
Begründet im Jahre 1902 durch den Pfarrer Martin Wrede, fanden die Spiele alle 5 Jahre, unterbrochen durch die beiden Weltkriege, bis 1952 statt, dann schlief die Tradition für 45 lange Jahre ein. Es bedurfte eines Atheisten aus Hamburg, der zunächst Ortsbürgermeister und dann

---

[43] eine Sammlung 'Wintria Wiada' findet sich hier

Spielleiter wurde, um diese großartige kulturelle Tradition aus ihrem Dornröschenschlaf zu wecken. Dem Mann, Dirk Kessler, kann das Dorf gar nicht dankbar genug sein. Seit 1997 finden die Spiele wieder alle 5 Jahre statt. Die Zuschauer kamen zunächst nur aus der Region doch längst hat sich das hohe Niveau herumgesprochen und die Freunde kommen aus ganz Deutschland und teilweise auch darüber hinaus. Der Chor hat professionelles Niveau. Die Darsteller bestechen durch ihre Authentizität. Wo gibt es das sonst in Deutschland, das römische Legionäre wirklich wie echte Römer aussehen? Oder die ganzen Pharisiäer und Hohepriester mit ihren wallenden Bärten: alles echt![44] Im April 2022 ist es wieder soweit, hingehen!

Letzte   Vorstellung   der   Wintricher   Passionsspiele   Saison   2017

---

[44] Edgar Reitz hat 2012 zahlreiche Mitwirkende von der Bühne runter für seinen großartigen Film "Die andere Heimat" verpflichtet.

Wintrich, Blick zur Geiersley

Wintrich. Du Perle am Moselstrand! Dich umweht mehr als nur ein Hauch von Rio de Janeiro. Dein Corcovado heißt Geiersley. Auf dem steil über dem Wasser aufragenden Fels wacht dein Christus - als Gekreuzigter mit über 8 m Höhe Deutschlands größtes Kruzifix - über deine reichen Weinberge und schönen Auen. Und das karibische Klima! Im Nachbarort Brauneberg wurde im August 1998 mit über 41 Grad Celsius die höchste jemals offiziell gemessene Temperatur Deutschlands gemessen. Dein Caipirinha ist ein Kir von Rieslingsekt. Unten am Fluss liegt deine Copa Cabana und schließt man für einen Moment die Augen, öffnet sie und es passiert eine deiner rassigen dunklen Moselschönheiten, spätestens dann ist man ganz in Ipanema![45]

---

[45] Das Magazin "National Geographic" hat 2017 unter dem Titel "The World's Most Romantic Destinations" auch das Moseltal berücksichtigt. Bei der Kurzpräsentation der TOP 17 auf der Webseite schafft es die Mosel auf den ersten Platz. Für 'Lonely Planet' gehört die Mosel ebenfalls zu den weltweiten Top-Zielen.

Jeder half Jedem – Leben und Arbeiten im Dorf

Der Alltag in einem typischen Moselwinzerdorf vor 100 Jahren ist mit der Situation heute nicht mehr vergleichbar. Der entscheidende Bruch trat vor etwa 50 Jahren ein, ich habe dem Sterben der Bauerndörfer ein eigenes Kapitel gewidmet. Hier möchte ich, in Ergänzung zum vorigen Kapitel, noch einige Eindrücke einfügen, die bereits am Lebensende meines Großvaters lange Geschichte waren.

Bis weit in die Fünfzigerjahre hatte die Kirche bzw. der Klerus eine dominante Stellung auf dem Land, ich führte es bereits aus. Die Kirche war bis Napoleon der größte Landbesitzer und sie besaß in der Regel nur erstklassige Flächen. Bis weit ins 20. Jahrhundert hinein profitierte der Klerus von Naturalabgaben. Zu Zeiten der Monarchie kam noch die herausgehobene Stellung des Adels hinzu. Wenn auch nur der Kutscher des Frhrn. v. Schorlemer passierte, zogen die Männer die Mütze.[46]

Bevor es in den 30er Jahren die ersten Wasserleitungen gab, erfolgte die Versorgung von Mensch und Tier aus Brunnen, die über das ganze Dorf verteilt waren. Eduard konnte sich an etwa 15 erinnern, die sich hinsichtlich der Qualität und Menge ihres Wassers unterschieden. Einige Häuser hatten auch eigene Brunnen mit Schwengelpumpe in der Küche. Naturgemäß waren die Brunnen natürliche Treffpunkte, wo man auch mal zu einem Schwätzchen verweilte.[47]

1912 wurde die Spar- und Darlehnskasse gegründet, Matthias war der erste Vorsitzende des Aufsichtsrats. Für die einfachen Bauern war das ein erheblicher Schritt nach vorn, denn es erleichterte die Kreditbeschaffung zur Anschaffung von Düngemitteln und teuren Gerätschaften erheblich.

„Die Menschen lebten vom Wein mehr schlecht denn gut. Jede Familie hatte eigenes Land und Gemeindeland zur Nutzung und konnte sich, von schlechten Jahren abgesehen, selbst ernähren. Zum Erwerb des Gemeindelandes mußte man erst bei der Heirat das Bürgerrecht erwerben, und waren beide Eheleute [Wintricher], dann billiger, wenn ein Teil, dann mehr, und wenn noch beide Teile fremd, d.h. zugezogen waren, dann noch teurer. Weil Land unvermehrbar[48] ist, die Einwohnerzahl vom Dorf jedoch

---

[46] Aufzeichnungen des Eduard Quint, S. 31
[47] Aufzeichnungen des Eduard Quint, S. 15
[48] Sowohl Matthias wie auch sein Sohn trachteten bei ihren direkt an der Mosel

stieg, mußten jung verheiratete meist jahrelang auf die Landzuweisung warten. Deswegen, weil innerhalb der Familien geschwindelt wurde, [gab es] oft und viel Streitigkeiten.

Soweit ich noch erfuhr, war der Mindesteinstand: 100 Taler [300 Mark]; der Bürger, nicht der Einwohner, erhielt [dafür 6x70 Ruten à Familie, die dann nach vielem Disput auf meine Anregung wenigstens auf 3 Parzellen kamen] ...um 50 Schanzen Reiser, 2 m Buchenscheitholz" und gewisse Weiderechte.[49]

„Das Dorf war in Rotten eingeteilt, je 10 Häuser waren eine Rotte. Je nach Bedarf durften im Wald Streu (Buchenblätter oder Heide) oder Reisig gemacht werden. Der Förster wies die Rotte ein und der Rottenführer teilte Jedem ein Los zu. In der Rotte wurden auch die Wege in Ordnung gehalten, oder Kies angeliefert."[50]

„...dann mußten die Bürger „Frohndienste" leisten. Ich selbst ging noch auf „die Frohn". Die Wege usw. wurden über die Frohn in Ordnung gehalten und im Abstand etlicher Meter mußte jeder Bürger auch noch Kies liefern, der meist auf minderwertigem Land gesammelt wurde;"[51]

Die dörfliche Solidarität war enorm, man hielt zusammen: „Mußte eine Kuh notgeschlachtet werden, dann war selbstverständlich, etliche Pfund Fleisch zu holen, damit der arme Tropf den Anfang zum Kauf einer neuen Kuh hatte ...verbrannte einer, so wurde gesammelt. Jeder half Jedem." ...

„Kinderversteigerung gab es auch, ein schreckliches Wort, aber eine gute Tat. [Schule war bis zum Nachmittag] Im Sommer hatten die Rondeler Kinder Brote dabei und aßen gelegentlich auch bei Bekannten im Dorf. Anders war es im Winter. Dann mußten die Kinder über Mittag etwas Warmes haben. Das ging wie folgt: der Gemeindebote machte mit der Ortsschelle bekannt: „Mor Mittag wären on dä ahler Schul die Rondeler Känner versteicht."

---

gelegenen Weiden auf Landgewinn, indem sie alle Arten Schutt und Abfall gezielt zwischen den Krippen abluden.

[49] Aufzeichnungen des Eduard Quint, S. 28
[50] Aufzeichnungen des Eduard Quint, S. 16
[51] Aufzeichnungen des Eduard Quint, S. 29

Das Kostgeld zahlte die Gemeinde, und zwar erhielt den Zuschlag für ein Kind der Billigste, es war meist ein guter Zweck seitens der Wintricher Familie mit einem kleinen Entgelt für den Kostgeber.

Wirkliches Betteln gab es auch noch, an der Tür standen Frauen aus Thal Veldenz, Merscheid, Rondel, Reinsport usw. mit der Hott auf dem Buckel und beteten das Vaterunser, man machte auf und es wurde was gegeben."[52]

Die bereits geschilderte Erbteilung führte zu grotesk kleinen Landparzellen, die eine vernünftige Bewirtschaftung erheblich erschwerten. Auf alten Katasterkarten kann man sehen, dass Wiesen- und selbst Ackerstücke vielfach nur weniger als 2-3 Meter breit waren, manchmal noch weniger. Es gab keine Wege, das Mähen der Wiesen und das Ernten der Äcker musste genauestens geregelt werden, sonst wäre die Hälfte des Ertrags zertrampelt worden.

Abwechslung bzw. Gelegenheit zur Zerstreuung gab es sehr wenig, die Menschen mussten von Sonnenaufgang bis Dämmerung schwer arbeiten, um einen kärglichen Lebensunterhalt zu sichern. Eine seltene Ausnahme waren fahrende Gaukler, die ein- bis zweimal im Jahr im Dorf erschienen. „"Kamedilait" kamen auch schon mal ins Dorf... [sie] kündigten ihr Erscheinen auf einem Esel durchs Dorf reitend, mit Hornblasen an. Die Vorstellung war meist abends und Hauptattraktion war der Gang auf einem Seil, gespannt von Sinzig Haus zu Däkisch Haus bei Karbidlampenlicht. Eintritt für uns Kinder: 5 Pfg. oder der Vater gab ein Bund Heu für die Tiere."
[Und] Fischen, mit dem Schleppnetz bei Hochwasser selbstverständlich, und zwar wie folgt. Fast an jedem Giebel von Jedermann sehbar, das Netz. Kam das Wasser, dann wurde gefischt, oft auch abends mit einer Laterne [auf den überschwemmten Wiesen]. Oft wurde das Netzt ohne Erfolg eingelegt, aber es gab auch manches Fischessen. Mein Vater hatte mal einen Hecht mit 9 Pfund. Das ganze Dorf war auf den Beinen: 1 Fischer – ½ Dutzend Zuschauer, einer den anderen mit Sprüche kloppen überbietend. Ein Original war der Bäcker Loosen, aus dem Cochemer

---

[52] Aufzeichnungen des Eduard Quint, S. 41

Krampen stammend, das Netzt wurde eingelegt, eingelegt – nichts und wieder nichts. Was sagte der Bäcker? „Man soll doch moanen, die Kerle (Fische) kämen mohl ant Land saofen!"[53]

Partie im Dorf, die noch am ehesten den traditionellen beengten und verwinkelten Verhältnissen entspricht

---

[53] Aufzeichnungen des Eduard Quint, S. 44

Salve, amnis, laudate agris, laudate colonis,
dignata imperio debent cui moenia Belgae,
amnis odorifero iuga vitea consite Baccho,
consite gramineas, amnis viridissime, ripas!
naviger ut pelagus, devexas pronus in undas
ut fluvius, vitreoque lacus imitate profundo,
et rivos trepido potes aequiperare meatu
et liquido gelidos fontes praecellere potu;[54]
Ausonius, Mosella

Schöner fremder Mann - Erbe und Erbgut der Soldaten Roms

Hagen a.T.W., an einem Herbstabend des Jahres 9 n.Chr.

Ein einsamer und sichtlich abgekämpfter römischer Legionär erreicht bei einer armseligen Germanensiedlung am Rande des Teutoburger Waldes die Nachhut der Reste seiner am Vortag etwa 15 km nördlich vernichtend geschlagenen XVII. Legion. Mehr bettelnd als befehlend richtet sich die Truppe notdürftig zu kurzer Nachtruhe. Unser Legionär, nennen wir ihn Quintus ad Montem, findet zum Abendessen Unterschlupf in einer schlichten Behausung ohne Fenster, das Strohdach reicht bis zum Boden. Der Hausherr ist am Vortag im Kampfe gegen die Herren Kameraden eben jenes Quintus ernsthaft zu Schaden gekommen. Das weiß seine 10-köpfige Schar (incl. der Schwiegermutter, einer Schwester und einer unfreien Haushaltshilfe) aber noch nicht. Einstweilen folgt er dem Heerbann und ist deshalb auf unbekannte Dauer abwesend - c'est la guerre.

Wachen hat der verlorene Haufe gerade noch einteilen können, Zelte sind nicht mehr vorhanden und Quintus hat selbst den treuesten Freund des in Germanien garnisonierten Legionärs, neben der langen Unterhose[55], die Manteldecke (mantica), auf seiner Flucht aufgegeben. So bleibt ihm gar

---

[54] eine Übersetzung findet sich hier
55 die lange (grüne) Unterhose ist das einzige Ausrüstungsstück des römischen Legionärs, welches in identischer Ausführung in modernen Heeren der Neuzeit immer noch Verwendung findet. Ihr hat der Landser ein eigenes, zeitloses Lied gewidmet (sh. im Glossar).

nichts anderes übrig, als zu den Frauen und Kindern unter das Bärenfell zu schlüpfen.

Es entsteht ein allgemeines Ruckeln und Schuckeln, bis sich eine jede zurechtgerückt hat. Ist es nun die frische Kriegerwitwe oder deren Schwägerin, neben der Quintus schließlich final zu liegen kommt? - mit Ausnahme der Schwiegermutter, den zwei Brüdern und der kleinen Schwester kämen im Prinzip für das, was sich gleich ereignen wird noch die Maid sowie die beiden verbliebenen, nicht mehr ganz so kleinen Schwestern in Frage - wir wissen es nicht. C'est la vie.

Unser römischer Vorfahr, obgleich ein ausgesprochen kultivierter Mann, hält sich aufgrund der Umstände nicht damit auf, seiner germanischen Bettgenossin im Schein der bereits erwähnten Feuerstätte ein Hexameter auf die blondbezopfte Schulter zu klopfen. Stattdessen sagt er: "nihil humani a me alienum puto", was unsere Westfälin natürlich nicht versteht. Weil Frauen ganz allgemein und gerade im Besonderen schlauer sind, drückt sie ihr Verständnis mit einem gallischen weiblichen Balzruf aus, der damals bei den Cheruskermädchen sehr en vogue war und dem eine gewisse Conny Francis viele Jahrhunderte später zu Weltruhm verhelfen wird. Nichts steht mehr dem im Weg, was man mit Fug und Recht als buchstäblich letzte Zuckungen eines 'imperial overstretch' bezeichnen könnte.

So oder ganz so ähnlich ist es also gewesen, als ein Soldat Roms seinen genetischen Caligaabdruck im Erbgut meiner westfälischen Vorfahren hinterließ.

Zum Abschied haben die Tobergte-Mädels dem feschen Südländer ein letztes Mal "Schöner fremder Mann" gesungen und dann verschwand er auf Nimmerwiedersehen.

C'est la guerre,

yaihhh, - yaih, yaih, yaih, yah!

Zum Dank für warmherzige Gastfreundschaft hat er seine schönen dunklen Augen hinterlassen, nur echt mit zwei Falten unter dem rechten.

Daran soll man seine Nachfahren noch in 1000 Jahren erkennen, beim Jupiter!

Etwa 350 km südwestlich, Raum Mittelmosel, wenige Jahre früher

50 v. Chr. haben die Römer bekanntlich unter Julius Cäsar ganz Gallien ihrem Reich einverleibt. Eine Generation später beginnen sie, auch über den Rhein und in den Moselraum vor zu stoßen. Trier bauen sie unter Kaiser Augustus zu einem bedeutenden Stützpunkt aus (Augusta Treverorum), später sollte es sogar Hauptstadt ihres Reiches werden. Die überlegene römische Zivilisation trifft im Moselraum auf Kultur und Sprache der Kelten. Es muss zu einem echten clash of civilisations gekommen sein. Die Ureinwohner wundern sich über die rege Bautätigkeit, die umgehend nach Ankunft der Fremdlinge einsetzt. Als erstes errichten die Legionäre, allesamt Bauarbeiter im Nebenjob, Straßen. Die römischen Fernstraßen dienen in erster Linie dem schnellen Verlegen militärischer Kräfte. Nur so ist es zu erklären, wie die Römer ein ganzes Weltreich mit der überschaubaren Zahl von etwa 25 Legionen überhaupt beherrschen können.

Eigentlich erscheint alles fremd an den Invasoren. Und ihre Sprache erst! Sobald einer von ihnen - gleich ob Soldat, ob Zivilist - seine Lippen bewegt, beginnt augenblicklich eine Trommel zu schlagen, mit hartem, klaren Klang. Selbst die freundlichste Bitte klingt aus ihrem Mund wie ein kurzer Befehl. Die Sprache der Römer ist wie gemacht für das Militär.[56] Bis heute ist die militärische Fachsprache in aller Welt stark von ihr durchsetzt, es beginnt bereits mit den Wörtern Militär oder martialisch.
Ihre Wörter und Wendungen sind kurz und präzise, die Grammatik absolut logisch strukturiert. Abweichungen oder gar Ausnahmen von einer Regel duldet der angeborene Ordnungssinn der Römer nicht. Bis heute ist ihr Idiom die Sprache der Juristen.
Die Sprache der neuen Herren lernen die Männer unserer Moselkelten unter den Peitschenhieben des Aufsehers an den Riemen der Moselschiffe oder unter der Knute eines Optios in den Reihen eines Auxiliarverbandes.

---

56 vgl. Andres, Stefan/Wiskirchen Hermann: Die Mosel. S. 15

Militär und Justiz sind die beiden tragenden Säulen des römischen Weltreichs. Auf ihnen gründet die Überlegenheit seiner Herrschaft.
Erstaunt stellen die Moselaner fest, dass auch ein einfacher Mann vor ihren Gerichten Recht bekommen kann und dass Verträge grundsätzlich eingehalten werden. Die Hartnäckig- und Umständlichkeit, mit der die Römer Eigentum und Familie schützen, verwundert sie.

Die spinnen, die Römer!
Und wenn dann so ein Keltenmädchen vor einem römischen Soldaten stand, was wird es gedacht haben? Wie die aussehen, alle so gleich! - Jeder hat die exakt gleiche Uniform und Ausrüstung. Aber scheinbar haben auch alle die genau gleichen dunklen, kurzgeschorenen Haare und die gleichen dunklen, tiefen Augen. Auch hier wieder alles gleich - gleich gut und schön - wird sich unser Keltenmädchen gedacht haben, denn attraktiv sind Siegertypen in Uniform eigentlich zu allen Zeiten und an allen Orten gewesen.

Die gallischen Krieger hingegen sehen in jeder Hinsicht anders, sagen wir mal bunter aus. Sie selbst sind mal dunkel-, mal blond-, mal rothaarig, wobei sie ihren Kopfbewuchs nie kurz, sondern entweder offen lang oder in allen möglichen Zopfvariationen tragen.
Gerade bei der Kleidung und auch Bewaffnung achtet der gallische Krieger nicht bloß auf Zweckmäßigkeit, sondern legt vielmehr gesteigerten Wert auch auf die persönliche Note. Die Nachfahren der Gallier sind bis heute hoffnungslose Individualisten.
An Mut und Kampfkraft sind die Gallier den Römern durchaus ebenbürtig, was ihnen vollkommen abgeht ist deren eiserne Disziplin. "Den Anweisungen meines Dorfältesten gehorchen? Moi?? Kommt gar nicht in den Leinenbeutel!"

Die Römer weiten ihr Weltreich exakt in dem Takt und der Geschwindigkeit aus, mit dem sich ihre Legionen auf dem Schlachtfeld bewegen: lauter kurze kleine Schritte, keiner weiter als die Beine eines durchschnittlichen Legionärs lang sind. Es ist seine Disziplin - zu der auch die Fähigkeit des taktischen Stillhaltens gehört, wenn alle Barbaren so ungestüm wie gedankenlos vorrennen würden - die das römische Heer allen anderen Streitmächten seiner Zeit überlegen macht.

Die römische Eroberung des Moselraums wollen wir uns - zur besseren Veranschaulichung am Beispiel des bereits hinlänglich bekannten kleinen gallischen Dorfes, es wird unmittelbar nach den gleich geschilderten Ereignissen vindriacum heißen - in sonntäglicher Ruhe und bei einer Tasse Tee, verdeutlichen.

Wintrich, Donnerstag, den 17. Juni im Jahre 0, 10:37 Uhr

Also - just zu der Zeit, als in der fernen aber ebenfalls römischen Provinz Judäa ein neuer König das Licht der Welt, erblickt der Türsteher des Dorfes unserer gallischen Freunde vor sich einen nicht ganz kleinen Trupp uniformierter Vollzugsbeamter nebst Standartenträger und zwei seltsamen Holzkonstruktionen auf Rädern.

Nun, auf ungebetenen Besuch ist man in diesen unruhigen Zeiten zwar grundsätzlich eingestellt, aber, ehrlich gesagt, die Herren Invasoren kommen justament etwas ungelegen. Gutemine muss ihrem Majestix noch einen Knopf an die wieder mal zu eng gewordenen Hose nähen; Automatix findet seinen Hammer nicht; die Moselfische des Verleihnix sind so alt, dass man mit ihnen nicht mal mehr einen Legionär verdreschen kann; die Pallisadeneinfriedung ist streikbedingt noch nicht fertig; die Schreibstube hat die Hälfte der Einberufungsbescheide verschlampt, usw. … kurz : lauter kleine und an sich nicht unsympathische Unzulänglichkeiten, - sie werden exakt 1870 Jahre später die gallische Militärmaschine gleichermaßen hemmen - die in ihrer Summe allerdings durchaus nicht unerhebliche störende Auswirkungen entfalten. Das Schlimmste: der Zaubertrank - später werden die Bewohner des kleinen gallischen Dorfes ihn Fluppes nennen - ist noch nicht fertig! Also wird ordinärer Wein ausgegeben. Solchermaßen bestärkt und ohnehin beseelt vom unerschütterlichen Gefühl eigener Überlegenheit und Stärke sind unsere gallischen Krieger bereit zur Schlacht. "Pah!!! Die fünfzig Männeken - unserer sind Hundertzwanzig! Aus denen machen wir Paté de Campagne!", hören wir Majestix brüllen.

Alles richtig soweit, dumm nur, dass da gerade eine rund 60 Mann starke Teileinheit der modernsten Streitmacht ihrer Epoche ante portas steht. Die 1. Centurie des 3. Manipels der der 7. Kohorte der VIII. Legion unter dem Kommando des Centurios Justus Handzumgrus ist zwar nicht mit schwerer Artillerie (Katapult) aber immerhin mit zwei Feldgeschützen ausgestattet und wer einmal in die Verlegenheit kam, vom Pfeil einer römischen Balliste getroffen zu werden, wird dieses durchschlagende Erlebnis für den Rest seiner Tage nicht vergessen.

Lage: auf der einen Seite eine gut gerüstete, bestens ausgebildete und hochdisziplinierte Truppe in Gefechtsformation.
Auf der anderen Seite ... lauter hochmotivierte, kampfbereite Individualisten, man könnte sie auch getrost einen reichlich chaotischen Haufen von Raufbolden nennen.

Was jetzt folgt, bedecken wir besser mit dem Mantel der Liebe ... die Centurie entledigt sich ihres Auftrags zwischen zweitem Frühstück und Mittagessen und rückt - sechzig Mann und ein Befehl - in das kleine gallische Dorf ein, um sich dort für eine Weile zu installieren.
Der junge Centurio lässt die gesamte ca. 450 Köpfe zählende Dorfgemeinschaft antreten und hält folgende kurze Ansprache:

1. Das Dorf habe Widerstand geleistet und sich der Macht Roms in den Weg gestellt, weshalb eigentlich seit einer halben Stunde alle Hütten niedergelegt und es dem Erdboden gleich sein müsste. Sie hätten Glück, heute sei Kaisers Geburtstag und gestern sei er aus diesem Anlass befördert worden, da wolle man mal Gnade vor Recht ergehen lassen, schließlich benötigten seine Männer ja auch Unterkünfte.

2. Zum Thema Unterkünfte: seine Männer seien mit ALLEM ausgestattet, was eine kämpfend marschierende Truppe benötige, einschließlich Proviant für 3 Tage. Im Marschgepäck sei von der Wechselwäsche bis zum Marschallstab wirklich alles dabei, nur eines führten römische Legionäre grundsätzlich nicht mit: ein Rückflugticket. Die Reiseleitung verfolge seit längerem eine Politik des "arrive to stay", man möge sich daher bitte auf einen längeren Aufenthalt einstellen. Erfahrungen aus anderen Provinzen ließen jedoch Rückschlüsse auf einen friedlich-fruchtbaren Austausch … à propos …

3.   … da sei noch was. Es gäbe noch etwas, was römische Legionäre nicht mit sich führten, obwohl ein gewisser Bedarf bestünde … aber auch hier zeigten langjährige Erfahrungen, dass sich niemand Sorgen machen müsse …

So rückten also 60 latin lovers in vindriacum ein, das Ergebnis ihres friedlich-fruchtbaren Austausches mit den keltischen Ureinwohnerinnen kann der aufmerksame Betrachter auch heute noch in Wintrich und allen anderen Moselorten bewundern.

Mal unter uns Pfarrerstöchtern, liebe Leserinnen, wenn Sie bislang nichts anderes gewöhnt wären als übel riechende, ständig rülpsende, unrasierte Bierbauchträger - ja, ich weiß, ausgerechnet auf diesem Gebiet hat sich in Deutschland seit 2000 Jahren nicht viel getan - und urplötzlich, buchstäblich wie von einem anderen Stern, tauchten da lauter gut aussehende, junge, knackige, durchtrainierte Latinos vor Ihnen auf, die - und das ist ja das im Wortsinn Allerschärfste - sich nicht nur täglich rasieren sondern auch sonst gesteigerten Wert auf regelmäßige Körperpflege - Gesichtscreme inclusive - legen, wie würden Sie sich entscheiden? - allora!

So, die Frage mit dem Erbgut hätten wir geklärt. Die moderne Wissenschaft geht davon aus, dass es nirgends in Europa nördlich der Alpen eine höhere Konzentration altrömischer Gene gibt, als im Moseltal. Die Tallage und die jahrhundertelange Immobilität der Bevölkerung führen dazu, dass uns die Ergebnisse der Wahl der Keltinnen auch 2000 Jahre später anschaulich vor Augen geführt werden.

C'est la vie. Wir sprechen vom gallo-romanischen Mischtyp.

Jahrhunderte nach der soeben beschriebenen Episode ritt der Centurio Ernst Jünger auf den Spuren Julius Cäsars beim Feldzug gegen Frankreich durch das untere Moseltal. Der scharfe Beobachter und Chronist eines ganzen Jahrhunderts notierte in sein Tagebuch:

"... Marsch über Fell und Longuich durch das Moseltal, am Fuße der mächtigen, auf das sorgfältigste bestellten Weinberge entlang. Ich hatte dabei den Eindruck ungemeiner Plastik, der sich durch den Anblick der Brücken, der Bauten und der vor den Häusern stehenden Einwohner noch steigerte. Dazu Namen wie Quint und De[t]zem. Mir kamen die schönen Verse des Ausonius in den Sinn. Es ist dies unsere[57] *romanischste Ecke, abgesehen von Südtirol. Die Wahl der Striche, in denen die Römer siedelten, hing nicht vom Zufall ab. Wir Menschen sind Wesen mit unsichtbaren Wurzeln, die überall zu leben wissen, Gedeihen aber bringt uns nur der angemessene Ort."*[58]

Ja, Herr Hauptmann, angemessen fanden die Herren Kameraden das Moseltal in der Tat! Die schöne Flusslandschaft mit ihren sanften Hängen, auf denen Wein wuchs, so gut wie der von zu Hause. Und das Wetter! Fast so warm wie daheim, gerade an der Mittelmosel. Dort herrscht auch heute noch im Sommer mediterranes Klima.
Das schlicht atemberaubende Panorama oberhalb Piesports, einem riesigen natürlichen Amphitheater gleich, inspirierte den von Ihnen erwähnten Ausonius zu seinen schönen Versen. Das Moseltal ist die Gegend Deutschlands mit der längsten römischen Siedlungsgeschichte. Hierher kamen sie zuerst, hier verließen sie Germanien zuletzt. Doch halt, die Römer schlugen das Moselland nicht zur Provinz Ober- oder Untergermanien, nein, da hier Kelten und keine Germanen siedelten - Ordnung muss sein! - gehörte es zur gallischen Provinz Belgica. Kaiser Constantinus machte Trier bekanntlich zur Hauptstadt des Römischen Reiches und an der Mittelmosel gefiel es seinem Sohn Konstantin so gut, dass er sich dort eine Villa bauen ließ.

---

57 die Wahl des besitzanzeigenden Fürworts bezieht sich auf das deutsche Volk/Sprachgebiet
58 zitiert aus: Gärten und Straßen, Berlin, 1942, 2. Aufl., S. 128

Übrigens haben die Bewohner unseres kleinen gallischen Dorfes ihren Automatix in den ersten Wochen nach der Besetzung vindriacums oftmals zusammen mit seinem Sohn bei den beiden mitgeführten Ballisten stehen sehen …

Wenden wir uns nunmehr dem Erbe der Römer zu, ihre Sprache haben wir ja schon behandelt. Sie ist das wichtigste und bleibendste Erbe der römischen Herrschaft über den Westen und Süden Deutschlands. Auch ihre Straßen waren so solide gebaut, dass sie noch Jahrhunderte später genutzt werden konnten. Die alte Römerbrücke in Trier, errichtet im 2. Jhdt., ist auch dem modernen Verkehr - LKW inclusive - gewachsen, die Römer waren einfach begnadete Bauleute. Trier ist heute die besterhaltendste römische Stadt nördl. der Alpen, man muss ganz einfach einmal die Porta Nigra, die Konstantinsbasilika, die Thermen, das Amphitheater und die vielen anderen Zeugen seiner einstigen römischen Bedeutung gesehen haben.

Zahlreiche Ortsnamen an der Mosel sind römischen Ursprungs. Hier nur eine kleine Auswahl von Orten zwischen Trier und Bernkastel:

Quint, quintus lapis, der fünfte Meilenstein (von Trier aus gerechnet)
Longuich, longuicus, Langdorf
Detzem, decimus lapis, der zehnte Meilenstein
Neumagen, Noviamagus, Neufeld. Einst bedeutendes römisches befestigtes Lager/Kastell
Niederemmel, der zweite Namensteil leitet sich ab von Aemilius
Piesport, Pigontii portus = Furt oder Hafen des Pigontius
Kesten, castanidum, Kastanienhain
Bernkastel, Princastellum

Darüber, dass die Römer in Wintrich dauerhaft gesiedelt haben, gibt es keine Zweifel. Als man 1911 auf Korbel die Villa Lichter baute, fand man bei Ausschachtungsarbeiten für den Keller erst römische Grabsteine und dann die Grundmauern einer römischen Villa. In unmittelbarer Nähe fanden sich später auch die Grundmauern eines Kelterhauses. Spuren einer weiteren Villa fand man in den Siebzigerjahren in vier Metern Tiefe mitten auf dem Dorfplatz. Ja, die Römer hatten ein Gefühl dafür, wo es am schönsten war. Auf Korbel befindet man sich erhöht mit Blick nach Süden in ein schönes Moselrund und einem steilen natürlichen Amphitheater [„..., dort, wo ein hoher Gipfel in langem Zug über Steilhänge, auch Felsen, besonnte Hügel, Biegung und Bucht, mit Reben bepflanzt, zu einem Naturtheater aufsteigen." Ausonius meinte wahrscheinlich die nächste, die berühmte Moselschleife bei Piesport].

Georg

Georg Tobergte wird am 06.03.1882 als achtes und jüngstes Kind des Bauern Johann Friedrich Wilhelm Tobergte und seiner Frau Catharina Elisabeth Buddelmeyer (gen. Ammerigge) in Altenhagen (heute zu Hagen a.T.W.) im Osnabrücker Land geboren. Weil sie so schön sind, seien die Namen aller Geschwister hier aufgeführt: **Heinrich, Lisette, Caspar, Sophia, Josephine, Joseph** und **Luise**. Alle Mädchen heißen mit zweitem Namen Maria, die Jungen zusätzlich meist Johann (bis auf Joseph Friedrich). Nur unser Protagonist heißt schlicht und einfach Georg.
Heinrich und Caspar wanderten als ganz junge Männer aus nach Amerika, der viel später geborene Georg hat sie nie kennengelernt.
Wie auch die benachbarten Landkreise Cloppenburg und Vechta ist das südliche Osnabrücker Land (die genannten in Niedersachsen gelegenen Kreise zählen zusammen mit dem südlichen Emsland sowie der Grafschaft Bentheim sprachlich und kulturell zu Westfalen) sehr kirchlich-konservativ geprägt, die CDU holt dort bis heute zuverlässig Ergebnisse von 60%, teilweise mehr. Die Tobergtes kommen alle aus Altenhagen, so wie die Quints alle aus Wintrich stammen. Beide Familien betreiben einen Hof, der ursprünglich und über sehr lange Zeit nach jeweiligen Gegebenheiten von bestenfalls durchschnittlicher Größe war. Man ist (streng) katholisch. Soweit zu den Gemeinsamkeiten. Ansonsten liegen die beiden Dörfer 350 km voneinander entfernt. Mentalitätsmäßig, sprachlich, äußerlich-phänotypisch, zu einem beträchtlichen Teil selbst von Sitten und Gebräuchen her trennen Westfalen und Moselaner noch im 19. Jhdt. Welten.

Vater Friedrich bewirtschaftet in der x-ten Generation einen mittelgroßen Hof, der ihm nicht gehört, er ist nur Pächter[59] (in der bäuerlichen Hierarchie spielte eigener Grundbesitz die entscheidende Rolle. Der kleine Besitzer konnte dabei durchaus vor dem großen Pächter rangieren. Vergleiche: "Klein, aber mein!"). Tatsächlich waren einige Tobergtes bis zur Hälfte des 19. Jhdts. sogen. "Heuerlinge". Der älteste nachweisbare Tobergte war ein am 21. Mai 1658 in Gellenbeck geborener Hermann, der sich noch Meyer to Bergte nannte. Wie dem auch sei, die Altenhagener Tobergtes sind alles andere als reiche Leute. Über Georgs Kindheit ist mir nichts bekannt. Nach der Volksschule absolviert er eine Gärtnerlehre.

Wie er in das exklusive Garde-Schützen-Bataillon gelangt ist, entzieht sich meiner Kenntnis, vermutlich hat er sich freiwillig zum zweijährigen Wehrdienst gemeldet und bei der Musterung die hohen Anforderungen für diesen Eliteverband erfüllt. In Preußen-Deutschland wurde bis 1918 mit Rücksicht auf das damals noch im Schnitt länger als heute dauernde Wachstum erst mit 20 eingezogen, wenn man denn überhaupt eingezogen wurde. Das angeblich so kriegerische deutsche Kaiserreich blieb hinsichtlich der Ausschöpfung seiner Wehrkraft nämlich deutlich hinter seinen Möglichkeiten zurück, woran selbst eine stattliche Heeresvergrößerung im Jahre 1913 nichts änderte. Abwarten konnte sich also durchaus lohnen, sofern man mit dem Barras nichts zu tun haben wollte.

Bei Georg war es aber genau umgekehrt: er wollte unbedingt zum Militär, aber nicht zu irgendeinem Regiment Stoppelhopser, Georg wollte zur Garde! Und selbst dort konnte es ihm nicht exklusiv genug sein. In Kenntnis der weiteren Entwicklung fällt es mir schwer, Georg keinerlei strategische Absicht zu unterstellen. Seine Gärtnerlehre absolvierte er in oder um Berlin, da konnte er in Ruhe das Terrain studieren. Der nächste Schritt: der junge Mann, gerade 18 Jahre alt, lässt sich in geliehener Garderobe bei einem Charlottenburger Photographen ablichten. Kleider machen Leute, das galt damals noch viel mehr als heute und der Georg war ein ganz Gewiefter!

Georg war, im Gegensatz zu seinem 'Schwippschwiegervater' Matthias, im Frieden wie im Krieg mit Begeisterung Soldat. Es könnte u.a. daran gelegen haben, dass er dem Militär letztlich alles in seinem Leben

---

59 Das Gut gehörte lange Zeit der Familie Ostman von der Leye

verdankte. Zeitlebens sollte er sich ein Faible für Uniformen und alles

Militärische bewahren. Nicht immer zu seinem Vorteil, wie wir sehen werden ...

Georg war kein stattlicher Mann im engeren Sinne, er war von kleinem Wuchs, wir haben es bereits erfahren. Dieser Umstand und die Tatsache, dass er dunkles Haar und die dunklen Tobergte-Augen hatte - ein Mensch

Georg als 18-Jähriger junger Mann im Jahr 1900

ausgestattet mit viel Temperament und Charme - ließen ihn nicht nur rein äußerlich so gar nicht wie den typisch westfälischen Bauernsohn aussehen. Von Erscheinung und Wesen her passte er hingegen vortrefflich an die romanisch geprägte Mosel. Frhr. v. Schorlemer muss das augenblicklich gespürt haben. Sicher hat dieser Umstand bei seiner Wahl, die ja zunächst ausschließlich auf optisch-affektiver Basis erfolgte, erheblich beigetragen. Deshalb auch gleich die erste Frage nach der Konfession, ein protestantischer Leibjäger im katholischen Lieser? Keine gute Idee. Dem Westfalen Schorlemer dürfte zudem die Herkunft des Büchsenspanners in spe sehr zugesagt haben.

Nun, ein Bayer hätte gesagt: "Der Schorsch, des is a fescher Bua!", mit seinem Bürstenhaarschnitt, dem eindrucksvollen Kaiser-Wilhelm-Bart und seiner stets straffen, kerzengeraden Körperhaltung, die er bis ins hohe Alter beibehielt, war er ein attraktiver Mann, eine stolze Erscheinung mit gewinnender Art, die er, wie wir schon sahen, im entscheidenden Moment erfolgreich einzusetzen wusste. Georg war ganz einfach ein Mann mit dem gewissen Etwas. Sein Charme sprüht einen förmlich aus jeder Photographie an.

Georg hat ein langes und bewegtes Leben geführt. Er, der alte Scharfschütze aus Lichterfelde, wurde mehrfach Schützenkönig seines Ortes, zuletzt im stolzen Alter von 80 (böse Zungen behaupten, man hätte ihn gewinnen lassen, damit der reiche Weingutsbesitzer ordentlich Runden spendieren konnte). Mit 85 gibt er seinen Sportwagen ab, nicht ohne vorher nochmal standesgemäß in einem Vorgarten gelandet zu sein.

Als Georg seinen 90. Geburtstag feiert, veröffentlicht der 'Trierische Volksfreund' eine Würdigung. Der Jubilar lässt gegenüber dem (mutmaßlich ungedienten) Reporter die wichtigsten Stationen seines Lebens Revue passieren.

Später muss er über sich nachlesen, er habe in Krieg und Frieden im 'Garten-Schützen-Bataillon' gedient. Den alten Mann trifft fast der Schlag! Ausgerechnet im wichtigsten und stolzesten Teil seiner Biographie ein solcher Schnitzer! Er, der stramme Gardist, reduziert zu einer Art Gartenzwerg! Er verfasst eine geharnischte 'Gegendarstellung', worin das Wort 'Druckteufel' noch das harmloseste ist.

Auch mit deutlich über 90 geht er noch regelmäßig auf die Pirsch, ich selbst habe ihn 1973, zusammen mit meinem Vater, dabei begleitet. Georg einen leidenschaftlichen Nimrod zu nennen, wäre reichlich untertrieben. Der Mann hat in seinem Leben allein sage und schreibe 130 (!) - in Worten: einhundertunddreißig - Hirsche geschossen, die meisten wohl in Polen und Russland.

Im Oktober 1977 hat dieser stolze Mann im gesegneten Alter von 95 Jahren für immer die Augen geschlossen.

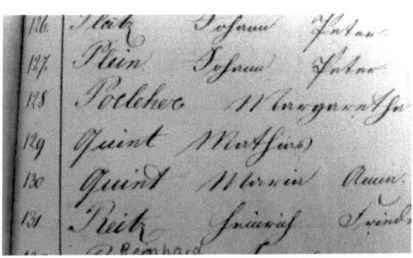

Eine andere Welt - Im Dienst des Frhrn. Clemens August v. Schorlemer in Lieser

Gerade einmal 22 Jahre alt tritt Georg seine erste Stellung an, er steigt gleich hoch ein: als Leibjäger eines Aristokraten, der zu den wichtigsten Repräsentanten des preußischen Königreichs zählt. Sein neuer Dienstherr ist selbst auch als 'Zugereister' an die Mosel gekommen, ob der Liebe oder doch eher des Geldes wegen sei einmal dahingestellt. Jedenfalls vermag es der junge Schorlemer, gleich nach Promotion und Militärdienst bei einem Feldartillerieregiment - noch ist seine spätere glänzende Karriere im Staatsdienst keinesfalls ausgemachte Sache - 1880 Maria Helena Henrietta Brigitta Puricelli zu ehelichen. Die Tochter des Industriellen, Ritter- und Weingutsbesitzers Eduard Puricelli eine gute Partie zu nennen wäre eine gnadenlose Untertreibung. Puricelli war einer der reichsten Männer der nicht gerade armen Rheinprovinz, seine beiden Söhne waren früh verstorben und Maria potentielle Alleinerbin. Buchstäblich über Nacht wurde Schorlemer zu einem schwerreichen Mann mit weiterer Perspektive auf ein Multimillionen-Vermögen. Der Erbfall trat 1893/95 ein. Ab diesem Moment war er auch Schlossherr in Lieser. Dass das große Vermögen der weiteren Karriere des jungen Beamten ausgesprochen förderlich gewesen sein dürfte, steht außer Frage. Bereits 8 Jahre nach Eheschließung wurde er Landrat in Neuss, 1897 erfolgte die Ernennung zum Oberpräsidenten der Provinz Schlesien. Doch selbst mit dieser hohen Position, damals üblicherweise die Krönung einer erfolgreichen höheren Beamtenlaufbahn, war Schorlemers kometengleicher Aufstieg noch lange nicht beendet.

Der alerte Freiherr war inzwischen bereits in den engeren Dunstkreis bei Hofe in Berlin vorgedrungen. Als Oberpräsident durfte er seinem König (und Kaiser) persönlich vortragen. Wilhelm mochte den kompetenten Beamten mit dem angenehmen Äußeren. Schorlemer wusste: ich muss einen kleinen Hofstaat aufbauen, vor allem muss ich das Jagdwesen ausbauen. Professionell organisierte Jagden waren damals das gesellschaftliche Ereignis, da kam kein Pferderennen mit. Die Voraussetzungen waren in Lieser im Prinzip ausgezeichnet: im benachbarten Hunsrück gab es Rotwildreviere, die es ohne weiteres mit der Schorfheide, dem Oelser Forst oder Spitzenrevieren in Ostpreußen aufnehmen konnten. Der Kaiser liebte das Jagen, es galt, ihn nach Lieser zu "locken", vorher musste entsprechendes Spezialpersonal her sowie das Schloss vergrößert und auf neuesten Stand gebracht werden.

Schorlemer lässt sich Ende 1899 von der Position als Oberpräsident beurlauben, um sich besser der Verwaltung der von seiner Frau ererbten Industriebetriebe, Weingüter und dem geplanten Ausbau des Schlosses widmen zu können. Voraussetzung für den Besuch seiner allerhöchsten Majestät sind - abgesehen von einem riesigen Haufen Geld - strategisches Denken, erstklassige Beziehungen und jahrelange Vorbereitung!

Clemens v. Schorlemer muss geradezu sagenhaft reich gewesen sein. Wenn in Wintrich oder Lieser auf ihn die Rede kommt, hört man immer wieder, er habe 99 Güter besessen, ab 100 hätte er dem Kaiser ein Regiment stellen müssen.

Im Oktober 1904 beginnt also für Georg sein neues Leben als Leibjäger des Freiherrn v. Schorlemer. Ein Leibjäger - was macht der eigentlich? Das wurde letztlich vom Dienstherrn individuell festgelegt und konnte theoretisch alles Mögliche umfassen. Im Kern standen natürlich die Hege des Wildes und die Sorge um Vorbereitung und Durchführung von mehr oder weniger großen und offiziellen Jagden mit zahlreichen Gästen. Diese waren, wie gesagt, gesellschaftliche Ereignisse, mit denen der Jagdherr in erster Linie Prestige einlegen wollte. Die Erreichung etwaiger Abschussquoten war da eher Nebensache, die der Leibjäger mit ein paar Gehilfen notfalls auch im Nachhinein erledigen konnte.

Auch die Verwaltung der Wildkammern, also die Verwertung und der Verkauf erlegten Wildes bzw. von gefangenem oder abgefischtem Fisch fiel in die Verantwortung des Leibjägers. Weiterhin oblag ihm die Aufsicht über die Waffenkammer, Beratung über Reparaturen oder Neukäufe, Munitionsbeschaffung usw. Kurz: der Jagdbetrieb musste im Prinzip ständig möglich sein. Der Herr Baron traf ja häufig eher unvermittelt aus Breslau, Düsseldorf, Berlin, Koblenz oder Gott weiß woher kommend ein und da musste es bisweilen von einer Stunde auf die andere losgehen können.

So ein Leibjäger ist schließlich als Waffenträger auch so etwas wie der persönliche Bodyguard seines Dienstherrn. Und sein trouble shooter. Mehrfach muss Georg ausrücken, wenn der Herr Bruder seines Dienstherrn, ein Landrat vom Rhein, mit seinen Jagdgenossen mal wieder in einer Hunsrückkneipe zu wild gezecht hatte und dabei das gesamte

Interieur zu Bruch gegangen war. Georgs Aufgabe ist es dann stets, die Angelegenheit mit einer großzügigen Entschädigung diskret aus der Welt zu schaffen.

Bei offiziellen Anlässen, etwa Hochzeiten in der schlosseigenen Kapelle, ist es Georg (und ggfs. ein Kollege von der anderen Partei) die dem Festzug voranschreiten, somit auch ihre herausgehobene Stellung dokumentierend.

Da es in Lieser keinen allzu großen 'Hofstaat' - vergleichbar mit dem eines regierenden Fürstenhauses etwa - gab und Georg praktischerweise über eine Gärtnerausbildung verfügte, könnte ich mir vorstellen, dass er auch die Aufsicht über die Pflege der nicht gerade kleinen Gartenanlagen in Lieser zu führen hatte. Bis vor wenigen Jahren standen dort übrigens ein paar der größten Mammutbäume im ganzen Rheinland.

Georg als Leibjäger, auf dem Schulterband das Schorlemer'sche Wappen, ein schrägrechter silberner Wechselzinnenbalken auf rotem Grund

1904 war der Leibjäger eingestellt und 1905 das Schloss erheblich erweitert und modernisiert. Der Kaiser konnte kommen. Und er kam! Gleich 1906, quasi zur Einweihung. Man stelle sich das vor: der Kaiser in dem kleinen Lieser, was das in der damals absolut kaisertreuen

Gesellschaft bedeutete. Der arme Gemeindevorsteher dürfte wochenlang nicht ruhig geschlafen haben, was sich da anbahnte war Ausnahmezustand pur. Nun war Lieser zum Glück nicht Wintrich. Wintrich war ein ziemlich armes Dorf. Lieser hingegen lag verkehrstechnisch ungleich günstiger und war im 17. und 18. Jhdt. Thurn und Taxis'sche Poststation. Seit den 80er Jahren des 19. Jhdts. verfügte der Ort über Bahnanschluss in Normalspur (während in Wintrich das Schmalspur- "Saufbähnchen" hielt, allerdings auch erst seit 1903). Die Gemarkung Lieser umfasste einige sehr renommierte Weinlagen, kurz: der Ort gehörte zu den etwas wohlhabenderen Winzergemeinden und man sah und sieht das dem Ortsbild auch an.

In der Ortsmitte gibt es quasi kein Fachwerk, stattdessen dominieren mehr oder weniger aufwendige Sandsteinfassaden aus dem letzten Drittel des 19. Jhdts. und verleihen dem Marktplatz - im Vergleich zu Wintrich - fast kleinstädtischen Charakter. Eine Tribüne für seine Majestät auf dem Marktplatz in Lieser kann ich mir vorstellen, in Wintrich hätte das gewirkt

Schloss Lieser nach umfangreicher Renovierung 2017

als hätte sich Wilhelm II.in die Kulisse eines unzureichend budgetierten Historienfilms verirrt (nota bene: der Platz "Auf der Linde" sah vor über 100 Jahren noch anders aus). Wenn wir schon bei Wilhelm II. und Wintrich sind: 1913 ist er dort im offenen Mercedes durchgefahren und der kleine Eduard stand Fähnchen winkend mit den zahlreichen Schulkindern am Straßenrand. Der Kaiser kam aus Trier, wo er eine nach ihm benannte Brücke eingeweiht hatte und fuhr zu seinem Freund nach Lieser. Irgendein Adjutant hat ein paar Bonbons aus dem Wagen geworfen, um die sich die 'Kenna' dann balgten.

Zurück nach Lieser. Der Kaiser war also in seinem Sonderzug eingetroffen und bezog Quartier im Schloss. Ich möchte nicht wissen, wie groß sein Stab selbst bei kleineren "Jagdausflügen" war. Nun, das Schloss hatte ja jetzt durchaus respektable Ausmaße und verfügte über exakt 62 Zimmer. Leider wissen wir im Grunde nichts über weitere Details des Kaiserbesuchs. Schade, Georg jedenfalls war an entscheidender Stelle und stets mittendrin dabei. Wobei ich davon ausgehe, dass die Generalregie von irgendeinem Hofmarschall übernommen wurde und Georg maximal aus dem 2. Glied wirkte. Das wird ihm sehr recht gewesen sein, ansonsten war er allein aufgrund seiner Ortskenntnisse unverzichtbar. Seine Majestät wird ein paar Tage geblieben sein. Man ging natürlich auf die Pirsch, abends wurde ordentlich einer gehoben und kräftig gesungen und was man sonst so bei Jagdgesellschaften treibt, Damen waren ja in aller Regel nicht zugegen.

Auch bei den kaiserlichen Jagdausflügen gehörte es quasi zum guten Ton, so richtig die Sau raus zu lassen. So spielte die zahlreiche Entourage, die in den Hotels der Stadt Bernkastel-Cues untergebracht war, gern kurzweilige Spielchen, sobald man korrekt eingepegelt war. Besonders

Kaiser Wilhelm II. und Frhr. von Schorlemer-Lieser schreiten die Reihe der Forstbeamten ab (1913)

beliebt in dem am Brückenkopf prominent gelegenen Hotel 'Drei Könige' war es, den Degen, Hirschfänger oder was sonst gerade greifbar war zu ziehen, damit die Daunenwäsche dezent zu manipulieren und dann aus dem geöffneten Fenster 'Frau Holle' zu spielen.

Sollte es irgendwo in der näheren Umgebung noch eine Moselbrücke oder einen Bahnhof gegeben haben, der der feierlichen Einweihung harrte, wurde das en passant mit erledigt (da fällt mir ein, in Wittlich wurde damals ein großes Gefängnis errichtet, aber derlei Baulichkeiten wurden wahrscheinlich allenfalls von Oberpräsidenten ihrer Bestimmung übergeben). Spätestens nach drei bis vier Tagen stieg der Kaiser wieder in seinen Zug und dampfte zurück nach Berlin. Entscheidend war ausschließlich, ob er dabei zufrieden war.

Majestät waren es, sogar sehr. Bereits im Jahr zuvor, als Wilhelm noch von seinem ersten Hunsrückhirsch träumte, war Schorlemer - sozusagen im Vorgriff auf zu erwartende Jagdfreuden - zum Oberpräsidenten der Rheinprovinz befördert worden. Er ist der erste Katholik auf diesem Posten, das ging nur durch allerhöchste Protektion. Im Jahre 1908 feiert Papst Pius X. sein 50. Priesterjubiläum. Wilhelm II. ernennt v. Schorlemer zum Kaiserlichen Sondergesandten für diesen Anlass, weiterer Kommentar überflüssig. Der Himmel für v. Schorlemer scheint grenzenlos, als 1909 Reichskanzler v. Bülow aufgrund der 'Daily-Telegraph-Affäre' zurücktritt, soll Schorlemer im engeren Kreis der Nachfolgekandidaten gewesen sein. Als gesichert gilt dies für die Endphase der Monarchie 1918. 1910 wird er zum preußischen Staatsminister und Minister für Landwirtschaft, Domänen und Forsten berufen, er blieb es bis 1917. In diesen Jahren bekam er noch zweimal allerhöchsten Besuch: 1911 und 1913. Auch Ihre Kaiserlichen Hoheiten, Kronprinz Wilhelm und Prinz Oskar waren vor dem 1. Weltkrieg mehrfach Gast in Lieser. Georg hat im hohen Alter gelegentlich von diesen besonderen Ereignissen erzählt, leider gibt es niemanden mehr, der daran Erinnerungen hat. Prinz Oskar brachte übrigens stets seinen eigenen Leibjäger mit, er hieß Drögemöller.

Man muss sich das einmal vorstellen: ein einfacher Bauernjunge kann sagen, dass er alljährlich mit den höchsten Repräsentanten des Staates zu tun hat. Das wäre so, als ob man heute auf einer Party fallen ließe, man ginge morgen mit den Präsidenten der USA, Chinas und Russlands gemeinsam zum Golfen. Wenn ich mir die heutigen jeweiligen Amtsinhaber in persona betrachte, war es bei Georg sogar besser/exklusiver. Mein Urgroßonkel bekam dann jedes Mal ein durchaus wertvolles Geschenk, oft aus der Hand der jeweiligen allerhöchsten Herrschaft selbst. Diese beachtliche Sammlung wurde, zusammen mit den wertvollsten Jagdtrophäen, 1945 von amerikanischen Soldaten … na, sagen wir mal ... mitgenommen. Von Prinz Oskar gibt es noch einen sehr schönen Hirschfänger, eine wirklich ausgezeichnete Arbeit, mit einem

Keilerkopf, Hirschhorngriff und Parierstange aus stählernen Wildschweinläufen, der gerettet werden konnte. Auf dem Griff ist der Hohenzollern'sche Hausorden (Suum Quique) angebracht.

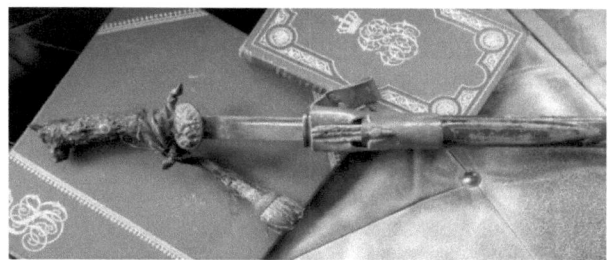

Der *Hirschfänger von Prinz Oskar*

À propos Prinz Oskar: der war ab dem ersten Besuch seines Herrn Papas in Lieser mit von der Partie, da ist er schlanke 18 Jahre jung. Ja, was soll man sagen, das Fräulein Tochter des Jagdherrn ist ja exactemang gleichaltrig! "Jenau meene Krajenweite!" wird sich der fesche Prinz gedacht haben und ab in den geschlossenen (Marju!) Jagdwagen mit der Dame. Juut, die Freiin Marie (Maja) ist eigentlich nicht standesgemäß, aber wir sind ja janz weit weg von Berlin und da wollen wir mal nich so pingelig sein. Schließlich sind dunnemals die jungen Herren des (niederen) Landadels beim Personal in die Lehre gegangen und so vergnügte sich der Hoch- halt mit dem Runteradel. Der Herr Papa wird sich gedacht haben: "Vorne die Prunktreppe ruff und hinten runter mit dem Personalaufzuch!", und die Eltern der jungen Dame dürften nach Kenntnis des tete à tete eher aus Freude denn aus Scham oder gar Zorn errötet sein. Ob der junge Nimrod dann tatsächlich in der Kutsche den Freischütz gegeben hat, ist nicht überliefert, es war ja schließlich keine Anstandsmamsell dabei. Aber allein die Tatsache der intimen Fahrt sorgte im vorgeblich sittenstrengen Winzerdorf natürlich noch Jahre später für reichlich Gesprächsstoff. Ich sehe die Taddas von Lieser sich dabei mit betroffener Miene stumm und kopfschüttelnd in die Augen blicken während sich die Georgs des Dorfes schelmisch lächelnd zuzwinkern.

Die Marie hat dann später 'raufgeheiratet', einen Grafen von Kageneck. - Ich muss mich bei der jungen Freifrau v. Schorlemer posthum entschuldigen, ich habe hier vorhin Aussagen getroffen, die man als despektierliche Andeutungen auf Kosten einer Dame werten könnte. Das macht ein Reserveoffizier nicht. - "Im Gegenteil!", höre ich seine leicht angesäuselte Majestät aus der Ecke des verqualmten Jagdzimmers rufen. "Immer feste druff! Sie hätte ja nich beim Oskar einsteigen brauchen!"[60] Die Gräfin Kageneck hat dann 6 Kinder geboren, 5 Söhne und eine Tochter. Alle Söhne kämpften als Offiziere im Krieg, zwei fielen. Ihr Sohn August ist der Verfasser eines ganz wunderbaren Büchleins, welches (vollkommen standesgemäß) nur auf Französisch erschien: 'Lieutenant de panzers', die Lektüre lohnt in vielfacher Hinsicht![61]

Ja, und der Oskar hat dann doch tatsächlich wenige Jahre später 'runtergeheiratet': eine Gräfin Bassewitz! Von der Thronfolge ausgeschlossen! Nach dem Krieg dann per Dekret alles für koscher erklärt. Prinz müsste man sein, was nicht passt, wird eben passend gemacht.
Wir kehren zurück nach Lieser ins Jahr 1906. Georg ist seit 2 Jahren in Amt und Würden. So ein Leibjäger bei einem reichen Baron ist im traditionell/monarchistisch ausgerichteten Deutschland um die Jahrhundertwende schon etwas Besonderes, in einem kleinen Dorf wie Lieser steht er bereits auf den oberen Sprossen der sozialen Leiter. Zudem ist Georg Unteroffizier d.R. in einer Gardeformation, im militärverliebten Preußen ein echtes gesellschaftliches Pfund. Der Mann verkehrt buchstäblich in den höchsten Kreisen bzw. - wir wollen nicht übertreiben - kommt mit ihnen immer wieder in Berührung. Hinzu kommt seine "fremde" Herkunft und sein geschliffenes Hochdeutsch. Georg hat zwar formal nur Volksschulabschluss, ist aber "granateng'scheid" (wie man in Baden sagen würde) und sieht gut aus. In summa: Der junge Mann hat auf dem örtlichen Heiratsmarkt beste Chancen. Die nutzt er. Was meinem Chef Recht ist, soll auch mir nicht zum Nachteil gereichen, wird er sich gesagt haben, getreu dem Motto: "Arm geboren zu werden ist keine Schande, arm zu heiraten eine Dummheit".[62]

---

60 Zu den einschlägigen Eskapaden des europäischen Hochadels sh. im Glossar
61 was man zu Eltern und Schwiegereltern des Autors erfährt, findet sich hier
62 an der Mosel galt: "Wää ne-ist ahej-irót unn ne-ist erft, dä bleift arm, bis é sterft." Wer nichts erheiratet und nichts erbt, der bleibt arm, bis das er stirbt.

Wer in Folge wen auserkoren hat, lässt sich nicht mehr ermitteln. Fest steht, dass das Ehepaar Thanisch aus Lieser mehrere Kinder hat, darunter eine Tochter Katharina im heiratsfähigen Alter (Frauen auf dem Land - hier darf man übrigens die Töchter des landsässigen Adels ausdrücklich einschließen - waren um die Jahrhundertwende selten älter als 18/19, wenn sie heirateten). Vater Thanisch war einer der wohlhabendsten Winzer des Ortes, der, wie bereits ausgeführt, nicht zu den ärmeren der Mittelmosel zählte. Er hatte sowohl die Mittel als auch die Absicht, seiner Tochter eine möglichst gute Ausbildung zukommen zu lassen. Katharina konnte ergo die höhere Stadt- und Töchterschule in Bernkastel besuchen (heute würde man Gymnasium sagen), eine ausgesprochene Seltenheit für eine Bauerntochter. Es versteht sich von selbst, dass angesichts dieser Ausgangslage und den mit ihr verknüpften Erwartungen nur sehr wenige Kandidaten (zumindest aus Lieser selbst) in Frage kommen konnten, eigentlich nur einer ...

Weingut Jägerhof, erbaut 1928 durch Georg und Tadda

Katharina

Katharina Thanisch wurde am 13.10.1888, also im Dreikaiserjahr, drei Monate nach der Thronbesteigung von Wilhelm II., in Lieser geboren. Ihr Vater hatte mehrere Kinder, darunter auch mindestens zwei Söhne. Das vorhandene Vermögen reichte aus, um alle Kinder angemessen zu beerben. Katharina würde in eine Ehe mehrere Ar Wingert in vorwiegend bester Lage einbringen, außerdem beabsichtige der Vater, die Mitgift seiner Tochter durch ein Haus in der Paulstraße zu bereichern. Katharina war zudem, ich wiederhole mich, intelligent und gut gebildet. Die junge Frau war eine Moselanerin von gallo-romanischem Zuschnitt, eine dunkle Schönheit, mithin eine ausgezeichnete Partie, gerade in so einem kleinen Dorf.

Eine junge Katharina mit Jugendfreundin

Ein Außenseiter, ein Emporkömmling aus Norddeutschland, schickte sich an, die mit Abstand beste Partie von Lieser abzugreifen. Die Wut der Dorfjungen kannte keine Grenzen. Wenn der schneidige Herr Leibjäger mit seiner Auserwählten am Moselufer spazieren ging, kam es mehr als einmal vor, daß mit Steinen nach ihnen geworfen wurde. Gelegentlich soll Georg nur mit seinem Hirschfänger Abhilfe habe schaffen können.

Die Hochzeit zwischen Georg und Katharina fand am 13.08.1907 in der Peterskirche in Lieser statt. Nach allem was wir wissen, handelte es sich nicht (nur) um eine Zweckehe, sondern es war von Beginn an von beiden Seiten echte Liebe im Spiel. Katharina war zu diesem Zeitpunkt 19, Georg 24. Das Paar blieb fast 63 Jahre in Liebe verbunden, bis dass der Tod sie im Mai des Jahres 1970 schied und der Herr unsere "Tadda" zu sich nahm. Die Diamanthochzeit im August 1967 (ich war knapp vier Jahre alt) zählt zu meinen allerersten Kindheitserinnerungen. Georg überlebte seine

Katharina um 7 Jahre. Er starb 95-jährig, am 08.10.1977 in seinem Haus in Lieser. Die Ehe blieb kinderlos. Das war damals, zumal in einer bäuerlich-katholischen Gegend, ein Schicksalsschlag, fast so etwas wie ein Makel. Dabei hatten beide sich Kinder sehnlichst gewünscht. Es gibt ein Bild, wie Georg mich als etwa ein/zweijährigen Jungen auf den Armen hält und man sieht deutlich, dass der alte Herr dabei vor Freude und Stolz fast platzt.

Meine Großtante Tadda fromm zu nennen wäre sicher eine grobe Untertreibung gewesen. Diese schöne, wohlhabende und gebildete Frau ist Zeit ihres Lebens jeden Morgen in die Frühmesse gerannt, das Wort des Herrn Pastors war für sie Gesetz.

In einem Diktum, das meiner bescheidenen Meinung nach selbst nach damaligen Maßstäben einer klaren Überschreitung der kirchlichen Lehre gleichkam, eröffnete der Ortspfarrer ihr eines Tages, da sie offensichtlich keine Kinder bekommen könne, müsse jeglicher eheliche Verkehr fortan ein Ende haben.

Georg und Katharina, ca. 1916

Armer Georg (und arme Kati natürlich), 1911 ist er im besten Mannesalter. Das quasi Unvermeidliche geschieht, Georg hält sich an einem freiherrlichen Dienstmädchen, manche sagen, es sei sogar das eigene gewesen, schadlos. Der Liaison entspringt 1913 ein Sohn, er wird später Lehrer werden. Inwieweit Georg hier mit offenen Karten gespielt hat, darüber gehen im Familienkreis die Meinungen auseinander und hängen nicht zuletzt vom Grad der Kirchenverbundenheit des/der Einzelnen ab.

Es sollte über 30 Jahre dauern, bis das schöne reiche Haus des Georg und der Katharina Tobergte-Thanisch mit Kindern gesegnet wurde, was sicher der große Wunsch der beiden Erbauer von Anfang an gewesen ist. Der Großneffe und Erbe Walter Quint und seine Frau Christel zogen ein und gründeten eine Familie. Die beiden Kinder Matthias und Susanne (benannt nach den beiden Urgroßeltern) waren die ganze Freude des Hochbetagten. Als Kind hat man normalerweise kein Gefühl für die Dimension von Eltern- bzw. Großelternliebe. Doch bei Onkel Georg konnte ich beobachten, wie er jedes Mal regelrecht aufblühte, wenn mein 2 Jahre jüngerer Cousin Matthias sich ihm auch nur näherte. "Bubi, mein Bubi!", quoll es dann immer wieder hervor und zärtlich drückte er den Knaben an sich.

Es kommt der Große, der Furchtbare Krieg, der gerade in Deutschland alles radikal verändern sollte. Wie Millionen andere Männer rückt Georg ein. Mit bereits 32 Lebensjahren gehört er zur sogenannten Landwehr des

Georg bei der Jagd in ‚Russisch-Polen‘, ca. 1917

1. Aufgebots. Das sind jene Männer, die man zwar grundsätzlich noch für feldverwendungsfähig hält aber nicht unbedingt in Feldregimentern an vorderster Front sehen möchte, wenn es nicht unbedingt notwendig ist. Diese Männer tun zumindest am Beginn des Krieges überwiegend Dienst in Ersatz- bzw. Landwehreinheiten. Letztere möglichst fern der Front für allfällige Wachaufgaben bzw. an "ruhigen" Abschnitten des späteren Stellungskrieges. Georg ist Unteroffizier. Also wird er zunächst Dienst in der Ersatz-Einheit seines alten Stammtruppenteils tun und in der

Lichterfelder Kaserne Rekruten und Reservisten ausbilden.[63] Später geht es dann - mutmaßlich mit dem Garde-Schützen-Ersatz Bataillon - erst auf den westlichen und dann auf den östlichen Kriegsschauplatz, wo Georg die längste Zeit des Krieges verbringt und zwar - wie es sich für einen Landwehrmann gehört - ganz überwiegend im Hinterland.

Georg hat im Krieg fleißig fotografiert/fotografieren lassen. Seine diesbezügliche Hinterlassenschaft befindet sich teils lose, teils eingeklebt in zahlreiche Photoalben im ehem. Herren- bzw. Raucherzimmer seiner stattlichen Villa. Mein Cousin Matthias und ich filzen die Sachen aufmerksam, wenn ich in den Schulferien bei meinem Patenonkel Walter in Lieser bin. Viele Aufnahmen zeigen mehr oder weniger gemütlich-lustige, oft feuchtfröhliche Herrenrunden in irgendwelchen russischen Bauernkaten bzw. Unterständen. Demzufolge scheint dieser Krieg für Georg eine recht entspannte und unterhaltsame Angelegenheit gewesen zu sein. Und dann gab es da noch diese gruseligen Bilder aus Galizien 1915. Da haben die Österreicher buchstäblich Tausende Galizier wegen Spionageverdachts aufgehängt. Wir hatten das schon in Büchern gesehen. Aber so als Originalabzug vom Uronkel, das war schon etwas Anderes.

Für die Jagd in den tiefen Wäldern Polens und Russlands war übrigens auch reichlich Zeit und Gelegenheit, die riesigen Elch- und Hirschtrophäen überlebten das Ende des Zweiten Weltkriegs allerdings nicht. Ein weiteres 'Souvenir' aus dieser Zeit ist ein wunderschöner Samowar, der seit Rückkehr die große Anrichte im Esszimmer ziert. Insgesamt muss Georg bei 'Ober-Ost' eine recht angenehme Zeit verbracht haben. Irgendwann wurde er auch zum Sergeanten befördert. Von zahlreichen Postkarten aus der Etappe an seine Frau wissen wir, dass er sich hauptsächlich um den Nachschub von Wein und anderen Alkoholika sorgte. Wer damit das Offizierskasino seiner Einheit beliefern konnte, war fein raus!

---

[63] Sein ehem. Kompaniechef, Fritz v. Krosigk ist im August 1914, buchstäblich an der Spitze der gesamten Armee kämpfend, als Kommandeur des Garde-Schützen-Bataillons vor Paris gefallen.

Lieser, 16. März 1945

Zwei amerikanische Offiziere, gefolgt von einem Trupp Soldaten, steigen die ca. 25 Stufen zur Eingangstür des Weingutes Tobergte-Thanisch empor. Sie klopfen oder besser gesagt rammeln an die hölzerne Eingangstür. Das Hausmädchen öffnet und man erkundigt sich, ob hier ein Georg Tobergte wohne. Die Antwort gerade noch abwartend schiebt sich ein Sergeant an der Frau vorbei ins Innere, die Übrigen folgen.

Die Amerikaner haben aus ihrer Sicht allen Grund, sich für unseren Großonkel zu interessieren. Er war Mitglied der NSDAP und spielte in der lokalen SA-Szene eine relativ prominente Rolle. Georg fand es absolut nicht unpassend, während der Nazi-Jahre zum Entsetzen seiner Frau (für die der 'Führer' schlicht "dä dumme Mensch" gewesen ist) des Sonntags in der braunen Uniform und mit engen Gamaschenstiefeln in die Kirche zu marschieren. Da ging der Mann, wohlgemerkt, schon auf die 60 zu! Ich denke, der Georg hat die 'Machtergreifung' als eine Art späten 2. Frühling erlebt: endlich, endlich kommt das Schlachtschiff Deutschland wieder auf den richtigen Kurs und jetzt aber volle Kraft voraus und nicht rechts und nicht links geschaut! Und wie all die schönen Parolen lauteten, die er begierig seit seinen Berliner Gardetagen aufgesogen hatte. Kein Mensch macht sich selbst und Georg war letztlich auch nur ein Produkt seiner Epoche.

Schließlich, und das dürfte entscheidend gewesen sein: Georg war eitel oder (politisch) dumm genug gewesen (wahrscheinlich eine Mischung aus beiden, obwohl er ja eigentlich alles andere als unterbelichtet war) sich noch in der letzten Phase des Krieges das Amt des Ortsbürgermeisters von Lieser aufdrängen zu lassen. Vielleicht fühlte sich Georg an seine glorreichen Tage im ersten Krieg erinnert, als er irgendwo in der russischen Etappe sicher auch mal so etwas wie ein örtlicher Verwaltungschef gewesen ist. "Gib dem Deutschen eine Uniform und irgendein Pöstchen und er ist glücklich"[64], da ist wirklich was dran. Politische Instinktlosigkeit eines Menschen, auf den respektheischende

---

[64] Diesen Spruch gibt es auch in anderen Variationen. Schön und schön einschlägig ist auch:
Des Deutschen Los, vor dem Tresen Schlange stehen
Des Deutschen Traum: hinter dem Tresen sitzen

Ämter immer eine große Wirkung gehabt haben. Nie vergessen, Georg war ein Kind aus recht einfachen Verhältnissen.

Wie dem auch sei: lokale 'Nazigrößen', und dazu zählten meistens auch die Bürgermeister, waren 1945 ganz oben auf der 'hitlist' der neuen Besatzungsmacht. Das große Haus wird einer gründlichen Untersuchung unterzogen. Seine umfangreiche Jagdwaffensammlung hatte Georg entweder gut versteckt (bei Entdeckung drohte Erschießung am Platz) oder bereits abgegeben. Die Amis sind sichtlich beeindruckt von den vielen teilweise großartigen Jagdtrophäen im großzügigen Treppenhaus und im Arbeitszimmer des Besitzers sowie von der Fülle weiterer Artefakte auf Tischchen, Truhen oder an den Wänden.

Fast das ganze Haus war durchsucht und alles scheint glimpflich verlaufen zu sein, als am Ende doch von ganz oben aus der Dachkammer Schreierei zu vernehmen ist. Der Sergeant kommt die zwei Stockwerke herunter gerannt, in seiner linken Faust hält er geradezu triumphierend eine große Hakenkreuzfahne.

Was war geschehen? Ende 1944 hatte es vorübergehend eine Einquartierung gegeben, eine junge alleinstehende Mutter mit ihren drei Kindern. Das jüngste wenige Monate alt, jedenfalls im Kinderwagen. Die Frau musste irgendwann weiter, konnte aber aus irgendwelchen Gründen das kostbare Gefährt nicht mitnehmen. Es verblieb "bis auf Weiteres" in Lieser. Tadda ließ es auf den Dachboden schaffen. Praktische Hausfrau, die sie trotz Personals Zeit ihres Lebens ohne Einschränkung blieb, getrachtete sie, den schönen Wagen gegen allfälligen Staub zu schützen. Doch was nehmen? "Ach, da liegt doch diese große Fahne, die kommt mir gerade recht" wird sie gedacht haben und ruckzuck wird das Symbol des nationalsozialistischen Staates als Schmutzfänger auf den Wagen appliziert. Wenn das der Führer gewusst hätte! Er hätte sicher entweder einen seiner berüchtigten Tobsuchtsanfälle bekommen oder wäre auf der Stelle in Ohnmacht gefallen. Und Georg hätte unserer Tadda (beileibe nicht zum ersten Mal!) weltanschaulichen Nachhilfeunterricht erteilt, aber die hatte nun mal, trotz oder gerade wegen der jahrelangen einschlägigen Eskapaden ihres Mannes, nichts am Hut mit diesem ganzen dämlichen "Nazi-Truwel".

Wahrscheinlich wäre das, was nun folgt, auch ohne dieses Missgeschick geschehen, Georg war schließlich aus Sicht der Besatzungsmacht einschlägig belastet. Jedenfalls wird die Villa "Jägerhof" sozusagen zum Abschuss freigegeben und in der Folge von mehreren Trupps Amerikaner regelrecht geplündert. Über die Objekte der Begierde hatte ich ja schon geschrieben, alles 'Militärische' wurde sowieso konfisziert, darunter Georgs Leibjägergalauniform und seine Gardeschützenmontur. Aber auch Tafelsilber bekam ganz schnell Beine, wahrscheinlich, weil es als 'Waffe' hätte dienen können. Weitaus gravierender für den mittlerweile 63-jährigen war, dass er (später) festgenommen und in Folge für insgesamt 15 Monate im ehem. Wehrmachtsgefängnis Diez inhaftiert wurde. Es diente nunmehr als Sammellager für politisch Belastete aus der ganzen Region, das Wachpersonal machte weiter (sprich: quälte und schikanierte), als sei nichts gewesen...

Das Verhalten von Angehörigen der Besatzungsmacht war unterschiedlich und hing meistens von der Einstellung des örtlich Verantwortlichen ab. Ein weiteres Beispiel aus Lieser: Wenige Wochen nach Kriegsende hatte sich ein halbwüchsiger Bursche im Wald beim Holzfällen schwer am Bein verletzt. Im Ort lag eine US-Einheit. Man bat den Einheitsführer um Hilfe. Er verfügte über einige mit Fahrzeug ausgestattete Sanitäter. Der Mann rührte keinen Finger, der Junge ist verblutet.

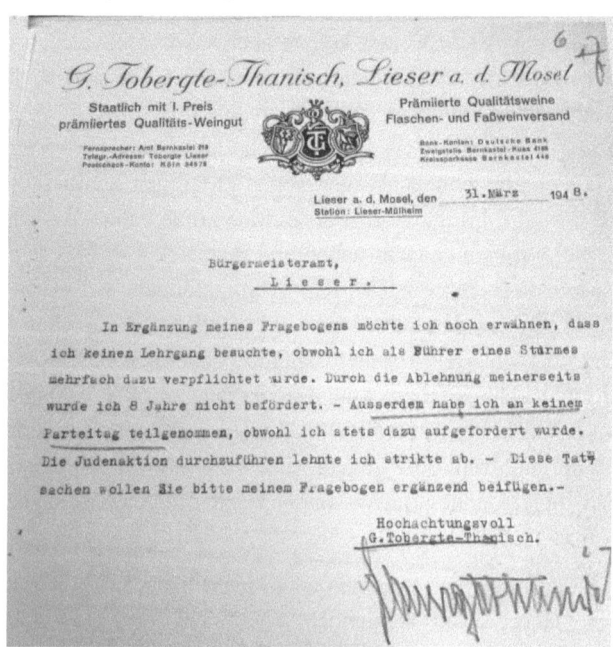

Georg wurde zu Beginn des Entnazifizierungsverfahrens zunächst vorläufig in die Gruppe der Minderbelasteten (Kategorie III) eingestuft. Begründung: seine Parteimitgliedschaft ab 1937, seine langjährige Mitgliedschaft in der SA, wo er bis 1938 eine Art inoffizieller ,Sturmführer' gewesen ist und die Tatsache, dass er ab 1944 Ortsbürgermeister war. Dieses Amt hat ihm, insbesondere durch seine Rolle in der Endphase des Krieges, als es u.a. darum ging, Panzersperren zu bauen und der Volkssturm gemustert wurde, einige Schwierigkeiten erbracht. Georg gelang es im Laufe des Verfahrens glaubhaft zu machen, dass er sich nie im Sinne des Nationalsozialismus betätigt bzw. eingesetzt hätte und weder in Partei noch SA eine führende Rolle gespielt habe. 1942 (da war Georg immerhin schon 60) stellte er ein Entlassungsgesuch aus der SA, dem aber nicht stattgegeben wurde, stattdessen wurde er beurlaubt. Er konnte ferner glaubhaft machen, die "Judenaktion" (wie sie auch nach 1945 zunächst hieß) abgelehnt zu haben. Als Mitglied der SA (wenn auch nur mit sehr niedrigem Dienstrang) wurde von ihm mit Sicherheit das entgegengesetzte Verhalten erwartet. Ebenso wurde von einem SA-Mann Teilnahme an Parteitagen der NSDAP sowie der Besuch von Lehrgängen erwartet. Beidem hat er ausdrücklich nicht entsprochen. Aber so, wie er nun mal gestrickt war, hat er sich in den letzten Monaten nicht ausreichend von den wahnsinnigen Kriegszielen der Nazis distanziert, das brachte ihm viel Unmut seitens einiger Lieserer ein und seine immerhin 15-monatige Haft in Diez von Februar 46 - Mai 47 dürfte in erster Linie auf nachteilige Aussagen seitens Dritter zurückzuführen sein. Georg war bei Kriegsende 1 Monat Soldat (Kompanieführer im Volkssturm). Gegen 'Denunzianten' hat er denn auch zwei getrennte Verfahren angestrengt, wovon eines im Vergleich endete. Am Ende wurde er in die Kategorie IV (Mitläufer) eingestuft.

Fazit: Georg war (insofern Kind seiner Zeit) ein Mann, der für Uniformen und das militärische Gebaren in gewisser Weise anfällig war. Bei der SA konnte er wieder ein bisschen 'Soldat spielen'. Das Politische scheint ihn eindeutig nicht so sehr interessiert zu haben. Bei Kriegsende machte ihn die Tatsache, dass er beim Volkssturm gar in eine Offiziersrolle schlüpfen durfte, in gewisser Weise blind für die katastrophalen und verbrecherischen Gesamtumstände.

Ich konnte in den Akten keinerlei Hinweise auf echtes, schwerwiegendes Fehlverhalten, erst recht nicht im menschlichen Sinne, finden. Da hatte Georg dann doch den richtigen Instinkt und den entsprechenden Charakter.

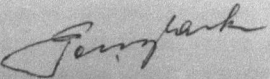

Der Vorſitzende verkündete nach geheimer Beratung der Kammer durch Verleſung des Säuberungsſpruchs, der Gründe und unter Anführung der Rechtsmittelbelehrung folgenden

Säuberungs-Spruch:

Der Betroffene wird in Gruppe IV der Mitläufer eingestuft. Es wird eine Gdlsühne in Höhe von 5oo.--DM festgesetzt die in Höhe vo 3oo.--DM infolge Internierung als abgegolten gilt. Die Kosten des Verfahrens fallen dem Betroffenen zur Last.

Maria Sophia Tobergte, Schwester Georgs und Mutter Aennes

Salve, magne parens frugumque virumque, Mosella!

Heil dir, Mosel, mächtige Mutter von Früchten und Männern!

Dein Schmuck sind ruhmreicher Adel, kampferprobte Jugend

und Beredsamkeit, die mit Roms Sprachkunst wetteifert.

Überdies hat die Natur deinen Söhnen gute Sitten und

fröhlichen Geist mit heiterer Stirne geschenkt.

Ausonius, Mosella

Salve, Mosella! - Konstantin, Cusanus, Karl & Co.

Die Mosel hat viele große Söhne. Bedeutende Töchter hat sie keine, aber sie ist ja selbst - wie schon der alte Ausonius in weiser Voraussicht treffend feststellte - die stolze Mutter dieser Männer und gleichzeitig die größte und mit Abstand schönste Tochter von Vater Rhein.

Der erste der fünf Männer, die ich im Folgenden kurz vorstellen möchte, ist eigentlich kein Sohn der Mosel, denn er ist nicht an ihren Ufern geboren. Dennoch möchte ich ihn hinzuzählen, denn immerhin war er Wahlmoselaner, gleichzeitig Herrscher über ein Weltreich und er ist schließlich derjenige, dem die Christenheit den Durchbruch zu einer weltumspannenden Glaubensgemeinschaft verdankt - die Rede ist von Kaiser Konstantin dem Großen. Bereits sein Vater hatte Trier zu einer ständigen Kaiserresidenz gemacht und nach ihm werden es vier weitere Kaiser tun, insgesamt war Trier für mehr als ein Jahrhundert de facto de Hauptstadt des (west-)römischen Reiches. Konstantin hatte hier seinen Hauptwohnsitz zwischen 306 und 316.

"Wer heute [in Trier] durch die Gassen zwischen Hauptmarkt, Dom und Basilika streift, kann sich nur schwer vorstellen, dass hier vor rund 1700 Jahren eine Machtzentrale des weströmischen Reiches lag. Unter Konstantin wurde von Trier aus ein Territorium verwaltet, das weitaus größer war als die Zuständigkeit moderner europäischer Hauptstädte: Der Herrschaftsbereich erstreckte sich von Schottland bis nach Nordafrika."

Die Porta Nigra ist das besterhaltendste römische Stadttor nördlich der Alpen. Es gehörte zu einer 6,4 km langen Stadtmauer, die eine Fläche von 284 Hektar umschloss. Damit ist Trier nicht nur die älteste, sondern auch - mit weitem Abstand- die größte römische Siedlung auf deutschem Boden. Köln (96), Mainz (90) und Xanten (73) passten allesamt bequem in die Fläche von Augusta Treverorum. Seit Anfang 2018 Eichenholzfunde gemacht wurden, konnte das exakte Jahr des Baubeginns bestimmt werden: 170 n.Chr., 2020 war das Gebäude also stolze 1850 Jahre alt!

„Wie kam es dazu, dass ein derart riesiges Reich ausgerechnet von ...[Trier] aus regiert wurde?

Entscheidend für das Kaisertum Konstantins, die Residenz Trier und die Entwicklung des gesamten vierten Jahrhunderts ist das Jahr 306: Nachdem sein Vater Constantius Chlorus (der Bleiche), Heerführer und seit 305 „Augustus des Westens", im heutigen York gestorben war, riefen seine Soldaten den damals etwa 34jährigen Sohn zum Nachfolger aus – obwohl sie damit die tetrarchische Ordnung (Herrschaft der Vier) ignorierten. Konstantins Augustus-Titel wurde zunächst auch nicht allgemein anerkannt. Als eine Art „Regionalkaiser des Nordwestens" erwählte er Trier zu seiner Residenzstadt und baute sie aus. Offiziell ist er Bauherr der Basilika. Sie gehörte zu einer monumentalen Palastanlage, die sich von den Kaiserthermen bis zum Dombereich erstreckt haben muss.

Bis 312 beschränkte sich Konstantins Machtbereich auf Britannien, Gallien und die iberische Halbinsel. Mit einem Feldzug gegen seinen Schwager und Rivalen Maxentius leitete er schließlich eine expansivere Politik ein. Nach seinem legendären Sieg an der Milvischen Brücke vor den Toren Roms sicherte sich Konstantin die Herrschaft über den gesamten Westen des Reiches einschließlich Italiens. Am Abend vor der Schlacht soll er eine Vision des Christusmonogramms gehabt haben. Er ließ es als siegbringendes Zeichen auf die Standarten seiner Soldaten anbringen. Fortan war er überzeugt, dass ihn der Christengott zum Erfolg geführt habe. In der Folgezeit erliess er eine Reihe christenfreundlicher Gesetze („Toleranz-Edikt von Mailand"). In seiner Ära entwickelte sich auch in Trier, das der Kaiser 316 wegen neuer politischer Zielsetzungen verließ, eine frühchristliche Gemeinde. Von ihrer Existenz zeugt eine hohe Zahl von Inschriften, mit denen die Stadt nach Rom eine Spitzenstellung in Europa einnimmt.

Im Kampf gegen seine Rivalen und Mitkaiser bahnte sich Konstantin 324 endgültig seinen Weg zur Alleinherrschaft, als er im Osten des Reiches einen Sieg über den Christenverfolger Licinus errang. Am 11. Mai 330 weihte Konstantin die neue Hauptstadt Konstantinopel (heute Istanbul) ein und verlegte seinen Regierungssitz von Rom nach dort. Bis zu seinem Tod im Jahr 337, als er auf dem Sterbebett die Taufe empfing, konnte der Kaiser seine machtvolle Stellung behaupten.

Konstantins Handlungen waren durchweg geleitet von dem Ziel, seine Macht auszubauen. Alle Mitkaiser und selbst seine eigene Frau ließ er zu diesem Zweck ermorden. Auch seine Hinwendung zum Christentum hatte taktische Gründe: Durch die Anerkennung der sich rasch verbreitenden Gemeinde, die sich als „resistent" gegen alle Vernichtungsversuche erwies, wollte er einen einheitlichen ideologischen Überbau schaffen. Trotz der eher zweifelhaften Glaubenstiefe hat sein Wirken die Geschichte der Kirche und Europas bis heute nachhaltig geprägt."

(zitiert aus: trier.de/kultur-freizeit/geschichte/trierer-persoenlichkeiten/, abgerufen am 31.05.2017)

Oberhalb von Trittenheim an der Mittelmosel ließ er sich eine prächtige Kaiservilla bauen, die Flur auf der Höhe heißt heute noch 'Berg Kron'. Hier soll er auch, so wollten es jedenfalls lokalpatriotische Mönche, auch seine berühmte Vision gehabt haben ("in hoc signo vinces" IHS, wie übrigens auch die ersten drei Buchstaben des Namens Jesus im griechischen Alphabet), aber das erscheint eher unwahrscheinlich. Schließlich fand die entscheidende Schlacht an der milvischen Brücke in Italien statt. Pünktlich zum 1700-Jahr-Jubiläum wurde uns ein Sohn geboren, der natürlich nur diesen Namen tragen konnte. Er dürfte einer der jüngsten Besucher der großen Konstantin-Ausstellung 2007 in Trier gewesen sein.

Nikolaus von Cues

"Sein endgültiges Testament hat Cusanus am 6. August 1464 in Todi, Italien, seinem Sekretär Peter Wimar aus Erkelenz diktiert, der dann sein Herz und seine Bücher nach Kues brachte. Dort war bereits 1458 das von ihm gestiftete St. Nikolaus Hospital einschließlich der Kapelle fertiggestellt worden. Es trägt den Namen des Hl. Nikolaus, Bischof von Myra, als dem Schutzpatron der Schiffer und damit auch der Familie Krebs in Kues. Die Stiftungsurkunde ist vom 3. Dezember 1451. Cusanus stiftete allein für die Kapelle mit Kreuzgang, Speisesaal, Häusern und anderen Räumlichkeiten mehr als 10.000 rheinische Goldgulden. 33 Männer, 6 Priester, 6 Adlige und 21 „gemeine Leute" sollten Unterkunft im Hospital finden. Noch heute, mehr als 500 Jahre nach der Stiftung, leben 33 alte Männer und Frauen (!) im St. Nikolaus Hospital. Auch die Ländereien, z. B. die von der Familie Krebs gestifteten Weinberge, sind dem Hospital als wirtschaftliche Grundlage bis heute erhalten geblieben.

Die allergrößte Kostbarkeit des Hospitals ist die Originalbibliothek des Cusanus. Sie hat als einzige Privatbibliothek die Wirren der Reformation, des Dreißigjährigen Krieges und der Säkularisation unbeschadet überstanden. Die Bibliothek enthält 314 Originalhandschriften aus dem 9. bis 15. Jh., 270 stammen aus dem literarischen Nachlass des Cusanus. Sie beinhaltet kostbare Buchmalereien und Handschriften, 219 Erst- und Frühdrucke der beginnenden Buchdruckerkunst. Von dem astronomischen Interesse des Cusanus zeugen nicht nur 120 Handschriften, sondern auch die ältesten erhaltenen astronomischen Geräte Deutschlands. Natürlich werden auch kultische Gerätschaften aus seinem persönlichen Besitz aufbewahrt: ein vergoldetes Ziborium (Hostenkelch) und mehrere Kelche.

Fazit: Unser Gymnasium hat sich 1980 den Namen Cusanus gegeben. Man fand ihn passend für ein Gymnasium und es bestand eine Verbindung zu Erkelenz über den Sekretär Peter Wimar, der ihn die letzten 14 Jahren auf seinem Lebensweg begleitet und auch sein Testament abgefasst hat. Aber auch ohne an seinen Sekretär zu denken ist Cusanus eine gute Namenswahl für ein Gymnasium. Sein Schaffen ist vielfältig – sein Aufruf zur Toleranz geradezu bestürzend aktuell. Er war einer der größten Denker des Mittelalters, manche bezeichnen ihn gar als Vordenker der Neuzeit. Er schlug eine Reform des Kalenders vor, die nach 150 Jahren mit dem gregorianischen Kalender verwirklicht wurde und heute noch gültig ist. Er entwarf Landkarten und entwickelte aus philosophischen Ansätzen her ein Weltbild, das auf Kopernikus und Galilei vorauswies. Mit Blick auf Judentum und Islam entwarf Cusanus das Bild der einen Weltreligion. Dabei geht er davon aus, dass diese drei monotheistischen Religionen im Kern den gleichen Gott verehren. Sein grosses Streben nach Wissen und Erkenntnis zeichneten Cusanus aus und machten ihn weit über die Landesgrenzen hinaus bekannt. Das 19. Jahrhundert hat ihn neu entdeckt. Er gilt als ein unersetzliches Glied in der Kette der Metaphysiker."

Autorin: Rita Hündgen, zitiert aus dem Internetauftritt des Cusanus-Gymnasiums Erkelenz, aufgerufen am 31.05.2017

Johannes von Trittenheim

Johannes Trithemius (eigentlich Johannes Heidenberg oder Johannes Zeller) wurde 1462 in Trittenheim geboren und starb 1516 in Würzburg. Er war bei seinem Tod Abt des Schottenklosters St. Jakob in Würzburg, vorher lange Jahre Abt der Benediktinerabtei Sponheim, ein vielseitiger Gelehrter und Humanist.

"Bevor er ein Jahr alt war, starb sein Vater, Johann von Heidenburg. Sein Stiefvater, den seine Mutter Elisabeth sieben Jahre später heiratete, war ein Bildungsgegner und legte dem jungen Trithemius zahlreiche Steine in den Weg. Nur im Geheimen und unter großen Schwierigkeiten konnte er Griechisch und Latein erlernen, später auch Hebräisch. Mit 17 Jahren floh er aus seinem Elternhaus und begab sich auf die Suche nach herausragenden Lehrern. Dabei reiste er über Trier, Köln, die Niederlande und Heidelberg und gelangte Ende Januar 1482 in die Benediktinerabtei in Sponheim bei Bad Kreuznach, in die er eintrat. Am 29. Juli 1483, nur eineinhalb Jahre nach seinem Klostereintritt, wurde er als jüngstes Mitglied des Konvents zum 25. Abt des Klosters gewählt.

In Ausübung seiner amtlichen Tätigkeiten und als gefragter Prediger und Redner bereiste Trithemius weite Teile Deutschlands, sehr zum Vorteil seiner großen Leidenschaft, der Bibliothek des Klosters. Bei seinem

Eintritt in das Kloster waren dort 48 Bücher vorhanden, in der damaligen Zeit für eine Klosterbibliothek eine durchaus übliche Anzahl. 1505, als Trithemius Sponheim verließ, war der Bestand auf mehr als 2000 Exemplare angewachsen, eine der größten, wenn nicht die größte Bibliothek Deutschlands. Der überwiegende Teil der Klostereinnahmen wurde dafür aufgewendet. Der Ruhm dieses Wissenschatzes strahlte über ganz Europa, machte damit auch Trithemius bekannt und zog einen großen Strom gelehrter Besucher nach Sponheim. Neben den führenden Humanisten seiner Zeit war er mit Bischöfen, Kurfürsten und selbst Kaiser Maximilian I. in Kontakt. Der Kaiser beauftragte ihn mit einer genealogischen Studie über die Habsburger-Dynastie.

Er wurde im Würzburger Schottenkloster begraben (seit 1825 Kollegiatstift Neumünster). Sein Grab-Epitaph, das ihn im Pontifikalgewand mit Mitra und Stab zeigt, stammt aus der Schule Tilman Riemenschneiders.

Trithemius gilt als eine der vielseitigsten und bedeutendsten deutschen Gelehrtenpersönlichkeiten seiner Zeit, und das, obwohl er nie eine Universität besucht hatte. Neben seiner regen Vortragstätigkeit war er ein begehrter Lehrer und Ratgeber in intellektuellen und höfischen Kreisen. Alexander Hegius berichtete über seinen Besuch mit den Worten: „Ich habe das große, glänzende Licht der Welt gesehen". Der junge Kurfürst Joachim I. von Brandenburg nannte Trithemius den „Glanz unseres Zeitalters".

Trithemius verfasste über 90 Werke theologischer, historischer, bibliographischer als auch geheimsprachlicher Natur. Sein erstmals 1494 in Basel gedrucktes Werk Liber de scriptoribus ecclesiasticis, ein Verzeichnis von 962 kirchlichen Schriftstellern, zusammen mit den Anfangsworten ihrer Werke, gilt als eine der ersten Bibliografien. Trithemius befasste sich über 20 Jahre seines Lebens mit Sprachen und Geheimsprachen."

(zitiert nach Wikipedia-Eintrag, abgerufen am 31.05.2017)

❖

Clemens Wenzel Fürst von Metternich

Der größte aller Diplomaten entstammte einem rheinischen Reichsgrafengeschlecht und wurde 1773 in Koblenz am Moselstrand geboren. "Er besuchte die berühmte Diplomatenschule von Wilhelm Koch in Straßburg, auf der auch Talleyrand und Benjamin Constant gewesen waren. Seine Heirat mit einer Enkelin des österreichischen Staatskanzlers Kaunitz ermöglichte es ihm, wie auch seinem Vater vor ihm, 1801 als Diplomat in österreichische Dienste zu treten. Erst war er Gesandter in Dresden, dann in Berlin und schließlich in Paris. 1809 wurde er Minister des Äußeren. Es gelang ihm, die äußere Unabhängigkeit des gerade besiegten Österreich gegen Frankreich zu bewahren, um es dann mit dem Anspruch auf eine Führungsrolle in den Kampf gegen Napoleon zu führen.

Dass der Kongress, auf dem die Verhältnisse nach dem Sieg über Napoleon geregelt wurden, in Wien stattfand, unterstreicht die dominante Rolle, die Österreich spielte. Metternichs Grundsatz war, das Interesse möglichst jeden Staates zu wahren und so ein europäisches Gleichgewicht unter der besonderen Aufsicht eines starken Österreichs zu schaffen. Frankreich wurde ebenso geschont wie die Rheinbundstaaten. Ebenso wandte er sich, sogar mit Kriegsdrohungen, gegen die Annexion Sachsens durch Preußen und die Ausdehnung Russlands nach Westen, das er als die größte Gefahr für das angestrebte Gleichgewicht betrachtete. Seine Vorstellungen über einen deutschen Staatenbund erfüllten sich, auch wenn es ihm nicht gelang, den österreichischen Herrscher als Erbkaiser an dessen Spitze zu etablieren, was der österreichisch-preußische Dualismus verhinderte.

In Österreich, im Deutschen Bund wie auch auf europäischer Ebene galten Metternichs Bemühungen der Bekämpfung der nationalen und liberalen Begegnungen. Er stand hinter den Karlsbader Beschlüssen ebenso wie die auf internationalen Kongressen beschlossenen, auf der „Heiligen Allianz" beruhenden Interventionen zur Unterdrückung der Revolutionen in Spanien und Italien. Seinen Einfluss auf die westlichen Mächte verlor er durch die Revolutionen in Frankreich 1830 sowie durch den englischen Einspruch gegen das Einschreiten gegen die Revolution in Belgien und den griechischen Aufstand. Daraufhin verbanden sich die drei konservativen Mächte 1833 zum „Bund der drei schwarzen Adler". Sein System der Friedenssicherung in Europa hielt bis zum Krimkrieg 1852-54.

Gegen Ende seiner Karriere verlor Metternich immer mehr an Einfluss, worauf er mit gekränkter Eitelkeit reagierte und so noch mehr ins Abseits geriet. Als verhasstes Symbol der Reaktion trat er beim Ausbruch der Revolution 1848 augenblicklich zurück und ging nach England ins Exil. Drei Jahre später kehrte er nach Wien zurück, wo er 1859 starb."

(zitiert nach rbb-preussenchronik, abgerufen am 31.05.2017)

Karl Marx

Auch Mr. Markham von der New York Times konnte bei seinem Besuch in Wintrich 1985 schnell feststellen, dass Eduard seinen Marx gelesen hatte: "Mr. Quint is well read and very literate on the valley, liking to recall, for example, that a young man named Karl Marx came up from Trier in 1843 and was so shocked by the exploitation of the toilers in the vineyards that he wrote some angry articles about them. The next step was "Das Kapital" and the "Communist Manifesto" - offspring of the Moselle, so to speak."[65]

Geboren am 5.5.1818 in Trier, "Sohn des späteren Justizrats Heinrich Marx (eigentlich Marx Levi, alter jüdischer Familienname Mardochai), der 1824 mit seiner Familie zur protestantischen Kirche übertrat.

Von 1835-41 studierte Marx Staatswissenschaften, Philosophie und Geschichte in Bonn und Berlin, wo er sich der junghegelianischen Bewegung anschloß. 1842/43 war er Redakteur der liberalen »Rheinischen Zeitung« in Köln. 1843 heiratete er Jenny von Westphalen und siedelte, da er die Redaktion wegen seines Radikalismus niederlegen mußte, nach Paris über, um mit Arnold Ruge zusammen die »Deutsch-Französischen Jahrbücher« herauszugeben (Fortsetzung der verbotenen »Deutschen Jahrbücher«).

In Paris studierte Marx den Sozialismus und Kommunismus, dort begann die engere Zusammenarbeit mit Friedrich Engels, mit dem er gegen B.

---

[65] aus dem Artikel „Meandering along Germany's Moselle"

Bauer »Die heilige Familie« (1845) schrieb; ferner verfaßte er die »Deutsche Ideologie« (1845, gedruckt erst 1926) und entwickelte die entscheidenden Grundgedanken der späteren Theorie.

Auf Verlangen der preußischen Regierung ausgewiesen, ging er nach Brüssel, wohin auch Engels folgte. Hier veröffentlichte er die Schrift »Misére de la Philosophie« (1847, dt. 1885) gegen den Bourgeois-Sozialismus Proudhons und stellte Grundzüge seiner an D. Ricardo anknüpfenden Arbeitswert- und Mehrwertlehre dar (»Discours sur la question du Libre Echange«, 1848).

Mit Engels gründete er 1847 in Brüssel den »Deutschen Arbeiter-Bildungsverein« und die »Association démocratique«, die ihrerseits mit dem von Weitling gegründeten kommunistischen Londoner »Bund der Gerechten« in Verbindung trat. Von diesem Bund erhielt er 1847 den Auftrag, zwecks Umgründung in den »Bund der Kommunisten« eine Programmschrift zu schreiben, die er gemeinsam mit Engels ausarbeitete. Diese wurde das »Kommunistische Manifest« (1848), das eine radikale Kritik der bürgerlichen Gesellschafts- und Wirtschaftsordnung und einen Aufruf zum Klassenkampf an das internationale Proletariat enthält.

Im Revolutionsjahr 1848 aus Brüssel ausgewiesen, begab sich Marx nach Köln und redigierte die »Neue Rheinische Zeitung« in linksdemokratischem Sinne. Nach Unterdrückung der Zeitung ging er nach London. Dort lebte er, meist dürftig und von Engels unterstützt, von wissenschaftlicher Arbeit. In der 1864 in London gegründeten »Ersten Internationale« war er führend tätig. In London entstanden seine Hauptwerke »Der 18. Brumaire des Louis Bonaparte« (1852), »Zur Kritik der politischen Ökonomie« (1859), vor allem »Das Kapital« (1867, Bände 2 und 3, herausgegeben von Friedrich Engels, 1885-94).

Neben seiner Schriftstellertätigkeit stand Marx mit fast allen Führern der Arbeiterbewegung der einzelnen Länder in Verbindung." Er starb am 14.3.1883 in London.

Quelle: http://gutenberg.spiegel.de/autor/karl-marx-400, abgerufen am 30.05.2017

Man kann also sagen, keine andere deutsche Landschaft hatte eine so lange und intensive Berührung mit der römischen Kultur. Und keine andere Landschaft im gesamten deutschen Sprachraum ist auf so kultivierte Weise besungen worden. Die Mosella des Ausonius gehört zu den Glanzlichtern spätantiker römischer Dichtkunst.

Im 15. und 16. Jhdt. gehörte der Raum der Mittelmosel zu den geistigen Zentren von Bildung und Humanismus im europäischen Rahmen. Zu nennen wäre beispielsweise noch Petrus Mosellanus (Peter Schade) aus Bruttig. Er lebte von 1493 - 1524, ein Freund Philipp Melanchthons, Sympathisant Martin Luthers und zeitweise Rektor der Leipziger Universität. Die Leistungen eines Cusanus, Trithemius oder Mosellanus ragen weit über den Durchschnitt ihrer Zeit hinaus, vor allem wenn man bedenkt, dass alle drei in herausgehobene Stellungen gelangten, obwohl sie nicht adeliger Abstammung waren.

Man kann freilich darüber streiten, wer nun der größte Sohn der Mosel ist. Die meisten dürften zustimmen, wenn ich dieses Prädikat Karl Marx zuschreibe. Er trat tatsächlich an, die Welt des Kapitalismus aus den Angeln zu heben und er hat bis heute unsere Welt durch seine Ideen verändert. Nach dem Scheitern des Kommunismus Anfang der Neunzigerjahre galt er Vielen als völlig überholt. Doch spätestens mit der großen Finanzkrise 16/17 Jahre später erlebte der bärtige Moselaner eine ungeheure Renaissance. Wenn es in einem System möglich ist, auf negative Ereignisse Wetten abzuschließen, dann ist wirklich etwas faul in diesem System und nirgendwo findet man bessere Argumente gegen solche Auswüchse und Fehlentwicklungen als bei Karl Marx.

Am Gegenhang die Weinberge Wintrichs, rechts der berühmte Ohligsberg

Denn von den höchsten Höhen bis zum äußersten
Rand des herabsteigenden Hanges ist das Ufer des Flusses
mit grünem Wein bepflanzt. Das arbeitsfrohe Volk und die
emsigen Winzer sputen sich bald am Gipfel des Hügels,
bald am abwärts sich neigenden Hang, wetteifernd in
albernen Rufen. Hier singt der Wanderer, der unten am
Ufer dahinzieht, dort der Schiffer im gleitenden Kahn den
säumigen Häckern ein Spottlied; Felsen, zitternde Wälder
und auch der tiefe Fluss geben Antwort.

Ausonius, Mosella

Vom Fluppes bis zum Hochgewächs - Weinbau an der Mosel

Eines der ersten Dinge, derer sich die Römer nach ihrer Ankunft im Moseltal annahmen, war der Weinbau. Nicht, dass es gar keinen gegeben hätte, die Kelten kannten die Rebe und vermochten Wein aus ihr zu machen. Was fehlte, war die ordnende Hand, der systematische Auf- und Anbau, mit der die Römer alle ihre Angelegenheiten erfolgreich anzugehen pflegten.

Also inspiziert in unserem kleinen gallischen Dorf der Optio Gajus Trinkaus bereits kurz nach Ankunft die örtlichen Reben. "Was ist denn das für ein Saustall, hier sieht es ja aus wie Kraut und Rüben, das ist doch kein Weinberg!", wird es ihm beim Anblick der wild am Boden rankenden Rebpflanzen entfahren sein. Hier muss dringend Ordnung rein! Also werden die Hänge terrassiert und mit Stützmauern versehen. Jede Rebe bekommt einen eigenen Pfahl und diese Pfähle stehen akkurat in Reih' und Glied, wie Rekruten auf dem Appellplatz eines befestigten Lagers. Die Römer verleihen den Rebhängen der Mosel das Aussehen, das sie heute noch haben. Vor allem roden sie auch weitere Flächen und vergrößern zielstrebig den Anbau. Neue Rebsorten werden eingeführt und der Ertrag gesteigert.

Ein weiteres dauerhaftes Zeugnis ihres hochstehenden Weinbaus hinterlassen uns die Römer in Form zahlreicher Kelterhäuser, die erst in den letzten Jahrzehnten, oft bei Flurbereinigungsmaßnahmen, wiederentdeckt wurden. Sie befinden sich in der Regel unmittelbar am Fuße der Weinberge. Daraus können wir heute Rückschlüsse über die genaue Lage der bereits von den Römern kultivierten Wingerte ziehen, es sind, wenig überraschend, meist auch heute noch die jeweils besten Ortslagen.

Über den Weinbau an der Mittelmosel finden sich in dieser Arbeit an allen möglichen Stellen Verweise. Warum die Mosel trotz hoher Qualität traditionell eine arme Weinbaugegend war, und warum sich "einst Fürsten und Könige die Orte und dieses Land einander geschenkt" haben: "des guten Weines wegen".[66]

Der nächste große Einschnitt erfolgte unter der Herrschaft des letzten Fürstbischofs und Kurfürsten Clemens Wenzeslaus. Vom 8. Mai 1787 datiert sein berühmtes "Hofratsprotokoll", in dem er die Ausrottung von schlechten und den bevorzugten Anbau guter Reben (in erster Linie Riesling) verfügte und damit dem Qualitätsweinbau an Mosel, Saar und Ruwer einen nachhaltigen und entscheidenden Anschub gab. Da der gute Mann ein Sachse aus dem Hause Wettin war, finden sich in seinem gevierteilten Wappen oben links und unten rechts die grün/goldenen Streifen mit der Sachsenkrone und rechts oben und links unten das rote Kreuz auf weißem Grund (Kurtrier). Sein Wappen war, darauf wies ich bei Weinproben stets gerne hin, eine heraldisch exakte Darstellung meiner Ehe mit einer Sächsin.

Clemens Wenceslaus dürfte wesentlich Anteil daran gehabt haben, dass die Moselrieslinge um die Jahrhundertwende bei internationalen Auktionen geradezu märchenhafte Preise erzielten. Für einen Piesporter Wein wurde 1906 der höchste Preis in der deutschen Weingeschichte erzielt (25.000 RM), kurz zuvor, 1904, waren es unglaubliche 19.000 Reichsmark für einen Wein aus Lieser![67] Zum Vergleich: heute würde so ein Wein vielleicht 2000 € erzielen. Damals wurden ganze Dörfer und Landstädtchen innerhalb kurzer Zeit mit luxuriösen Jugendstilvillen 'gepflastert', Brauneberg und Traben-Trarbach sind zwei besonders prägnante Beispiele. Traben-Trarbach war einmal der weltweit

---

[66] Strache, Wolf: Das Moselbuch, S. 47
[67] Strache, Wolf: Das Moselbuch, S. 47

zweitgrößte Weinhandelsplatz nach Bordeaux! Das flüssige Gold erzeugte Goldgräberstimmung an der Mittelmosel.

Was dieser Blütezeit unmittelbar folgte, war der kontinuierliche Niedergang, der mit dem Ersten Weltkrieg einsetzte und Anfang der Achtzigerjahre des 20. Jhdts. seinen traurigen Tiefpunkt erreichte. Auch darüber habe ich bereits geschrieben. Seither hat zum Glück ein beispielloser Wiederaufstieg eingesetzt. Etwa seit Mitte der 90er Jahre machte sich eine ganze Generation junger Winzer daran, durch kompromisslose Orientierung am Qualitätsanspruch der Großväter das verlorene Renommee Schritt für Schritt rückzuerobern. Seit mindestens 20 Jahren befinden sich die eleganten, rassigen Rieslingweine der Mittelmosel mit ihren einmaligen mineralischen Noten wieder da, wo sie allein hingehören: an der Weltspitze der besten Weißweine. Das flüssige Gold der Mosel - letztlich auch dies ein Erbe Roms.

In seiner Kindheit erlebte Eduard noch einen längst ausgestorbenen Berufszweig: die Schröter: „Das Verladen meldete der „Schiffmann" meist Berenfeld aus Lieser oder Nicolay aus Cochem dem Schrödermeister, der dann seine Kolonne zusammen bestellte. Die Fässer wurden voll aus dem Keller über die Schrotleiter rausgezogen, und zwar wurden die Fässer „verbunden", das waren gespaltene Reifen aus jungen Birken, die den Eisenreifen übergezogen wurden und das Rutschen auf der mit Schmierseife eingeschmierten Schrotleiter erleichterten, das Schroten war eine schwere und gefährliche Arbeit, und sich dessen bewußt, wurde vor Beginn der Arbeit gebetet, und zwar wie folgt:
Die bärbeißigen, dem Trinken nicht abgeneigten Männer, standen im Kreis im Keller.
Der Schrotmeister sagte:
„Da Jungen, da willen mer en Vaterunser bäten, dat alles goat gäft."
Diese struppigen Männer beten zu sehen ist für mich heute noch beeindruckend. ...
Mit dem Aufkommen des „Schrötertod" wurde der Wein aus dem Keller mittels Pressluft raus gedrückt. Und dann kam die Pumpe."[68]

Wintrich, Flur 'Großer Herrgott', 10. Juli 1985

---

[68] Aufzeichnungen des Eduard Quint, S. 41

Das Auto des amerikanischen Korrespondenten der New York Times hält unweit des riesigen Betonkruzifixes oberhalb des Dorfes. Der 80-jährige Eduard steigt aus, greift mit seiner großen Hand in die schiefrige Erde und hält sie dem Gast entgegen: "Hier wächst Wein."

Eine dieser typischen, kurzen und scheinbar banalen Bemerkungen meines Großvaters. Was er sagen will: so muss der Boden beschaffen sein, wenn ein Spitzenerzeugnis darauf wachsen soll.[69]

Es braucht natürlich noch so viel mehr. Erst die ideale Kombination aus unzähligen Faktoren macht am Ende einen guten Wein. Wenn wir ihn schließlich im Glas haben und trinken, sollten wir es mit Ehrfurcht tun. Ehrfurcht vor der Schöpfung genau wie vor dem schier unglaublichen Arbeitsaufwand, der notwendig ist, bevor wir das Ergebnis in einem freudigen Moment genießen dürfen.

---

[69] Markham, James M.: Meandering along Germany's Moselle

Mit Mannesmut, Gottvertrauen und Arbeitswillen - Quints als Auswanderer im Banat

Eine bleibende Leistung, die die Donaumonarchie im 17. und 18. Jhdt. erbracht hat, war, das ständige Vordringen des Osmanischen Reiches Richtung Mitteleuropa zum Halten gebracht, die türkischen Invasoren zurückgedrängt und die Grenze zwischen beiden Großreichen schließlich dauerhaft gesichert zu haben. Dazu mussten riesige Landstriche teilweise überhaupt erst urbar gemacht und mit Befestigungen versehen, auf jeden Fall aber mit einer militärischen Infrastruktur versehen werden. Zehntausende Siedler wurden angeworben, Sümpfe trockengelegt, Städte und Dörfer angelegt und entwickelt. Fürwahr eine gewaltige Kulturleistung, von der letztlich ganz Europa profitiert hat. Die sogenannte Militärgrenze war ein zwischen 20 und 50 km tiefes Gebiet und zog sich von der kroatischen Adria entlang etwa der heutigen Nordgrenze Bosniens, durch den Nordteil des heutigen Serbiens (Batschka), bis zum im heutigen Rumänien gelegenen Banat. Gesamtlänge etwa 1850 km. Wenig bekannt: neben der militärischen war es auch eine gesundheitspolitische Grenze. In regelmäßigen Abständen gab es Quarantänestationen (werden wir noch sehen), vor allem zum Schutz gegen die Ausbreitung der Pest.

Ich darf sagen: auch Wintricher Quints haben an diesem großen Werk mitgetan. Nach ihren verlorenen Kriegen gegen Preußen geriet für Kaiserin Maria Theresa der Ausbau der Militärgrenze wieder in den Fokus. Im Banat und der Batschka waren weite Landstriche durch die in der ersten Hälfte des 18. Jhdts. stattgefundenen Kämpfe um Belgrad weitgehend verwüstet und entvölkert. Im Banat (aus dem serbisch/kroatisch/ungarischen, entspricht etwa der deutschen Markgrafschaft, also Grenzgebiet. Der Ban war der Graf/Markgraf) gab es zahlreiche Sümpfe, die mit Hilfe holländischer Fachleute ab etwa 1760 langsam trockengelegt wurden. Die Siedler kamen aus verschiedenen Teilen Europas, der mit Abstand größte Teil von ihnen waren Deutsche. Den Siedlern winkten als Anreiz eine Reihe von Vorteilen: günstige Gestellung von Haus, Land und Gerät sowie weitgehende Abgabenbefreiung. Dafür mussten sie im Fall von Gefahr unverzüglich zum unmittelbaren Schutz der Grenze verfügbar sein. Zu diesem Zweck waren sie außerhalb der regulären Linientruppen organisiert und ausgebildet (Grenzregimenter). Die männlichen Bewohner der Militärgrenze (Grenzer) waren also so etwas wie Nachfolger der sogenannten Wehrbauern der vorhergehenden Jahrhunderte.

In den ersten Jahrzehnten mussten die Angeworbenen katholischer Konfession sein, weshalb man sie in erster Linie in den (bevölkerungsreichen) Gegenden westl. des Rheins anwarb. Also Lothringen, Elsaß, Pfalz, Eifel-Mosel-Hunsrück-Raum und Luxemburg. Aus eben diesen Gegenden stammten die Siedler des 1766 gegründeten Ortes Hatzfeld, ung.: Zsombolya, rum.: Jimbolia, heute unmittelbar an der Grenze zwischen Rumänien und Serbien gelegen. Nachdem man zunächst so ziemlich jeden akzeptiert hatte, auch Landstreicher und Bettler, kam man nach schlechten Erfahrungen mit eben diesen darauf zurück, möglichst nur verheiratete Leute aus einigermaßen soliden Verhältnissen anzuwerben (jeder Haushaltsvorstand musste 100 Gulden Bargeld vorweisen - nach heutiger Kaufkraft immerhin 3-4000 Euro). Die Siedler begaben sich bis Ulm auf einen Fußmarsch und wurden von dort auf Schiffen über Wien nach Pantschewo (?)[70] verbracht. Man vermutet, dass die an sich völlig irreführende Bezeichnung 'Schwaben' (Banater Schwaben) von dem Ort der Einschiffung herrührt. Die 'Schwaben' sprachen ganz überwiegend Moselfränkisch (Schwobisch).

Am 11. Juni 1766 meldete der Leiter der Ansiedlungsarbeiten, Administrationsrat Wilhelm von Hildebrand, an die Landesadministration in Temesvar, dass der Herr Pfarrer Sebastian Plenkner mit seinen deutschen Ansiedlerfamilien in Hatzfeld eingetroffen sei.

---

[70] der Ort der Ausschiffung ist unklar. Der nächstgelegene Donauhafen wäre Novi Sad gewesen. In den mir vorliegenden Quellen wird ein anderer Ort genannt, den es allerdings nicht gibt: Paneson. Er soll sich an der Landesgrenze befunden haben. Wahrscheinlich handelt es sich um einen Transkriptionsfehler und Pancevo (Pantschewo) ist gemeint. Der Ort unmittelbar östlich Belgrad war damals tatsächlich Grenzort und verfügte deshalb über eine Seuchenstation (Quarantäne). Von dort ist es (unwesentlich) weiter nach Hatzfeld, immerhin 120 km. Bei den damaligen Wegverhältnissen eine sehr stramme Leistung für 2 Tage.

Unter den ersten Siedlern befanden sich drei Männer aus Wintrich mit ihren Familien:

Johann Quint, * 04.08.1713 Morscheid +12.07.1775 Hatzfeld, ein älterer Bruder meines direkten Vorfahren Gerlach Quint. Beide waren ursprünglich noch vagabundierende Kesselflicker. Er kam mit seiner Frau Anna Maria (geb. Eckstein), * 1716 bei Trier + 26.05.1776 Hatzfeld. Das Ehepaar hatte 6 Kinder. Der älteste Sohn Johann Gerlach war bereits als 5-jähriger noch auf dem Hunsrück verstorben. Der zweite Sohn Johann Georg heiratete unmittelbar nach Ankunft (s.u.). Die weiteren Kinder Anna Christina, Andreas, Anna Maria und Franz waren bei Ankunft in Hatzfeld zwischen 9 und 19 Jahre alt. Sie kamen am 28.05.1766 durch Wien und ließen sich in Landestreu nieder.

Johann Georg Quint, *21.04.1746 Morscheid + 01.08.1781 Hatzfeld, heiratet am 20.07.1766 in Hatzfeld (das ging schnell!) die Anna Maria Andres, *08.09.1742 in Horath (man kannte sich sicher bereits aus der alten Heimat). Das Paar wird im Laufe der nächsten Jahre 8 Kinder bekommen, von denen 4 bereits als Kleinkinder versterben. Es überleben (allerdings fraglich, wie lange): Anna Maria, *21.08.1770 Hatzfeld?; Maria Katharina, *01.09.1773 Hatzfeld?; Mathias, *15.01.1775 Hatzfeld? und Josef, *19.06.1778 Hatzfeld heiratet nach Groß Komlosch.

Carl Quint, *29.9.1740 in Hoxel, ein Sohn des Gerlach, + 06.12.1767 in Billed (Banat), nicht einmal eineinhalb Jahre nach Ankunft in der neuen Heimat; er heiratet im Januar 1762 die aus Wintrich stammende 15 Jahre ältere Anna Maria Lautwein. Die beiden haben drei Söhne. Michael und Anton werden noch in Wintrich geboren, der kleine Peter verstirbt drei Tage nach der Geburt, als sein Vater ebenfalls schon nicht mehr auf der Erde wandelte. Es waren harte Zeiten.

Die Quints waren fleißige Leute. Michael hatte 13 Kinder (die Mutter trug den schönen und seltenen Namen Genoveva, ich vermute, sie stammte aus Lothringen), sein Bruder Anton brachte es gar (mit 2 Ehefrauen) auf unglaubliche 16! Das dürfte 'ewiger Familienrekord' sein. Die Kindersterblichkeit im Banat war aus heutiger Sicht schwindelerregend und dürfte im 18. Jhdt. zwischen 40 und 60% gelegen haben, ich vermute, noch etwas höher als in Deutschland. Von den 13 Kindern des Michael wurden 7 keine 3 Jahre alt, ein Junge starb mit 5. Häufigste Todesursachen: Diphterie, TBC, Pocken, Tetanus, Bronchitis, Angina, Darmkatarrh. Heute an sich kein Thema mehr.

Aus Sicht des Carl ist er also mit seinem Onkel und einem Cousin ausgewandert. Direkter Nachfahre des Carl ist Prof. Dr. Franz Quint, Prorektor an der Hochschule Karlsruhe – Technik und Wirtschaft. Ich bin sein Onkel 7. Grades. Vom Kesselflicker zum Universitätsprofessor, und dazwischen noch ein Vierteljahrtausend im Banat verbracht: eine bemerkenswerte Entwicklung.

Wie erging es den Auswanderern in der neuen Heimat? Zunächst sehr schlecht. Schon die Anreise war beschwerlich und die Neusiedler bekamen früh einen Eindruck von den problematischen Witterungsverhältnissen auf dem Balkan. Dauerregen bis Mai, dann mit einem Schlag monatelang große Hitze und Trockenheit. Ein eher lebensfeindliches Klima, zumal in Sumpfgegenden. Dadurch wird Landbau erschwert und gleichzeitig allen möglichen Krankheiten Vorschub geleistet. Daran hat sich bis heute grundsätzlich wenig geändert, allerdings sind die hygienischen Verhältnisse und Anbaumethoden entscheidend verbessert worden. Die Ansiedlung im Banat begann nach dem Sieg über die Türken bei Belgrad im ersten Drittel des 18. Jahrhunderts. Ein Großteil der Auswanderer starb schnell am Fieber, weshalb die Banater Gegend bald im ganzen Donaureich einen moribunden Beinamen hatte: Das Grab der Deutschen.

Typisches Banater Kolonistenhaus der ersten Generation

Besser als die Deutschen bewährten sich in der Folge serbische und sogar bulgarische Ansiedler, die mit den Verhältnissen besser vertraut waren. Erst nach Ende des Siebenjährigen Krieges nahm die Ansiedlung mit Deutschen weder Fahrt auf. Im Jahr 1764 wurden 1000 und im Jahr darauf gar 2000 Aussiedlerfamilien nach Wien gesandt. Der bereits erwähnte pfälzische Pfarrer Plenkner siedelte mit einem Großteil seiner 'Anhänger' aus. Er befand sich im gleichen Kontingent, wie die drei Wintricher Quints. Auf ein Ersuchen Plenkners geht auch der Name einer Teilsiedlung zurück: Landestreu.

In einer Festschrift zum 150-jährigen Bestehen Hatzfelds heißt es: "In der alten Heimat erwarben sie alle landwirtschaftlichen Fertigkeiten, die sie im Banat brauchten. Der Fleiß war ihnen angeboren, wie geizige Sparsamkeit, gutmütige Offenheit und eine gute Portion Prahlerei und Spottlust."

Im Dauerregen musste an der Landesgrenze eine vierwöchige Quarantäne (an sich 6-wöchig) absolviert werden. Täglicher Regen bis zum 03. Juni, dann folgte ein 3-tägiger Wolkenbruch, wie sie noch keinen erlebt hatten. Die Hälfte der etwa 400 Familien erwog angesichts dieses Infernos die Rückkehr, durch gutes Zureden Plenkners und der österreichischen Beamten traten schließlich nur 13 Familien - zwei Tagesmärsche vom Ziel entfernt - den Rückmarsch an.

Am 11. Juni in Hatzfeld angelangt, erwartete die hoffnungsfrohen Neusiedler eine weitere unangenehme Überraschung. Den Menschen war von den Werbern das Blaue vom Himmel gelogen worden: neue, bezugsfähige Häuser, Felder bereits angelegt, man müsse nur noch zu Pflug und Hacke greifen und dergleichen. Dem war natürlich nicht so. Die Häuser waren, bestenfalls halb fertig, von großen Pfützen umgeben und die zukünftigen Felder nichts als schlammiges Ödland. Am Schlimmsten jedoch war ein Besuch des Friedhofs. Von den Arbeitern, die die Kolonie anlegen sollten, waren innerhalb dreier Monate bereits 178 verstorben. Wegen des hohen Grundwassers hatte man keine Gräber ausheben können, sondern die Särge nur notdürftig mit einer dünnen Schicht Erde und Lehm bedeckt. Der Gestank muss infernalisch gewesen sein.

Trotz dieser entmutigenden ersten Eindrücke machten sich die Siedler frisch ans Werk, bauten die Häuser zu Ende, legten die Felder an und errichteten sogar eine neue Kirche, in der bereits am 24. Oktober die erste

Messe gefeiert werden konnte. Aber die nächste Heimsuchung war bereits im vollen Gang: das berüchtigte Sumpffieber! Es forderte schon im Juli die ersten Opfer, im September waren es bereits allein 65! Bis zum Jahresende waren ihm 215 Neusiedler zum Opfer gefallen. Banat: das Grab der Deutschen. Der erste Winter war streng, streunende Wölfe mussten immer wieder abgewehrt werden, das kannte man im Westen Deutschlands schon damals nicht mehr. 1770/71 gab es eine neue Fieberseuche, die 558 Opfer forderte. Wohlgemerkt: Hatzfeld dürfte damals im Schnitt nicht mehr als 2000-2500 Einwohner gehabt haben. Wir sehen, die Anfänge in der neuen Heimat waren mit geradezu unglaublichen Schwierigkeiten verbunden und es bedurfte tatsächlich eines nahezu übermenschlichen Willens und sehr vieler Tatkraft, um diese zu überwinden. Das klassische deutsche Auswanderermotto: den Ersten der Tod, den Zweiten die Not, den Dritten das Brot, es traf im Falle Hatzfelds sicherlich voll und ganz zu.

Wie bei Kolonistensiedlungen üblich, erfolgte die Anlage des Ortes im Schachbrettmuster, das noch heute gut erkennbar ist. Die Straßennamen nahmen Bezug zur Herkunft ihrer Bewohner: Luxemburger-, Saurische-, Lothringische-, Trierer Gasse usw. Ende der 30er Jahre des letzten Jahrhunderts verschwanden die letzten der recht primitiven strohgedeckten Häuser der 1. Generation. Inzwischen war ein relativer Wohlstand in Hatzfeld und vielen anderen Orten des Banats bemerkbar. Die Bewohner hatten sich akklimatisiert, es gab wichtige Fortschritte bei Hygiene und medizinischer Versorgung, vor allem aber: das Sumpfland war im Laufe der Zeit trockengefallen und nun kehrte sich der Nach- zum Vorteil, wie in vielen anderen Schwemmgebieten und ehem. Mooren auch. Der schwarze Sedimentboden war ausgesprochen fruchtbar und gleichzeitig leicht zu bearbeiten, ideale Voraussetzungen für eine ertragreiche Landwirtschaft. Die Bauern konnten sich immer größere und schönere Häuser bauen, mit barockisierten Giebeln und wohnlichem Inneren. Einige wenige dieser Häuser aus der Zeit von 1850 bis etwa 1930 stehen noch. 1778 wurde das Banat dem ungarischen Reichsteil zugeschlagen, 1786 erhielt Hatzfeld Marktrecht, 1823 die Zunftprivilegien und bereits 1857 Eisenbahnanschluss.

Anfang des 20. Jhdts. genoss der Ort einen hervorragenden Ruf: "die Perle der deutschen Ansiedlungen im Banat". Das 20. Jhdt. mit seinen Umbrüchen und Umwälzungen ging natürlich auch an Hatzfeld nicht spurlos vorbei. 1918 kam es für wenige Jahre zum Königreich der Serben, Kroaten und Slowenen und erhielt den Namen Dzombolj. Seit 1924 gehört Hatzfeld zu Rumänien und trägt den Namen Jimbolia. Heute kann man am Ortseingang eine Tafel mit allen vier Sprachversionen sehen. Zwischen den Kriegen erlebte der Ort eine weitere Blütezeit, die durch den Ausbruch des 2. Weltkriegs unterbrochen wurde. In der Folge verließ ein großer Teil der deutschen Bevölkerungsmehrheit den Ort. Nach der großen Auswanderungswelle in den 80er und 90er Jahren des letzten Jahrhunderts bekennen sich heute nur noch knapp 5% der Bewohner Jimbolias als Deutsche.

Und die Quints? Nun, sie mehrten sich fleißig in der neuen Heimat, wie wir schon sahen. Sie blieben überwiegend Landwirte, so auch durchgehend alle Nachfahren des Carl bis Kriegsende 1944. Unter den Hatzfelder Quints gab es aber auch Architekten, einer hatte eine kleine Ziegelfabrik, es gab einen Friseursalon Quint und schließlich eine Nonne, die mit bürgerlichem Namen so hieß. Heute gibt es keine Quints mehr in Jimbolia, die Nachfahren der drei Wintricher Quints sind allesamt zurück in ihre alte Heimat gekehrt, fast 250 Jahre nach Gründung der Stadt durch ihre Vorfahren.

Es ist für jeden Menschen schwer, seiner angestammten Heimat für immer den Rücken zu kehren, vor allem dann, wenn dieser Abschied nicht freiwillig erfolgt. Besonders schwer muss dies aber sein, wenn man um die Respekt gebietende Leistung der Vorfahren weiß, die gegen schwere Widerstände die Heimat überhaupt erst zu einem lebenswerten Ort zu machen verstanden - mit Mannesmut, Gottvertrauen und Arbeitswillen, wie die stolzen Nachfahren 150 Jahre später konstatierten. Diese Leistung zu würdigen war einer meiner Gedanken beim Schreiben dieses Kapitels.

Aenne (Anna)

Der Franksmann-Hof in Gellenbeck/Hagen a.T.W. (urspr. ein sogen. "Halberbenhof") ist eine Hofstatt mit über 1000-jähriger Geschichte. Sie ist gut dokumentiert. So weiß man beispielsweise in der Gellenbecker Bauernschaft sehr genau, welche Feuerstellen bereits zu den "Urhöfen" gehörten und welche nicht. Die Urhöfe existierten bereits zu sächsischer Zeit, also vor dem Einfall der Franken Anfang des 9. Jhdt. Der Franksmann-Hof gehörte nicht dazu, er dürfte "erst gegen 850 entstanden sein" (!!).[71] Noch Fragen? Ich wäre gar nicht überrascht, wenn ein Hagener Bauer mir glaubhaft versicherte, dass an seiner Feuerstelle sich schon Quintilius Varus, wau - wau, wau, wau - wau - wau, die Füße gewärmt hätte. Gegen die Aktenbestände einer durchschnittlichen westfälischen Bauernschaft mutet der Gothaer jedenfalls wie ein science-fiction-Roman an.

Der Gutshof Altenhagen, Aufnahme Mitte der Sechziger Jahre des 20. Jhdts.

In Altenhagen (einst ein Nachbardorf von Gellenbeck, heute gleichfalls Ortsteil von Hagen) steht der Hof, den ursprünglich irgendwann im 15. oder 16. Jhdt. ein gewisser "Ebersmann" besessen hat. Nach dem 30-jährigen Krieg erwirbt ihn - "mit der Beute, die er zuvor gemacht, "irgendein kleiner Adeliger" - [Originalton des Familienchronisten Alex Himmermann, man beachte den verächtlichen Unterton, sozusagen das

---

[71] Aufzeichnung von Alex Himmermann, ca. 80er Jahre

Wasserzeichen, an dem man den Nachfahren freier Bauern untrüglich erkennt]. Er versucht, das Anwesen in einen etwas standesgemäßeren Zustand zu versetzen, daher stammt die heute noch erhaltene kleine Treppe sowie das Wappen und die zwei Kartuschen auf dem Türsturz (Frantz Wilhelm von Winsheim, Katharina von Boeselager) mit der Jahreszahl 1717.

Nach dessen relativ schnellem Weggang pachten die Familien Meyer to Bergte (später: Tobergte) und (durch Einheirat) Franksmann den Hof von den Freiherren Ostman von der Leye. Merke: alle Bauernfamilien auf der ganzen Welt sind in zwei Gruppen eingeteilt. Die Besitzer des Franksmann-Hofes gehören zur Gruppe der „haves", die Pächter des Ostman'schen Gutshofes heißen zwar auch Franksmann, sind aber quasi die armen Vettern, sie sind die „have nots".

Hier wird **Anna** Franziska Franksmann, die Mutter meiner Mutter, am 21.04.1901 als fünftes von sieben Kindern des Alexander Anton Franksmann und der uns bereits bekannten Maria Sophia Tobergte, der 15 Jahre älteren Schwester von Georg, geboren. Das Kind wird, einer lokalen Tradition folgend, Aenne gerufen. Es existiert ein wunderbares Photo der gesamten Familie vor dem Hauseingang des alten Gutshofes, etwa 1905 von einem professionellen Photographen gekonnt arrangiert. Die vier älteren Geschwister Aennes sind: 1. Caspar Joseph **Julius** (rechts, auf dem Pferd sitzend), der Älteste und 'Hoferbe'. Ein westfälischer Bauer von altem Schrot und Korn, ich habe ihn als alten Mann noch kennengelernt; 2. Carl Joseph **Friedrich** (Fritz, vorne, mit Hundegespann), Lehramtskandidat, er fiel 19-jährig in der Champagne. Aenne sollte den Tod ihres Lieblingsbruders nie verwinden, sein Schicksal hat mich sehr berührt; 3. Maria **Caroline** (Lina, links neben der Mutter sitzend), von ihr zweigt die Himmermann-Linie ab. Sie wurde 90; 4. **Alexander** Heinrich Joseph (Alex, rechts neben dem Vater stehend), wanderte nach dem Weltkrieg aus nach Omaha, Nebraska. Starb dort fast 93-jährig; die beiden jüngeren Schwestern waren: 6. **Thekla** Paula (rechts neben der Mutter stehend) und **Maria** Catharina (Mia, auf dem Arm der Großmutter. Die junge Frau im Fenster links ist eine Magd).

Dies ist vielleicht die Stelle, einmal von den westfälischen Familientreffen zu berichten, die immer mal wieder stattfanden und an denen auch meine Mutter mit ihrem Mann und den Kindern - hauptsächlich in den 70er

Jahren - gelegentlich teilnahm. Dazu muss man wissen, dass hinsichtlich Familiensinns wohl kein deutscher Stamm an die Westfalen heranreichen kann, ansatzweise allenfalls die Niedersachsen, aber da gibt es ja auch enge Verwandtschaft. Wenn also mal wieder der Ruf zu einem "Sippentreffen" (die hießen wirklich so) erscholl: "Alle Nachfahren des ... (Caspar Julius Alexander) versammeln sich am ... im Saal des Gasthauses .../auf der Tenne von ...", dann war das weniger eine Einladung als vielmehr ein Gestellungsbefehl, dem man gesichtswahrend und sanktionsfrei nur bei Vorlage sehr schwerwiegender Gründe (Todkrankheit/Abwesenheit auf einem anderen Erdteil) nicht Folge leisten konnte.

Familie Alexander Franksmann, Gut Altenhagen, ca. 1905

Je nachdem, wie weit der Organisator - oft war das der Sippenforscher und Cousin meiner Mutter, der bereits erwähnte Alex Himmermann - in der bestens erforschten Ahnentafel zurückging, konnte der Kreis der Teilnehmer schnell mehrere Hundert Personen umfassen, denn eingeladen wurden natürlich auch die nicht blutsmäßig verwandten Ehepartner. Von der Greisin bis zum Neugeborenen, vom Hilfsarbeiter bis zur Universitätsprofessorin, vom schwerblütigen westfälischen Dickschädel bis zur aus Ungarn, den USA oder Gott weiß woher stammenden Ehepartnerin (meine einschlägigen Erfahrungen liegen mindestens 35 Jahre zurück, mittlerweile dürfte es deutlich bunter zugehen) war dann alles vertreten. An der Wand oder auf einem Stuhl an der Stirnseite des Festsaals war die Ahnentafel angebracht und jeder konnte nachschauen bzw. erläutern, wo er da nun reingehörte und auf welch mehr oder weniger verzweigten Bahnen sich seine Linie zu dem Ahnherrn zog.

Man konnte aussehen wie eine Südländerin (meine Mutter) oder man hätte im Lendenschurz erscheinen können, das war alles vollkommen zweitrangig. Was einzig zählte war, dass man wenigstens einen Tropfen Franksmann-Blut in seinen Adern nachweisen konnte und hätte man ansonsten ausgesehen wie ein Massai. War dieser Nachweis erbracht (da war man das eine Mal freilich pingelig, denn bei der Frage, Verwandtschaft, ja oder nein? hört in Westfalen der Spaß auf) dann war man akzeptiert und gehörte dazu, und zwar mit allen Konsequenzen. Mit den zahlreichen Angeheirateten war das natürlich so eine Sache (woll). Nicht, dass es da eine offensichtliche Ausgrenzung gegeben hätte, selbstverständlich nicht! Doch waren für eine möglichst gelungene 'Integration' gewisse Faktoren von Vorteil. Mein Vater war ein schönes Beispiel. Als Norddeutscher, groß, blond, blauäugig und mit familiären Banden nach Niedersachsen hatte er per se schon mal ganz gute Karten. Kurz den Stammbaum gecheckt - sicher, bisschen viel tiefer Osten - aber mit einem zugedrückten Auge - doch noch einer von Widukinds Stamm - wurde er sozusagen ein 'Franksmann honoris causa', da störte es auch nicht mehr, dass er der 'falschen' Konfession angehörte.

Es wurde kräftig zugelangt, nach alter Westfalensitte, und der Alkohol (Bier und Korn) floss von der ersten Minute in Strömen. Irgendwann war so eine Feier für mich Jungen nur noch ein Knäuel übermäßig großer, kräftiger, rotwangiger, lauter und schwitzender Menschen. Zu leicht vorgerückter Stunde wurden mehr oder weniger zotige Spiele veranstaltet, wo es, wie auch in den Tischgesprächen, an sexuellen Anspielungen und anderen derben Bemerkungen (gern über gewisse körperliche Eigenarten bei der lieben Verwandtschaft) nicht mangelte. Ich dachte dann bei mir: "Das soll die Familie meiner so fromm/katholisch/ sittsamen Großmutter sein? Mit diesen Menschen bin ich blutsverwandt? Au weia!"

Die Tischgespräche drehten sich in aller Regel und ganz überwiegend um eine Reihe eng begrenzter Standardthemen. Kleine Kostprobe: "Hat der bereits mit sechs Kindern gesegnete Bauer Meyer zu Pickendroste vor 80 Jahren seine Magd Lina nun geschwängert oder hat das wohl doch der durchreisende Messerschleifer besorgt?"; "Hatte der Pfarrer Kampmann nun was mit seiner Haushaltshilfe, oder nicht?" - reflexartige Erwiderung des Gegenübers: "Da ist nichts gewesen, der Herr Pastor hatte doch ein dickes Brett in das Doppelbett montiert!"; "Kann man als anständiger Mensch einen SPD-Kanzler wählen?" usw.

Zu vorgerückter Stunde, der zur Wahrung wenigstens eines Hauchs von Anstand und Sitte anwesende Priester (idealerweise auch aus der Sippe, was die Franksmänner lange hinbekamen) war längst gegangen, wurde irgendeine Hymne angestimmt. Nicht so populär aufgrund seines belanglosen Textes und der ziemlich lahmen Melodie war das Lied der Westfalen. Wesentlich lieber sang man da schon das deutlich schmissigere Niedersachsenlied, immerhin sind ja auch alle Westfalen zweifellos Angehörige von Wittekinds Stamm: "Wir sind die Niedersachsen, Sturmfest und erdverwachsen, Heil Herzog Widukinds Stamm! ...", - wenn es gleich zu Beginn der 2. Strophe hieß: "Wo fiel'n die römischen Schergen? Wo versank die welsche Brut?", zuckte ich jedes Mal zusammen. Am liebsten hätte ich aufgezeigt und gerufen "Moment mal, die welsche Brut, das sind doch auch meine Mama, meine Geschwister und ich!". (Zuhause, wenn ich mit Plastikfiguren die Germanenkriege nachstellte, waren die römischen Legionäre meine Helden, nicht etwa die Germanen). Aber ich ließ das natürlich bleiben, genauso gut hätte ich mich vor den Osnabrücker Dom stellen können, mit einem Plakat: "Nieder mit der Kirche! Weg mit dem Papst!"

Die letzten Gäste (einmal, da war ich aber schon ein junger Erwachsener, gehörte ich auch dazu) verließen die Feststätte lange nach Tagesanbruch. Ich dachte damals bei mir: "Du hast jetzt einen Großelternteil von diesen Verrückten, was wäre, wenn du (wie bei den meisten Anwesenden der Fall) die Sippentreffen von allen vier Linien abdecken müsstest? Nicht auszudenken!"

Im Frühjahr 1907, Bruder Georg rüstet sich im fernen Lieser für seine Hochzeit, geschieht ein großes Unglück: Sophia Franksmann stirbt, sie wird keine 40 Jahre alt. Zwischen 1893 und 1905 hat sie sieben Kindern das Leben geschenkt, exakt alle 2 Jahre (mit jeweils wenigen Wochen Differenz!) eines. Wahnsinn. Von Sophia (geb. Tobergte) stammen die in den Familien Quint-Klink so auffallend häufig vertretenen ganz dunklen Augen. Aenne hatte sie, sodass ich lange Zeit annahm, dieses dominante Merkmal, oft verbunden mit besonderen Augenfalten und einem ganz bestimmten Mund, sei ein Franksmann-Erbe. Bis ich ein Bild von Sophia sah.

Tante Hildegard verwahrt das Original jenes Portraits einer eher klein und zierlich wirkenden Frau, die weder traurig noch fröhlich den Blick dieser tiefen und klugen Augen am Betrachter vorbei in weite Ferne zu richten scheint. Um das Bild ist ein Zopf vom Haupthaar meiner Urgroßmutter gewunden, die Enden kunstvoll verflochten.

Alexander Franksmann heiratet gut 2 Jahre später erneut. Aus dieser Ehe geht ein weiteres Kind (Albert, er wird Priester) hervor. Für Aenne, sicher auch für die übrigen Geschwister, beginnen harte Zeiten. Selbst noch ein Kind, das gerade in die erste Klasse kommt, muss sie sich zusammen mit der 10-jährigen Lina um die beiden jüngeren Schwestern kümmern. Es gibt noch die 10 und 12-jährigen Brüder, allenfalls der 14-jährige Julius ist in der Lage, halbwegs auf eigenen Beinen zu stehen. Er muss dem Vater zur Hand gehen, ein Bauernhof kann niemals stille stehen und mit Sophia war nicht zuletzt auch eine wertvolle Arbeitskraft verlorengegangen.

Ein weiteres Problem kommt im Lauf der Zeit hinzu: Aenne versteht sich nicht mit der Stiefmutter, keinem der Geschwister scheint dies wirklich zu gelingen. Es heißt, die Frau sei mit der gigantischen Aufgabe schlicht überfordert gewesen. Aenne will weg, doch vorher muss sie die (8-jährige) Volksschule beenden. Inzwischen ist der Krieg längst ausgebrochen und Friedrich ist 6 Wochen, nachdem er sich als Kriegsfreiwilliger gemeldet hatte, bereits im Februar 1915 an der Westfront gefallen.[72] Zu Ostern 1915 beendet Aenne die Volksschule. Sie scheint danach nicht viel Zeit verloren zu haben, es hat sich eine recht vielversprechende Lösung ergeben: Onkel Georg und Tante Katharina (Tadda), die zudem nach 8 Ehejahren

---

[72] zu den Einzelheiten des Schicksals von Friedrich Franksmann sh. im Glossar

kinderlos blieben, sind mehr als glücklich, die junge Nichte aufnehmen zu können. Sie werden sie später adoptieren. Tadda freut sich besonders, endlich sind die langen einsamen Abende vorbei, der Mann ist doch in Berlin oder sonst wo in diesem Krieg.

Aenne ca. 1916

Mit der Ankunft von Aenne in Lieser haben wir wieder so einen Moment, von dem an nichts mehr so ist, wie es vorher war. Wer Familienforschung betreibt, weiß, dass der Zug der Generationen ständig nach vorne braust. Die Heiraten sind quasi die Weichen und ständig werden sozusagen von hinten neue, oft sehr weit verzweigte und weit zurückreichende neue Gleissysteme angeschlossen. Die Eltern sind dabei die Lokomotiven, die Kinder zunächst Waggons, die sich im Lauf der Zeit selbst zu Lokomotiven wandeln können, um den Zug der Generationen weiter nach vorne zu treiben. Georgs Heirat hatte zwar eine Weiche gelegt, aber es wollten keine Züge fahren. Dies würde sich in absehbarer Zeit ändern.

Ich habe mir immer wieder auszumalen versucht, wie es für meine 14-jährige Großmutter gewesen sein muss, als sie zum ersten Mal an die Mosel kam. Das war eine komplett andere Welt als im heimatlichen Osnabrücker Land, Aenne muss sich wie auf einem anderen Stern vorgekommen sein. Als erstes sticht die vollkommen andere Topographie ins Auge. Hier ein enges, gewundenes Flusstal, wo der Blick häufig nur wenige hundert Meter schweifen kann. Dort die endlosen Weiten der norddeutschen Tiefebene, im Rücken allenfalls der Teutoburger Wald, der allerdings nirgends so zerklüftet wie das Moseltal ist. Zwar sind beide

Gegenden gleichermaßen landwirtschaftlich bestimmt, die jeweils dominierende Form der Landwirtschaft könnte aber unterschiedlicher kaum sein. Selbst die Vegetation - das Klima sowieso - ist eine andere. Die Menschen sehen anders aus, der an der Mosel relativ häufig anzutreffende gallo-romanische Typus ist in Westfalen/Niedersachsen kaum existent. Die Menschen allgemein, besonders die Landbewohner, waren vor 100 Jahren nicht sonderlich mobil, es gab wenig Austausch zwischen den Regionen.

Am fremdartigsten muss Aenne jedoch die lokale Mundart, das Moselplatt, vorgekommen sein. Im Gegensatz zu heute wurde es auf den Dörfern der Mosel von allen gesprochen, die Benutzung des Hochdeutschen war in aller Regel auf den Schulbetrieb und die sonntägliche Predigt des Pfarrers beschränkt. Wenn neue Abc-Schützen in die Schulen einrückten, brauchten die oftmals mehrere Wochen, bis sie ihre eigene Lehrerin (häufig, aber keineswegs überwiegend, waren die Lehrkräfte an den Dorfschulen weiblich) verstehen konnten. Ein weiteres Spezifikum des Moselfränkischen (dem "Exoten unter den deutschen Dialekten")[73] ist die schier unglaubliche Vielfalt an Dialekten, die an der Mittelmosel von Dorf zu Dorf variierte, was durch die gewundene Tallage begünstigt wurde. So konnte es sein, dass das aus 50 oder 100 km Entfernung zu versetzte Fräulein Lehrerin ihre eigenen Schüler nicht verstand, selbst wenn sie sich größte Mühe gab. Man kann sich das heute gar nicht mehr vorstellen.

Kurzum: Aenne konnte nahezu niemanden verstehen und umgekehrt dürften zwar die meisten, aber eben nicht alle, sie verstanden haben. Im Allgäu oder Schwarzwald wäre es ihr zur gleichen Zeit genauso ergangen, dies nur zur Abrundung (ich habe diese Situation noch Mitte der Siebziger Jahre im Bayerischen Wald erlebt, man ist dann ziemlich hilflos).

Während der letzten drei Kriegsjahre macht Aenne eine Lehre im renommierten Hotel "Drei Könige" in Bernkastel-Kues. Der eindrucksvolle Bau im 'Mosel-Jugendstil' (unten Neorenaissance, oben Fachwerk) existiert noch, nebst gleichnamigem Hotel, fast ein Wunder, da

---

[73] So in einem Beitrag der Deutschen Welle aus dem Jahre 2009. Danach unterscheide sich Moselfränkisch deutlich von den übrigen deutschen Mundarten. Die Sprache der Mosel klinge bunt, wild und anders. Sh. auch im Glossar unter ‚Wintria Wiada' Nr. 43

direkt an der Brücke gelegen, die im Krieg Bombenziel war. Wenn Aenne geahnt hätte, wie sehr ihr diese Lehre noch zugutekommen würde... Jedenfalls war sie zeitlebens eine bestens organisierte Hausfrau und exzellente Köchin, um nur zwei der vielfältigen Talente dieser Frau zu nennen, die sie von Haus aus mitbrachte bzw. die während ihrer Lehrzeit (für die Onkel Georg bezahlen musste, das war damals so üblich) angelegt bzw. gefördert wurden.

Die Zeit vom Ende des Ersten Weltkriegs bis etwa 1927 stellt für mich eine biographische Lücke im Leben meiner Großmutter dar. Ich weiß wirklich nicht, was sie da gemacht hat.

Etwa 1927/28 hat sie Eduard kennen gelernt und zwar auf dem Mülheimer Markt. Für Aenne muss es schwierig gewesen sein, einen passenden Mann zu finden. Einmal, weil sie als Norddeutsche aus dem Rahmen fiel, schwerer wiegt der zweite Grund: die etwa gleichaltrigen bzw. etwas älteren Männer waren zu einem großen Teil auf den Schlachtfeldern des Weltkrieges gefallen. Eduard, ihr späterer Mann, war vier Jahre jünger als sie. Dies und die Tatsache, dass sie erst mit 28 heiratete, war ungewöhnlich für eine Frau auf dem Land.

Eduard dürfte Aenne auf Anhieb gefallen haben: groß, kräftig, blond und mit leuchtend blauen Augen war er ein ausgesprochen attraktiver Mann. Ein Typ, wie er an der Mosel eher selten, in ihrer westfälischen Heimat dafür eher häufiger vorgekommen sein dürfte. Umgekehrt passte Aenne mit ihren dunklen Haaren und den sehr dunklen Augen eigentlich ganz gut in Eduards angestammte Heimat. Eduard fand sie jedenfalls sehr hübsch. Die beiden scheinen sich rasch näher gekommen zu sein.

In den folgenden Monaten fährt Eduard häufig mit seinem Motorrad die sieben Kilometer nach Lieser. Mit seinem 'Schwiegervater' in spe versteht er sich anfangs nicht besonders. Es soll zeitlebens ein angespanntes Verhältnis bleiben, die beiden Männer sind zu verschieden, der Altersunterschied ist dabei noch das geringste Kriterium.

Georg ist preußisch-monarchistisch eingestellt und tendiert politisch - nach einem kurzen Flirt mit der Sozialdemokratie nach Kriegsende, der ihn allerdings die Anstellung beim Herrn Baron kostet - nach rechts, wohl besser: nach rechts außen. Selbstverständlich ist der Weltkriegsveteran Mitglied im Stahlhelm, dem zahlenmäßig bedeutendsten der zahlreichen nationalistischen Wehrverbände in der zweiten Hälfte der Weimarer

Republik. Georg wird später auch Mitglied der SA werden, damit ist über seine politische Haltung im Grunde alles gesagt.

Eduard dürfte sich politisch damals noch weitgehend im Fahrwasser seines Vaters befunden haben, also bürgerlich-konservativ, aber keinesfalls offen nationalistisch. Mit preußischem Geist, mit dem Kaiser gar, hat Eduard entschieden nichts am Hut. Die beiden werden nicht warm. Hinzu kommt das großspurige Gehabe Georgs, der sich gerade anschickt, eine ausgesprochen repräsentative Villa zu beziehen und sich bei seinem langjährigen Arbeitgeber bzw. in dessen Umfeld waschechte Gutsherrenmanieren abgeschaut hat. In Gamaschenstiefeln und stets den Feldstecher dabei (ein Jäger ist immer im Dienst), scheucht der ursprünglich einfache Bauernsohn seine Arbeiter mit dem feinsten Lichterfelder Kasernenhofton herum. So ist Georg geradezu die Verkörperung des klassischen Feindbilds eines jeden durchschnittlichen Rheinländers. Nun war es aber damals gemeinhin so, dass der Weg zum Traualtar durch das Wohnzimmer der zukünftigen 'Schwiegereltern' (die formelle Adoption erfolgte später) führte, bei Georg und Katharina zumindest war es definitiv so. Am Antrag im feinen Zwirn auf dem vielzitierten Sofa führte kein Weg vorbei.

1929 tritt Eduard dem Stahlhelm bei, wenige Monate später läuten in Lieser die Hochzeitsglocken. Der Schritt soll leider nicht nur rein privat weitreichende Folgen für Eduard (und auch für Aenne) haben.

Jahrzehnte später, als ich ihn einmal auf diese Sache ansprach erwiderte er, er sei damals jung (unausgesprochen wohl auch dumm) gewesen. Es war ihm sichtlich unangenehm.

Sechs Kinder wird Aenne ihrem Eduard schenken. Dazu ein ganzes Leben mit Arbeit von früh bis spät. Ein Leben überschattet von Krieg, Tod und Leid und auch privatem Unglück im Übermaß, ihr angetan, die immer nur treu gewesen.

Aber auch glückliche und freudvolle Momente, sechs Kinder aufwachsen, alle eigene Familien gründen sehen, aus denen die stolze Zahl von 14 Kindeskindern hervorgehen werden. Ein Unternehmen aus der Taufe zu heben und zu einigem Erfolg zu führen, das war ganz wesentlich ihr Verdienst. Der gute Geist bei St. Michael, das war sie und sie allein.

Es ist bestimmt nicht leicht gewesen, sich neben und oft auch gegen einen so starken Mann zu behaupten, in entscheidenden Momenten hat sie es geschafft.

Insgesamt kein leichtes Leben, getragen mit Aufrichtigkeit und Würde.

Eduard

Eduard, 'Edi' (urspr. altgerm.: "Hüter des Schatzes"), war ein im ländl. Moselraum recht ungewöhnlicher Name. Für die Namensgebung standen ohnehin bis in die ersten Jahrzehnte des 20. Jhdts. pro Geschlecht nur jeweils rund ein Dutzend, ausnahmslos biblische Namen zur Verfügung. Dies galt im Grunde, mit leichten regionalen oder nationalen Abweichungen, für alle christlichen Länder. Erst im Laufe des 19. Jhdts. kamen, ausgehend vom Bürgertum und (zunächst zögerlich) auch in protestantischen ländlichen Regionen, weitere Namen in Gebrauch. Im Gegensatz zu England (wo er ja, zurückgehend auf die beiden Heiligen, ein klassischer Königsname ist) und Frankreich war der Name, trotz seines auffallenden Wohlklangs, in Deutschland nie sonderlich populär. Warum Matthias ausgerechnet diesen Namen wählte, ist heute in der Familie nicht mehr bekannt. Ich habe im Zuge meiner Recherchen folgende Theorie entwickelt: der Besitzer des bereits mehrfach erwähnten Martinerhofes am entgegengesetzten Dorfende (schräg gegenüber hatte Matthias etwas Land) war bis zu seinem Tode 1895 der Industrielle Eduard Puricelli. Matthias stand mit dem Domänenverwalter auf gutem Fuß (noch mehr übrigens mit dem Verwalter des Huesgen-Gutes Geierslay).

Seiner Frau dürfte in dieser wichtigen Angelegenheit bestenfalls das Recht auf Meinungsäußerung zugestanden worden sein, die Entscheidung fällte der Hausherr allein. Das war von Staat und Kirche auch nicht anders gewollt, schließlich hatte eine verheiratete Frau auf dem Standesamt nichts verloren. Dort meldeten allenfalls unverheiratete Frauen ihre unehelichen

Kinder an (von denen es eine ganze Menge gab und der Popanz, der darum getrieben wurde, ist aus heutiger Sicht ziemlich abstoßend).

In den moselländischen Winzerfamilien war der Name ziemlich ungebräuchlich (in Wintrich gab es nur einen weiteren Namensträger) und ist es bis heute. Immerhin heißt einer meiner Neffen so mit zweitem Namen. Aber die Sache ist in gewissem Sinne charakteristisch für Matthias, der gerne, oft und bei allen möglichen Angelegenheiten, ungewöhnliche Dinge tat und auch sagte.

Johann Eduard wird am 24.04.1905 (noch auf Thanisch) geboren. Sein Vater hatte im ersten Anlauf den ersehnten Alleinerben gezeugt ["Treffer mitschiffs!", um in der (Marine-) Artilleristensprache zu bleiben]. Er ist besessen von dem Gedanken, sein Lebenswerk nicht zu teilen und übt sich forthin, ich erwähnte es bereits, in ehelicher Enthaltsamkeit, der damals wie heute nahezu einzig erlaubten Form von Schwangerschaftsverhütung nach Lehre seiner Kirche.

Eduard wächst auf wie alle Jungen in den Moseldörfern dieser Zeit. Wer nachlesen möchte, was man damals nach der Schule trieb, kann das bei Ludwig Ganghofer oder in Stefan Andres wunderschöner Mosel-Novelle "Der Knabe im Brunnen" nachlesen. Selbstverständlich stellten auch die Wintricher Jungen allerhandlei Dummheiten an.

Beliebt war, einen angezündeten Schwefelstreifen (normalerweise desinfizierte man damit Holzfässer) von außen durch den offenen Abfluss in die Küche anderer Leute zu platzieren, worauf sich dort augenblicklich ein beißender Qualm und scharfer Gestank entwickelte.

Das Ärgste war, einem Bauern den Bolzen aus der hinteren Kupplung eines Wagens zu ziehen und ihn ins Gebüsch zu schmeißen. Dies konnte u.U. bedeuten, dass der komplette Arbeitstag des Opfers mehr oder weniger gelaufen war. Wurde man bei so etwas erwischt, setzte es Dresche und zwar richtig.

1911 wird Eduard eingeschult (ein Jahr später Stefan Andres, die beiden sind fast jahrgangsgleich). 1914 erhält Korbel Strom, ein angenehmer Nebeneffekt des Wasserkraftwerks in Leiwen, das in erster Linie zur Versorgung der Stadt Trier gedacht ist, aber Überkapazität hat. Der Erste Weltkrieg beginnt. Das Deutsche Reich sieht sich jeweils zwei Welt- und

Großmächten gegenüber. Während die Gegner Deutschlands buchstäblich über die Ressourcen der gesamten Erde verfügen, müssen sich die Mittelmächte Deutschland, Österreich-Ungarn und das Osmanische Reich mit dem begnügen, was ihnen unmittelbar zur Verfügung steht. Es dauert nicht lange, und es herrscht großer Mangel an nahezu allem, was man zur Kriegführung benötigt.

Deutschem Erfindergeist gelingt es innerhalb von Wochen, einen synthetischen Ersatz für Phosphor zu schaffen, sonst wäre die Munitionsproduktion (und damit der Krieg) noch 1914 beendet gewesen. Allein diese schlichte Tatsache straft jene Lügen, die teilweise bis heute behaupten, das Deutsche Reich habe den Krieg gezielt herbeigeführt und trage daher die Hauptschuld an seinem Ausbruch (eine These, die erst der Australier Christopher Clark 2012 endgültig ins Reich der Legende verwies).

Tatsache ist, dass zur Sicherstellung des enormen Bedarfs der Streitkräfte und der Rüstungsindustrie Ersatzstoffe benötigt wurden. Mit zunehmender Dauer des Konflikts werden diese Ersatzstoffe immer abenteuerlicher. Da es an Arbeitskräften mangelt, werden zur Sammlung dieser Ersatzstoffe in erster Linie Schulkinder herangezogen. Beispielsweise wurde aus Brennnesseln textiler Grundstoff hergestellt, aus Zeitungspapier alles Mögliche, bis hin zu Verbandmaterial, Kräuter wurden zur Arzneimittelherstellung benötigt. Gesammelt wurden Eicheln (Viehfutter), Bucheckern (Ölgewinnung), Obstkerne u.v.m. Wenn ich mit meinem Großvater 60/70 Jahre später einen Gang durch Wald und Flur machte, gab es fast keine Pflanze, auf die er nicht gezeigt hätte ohne zu sagen: "Das haben wir gesammelt, damit man daraus das und das machen konnte." Die Generation meines Großvaters dürfte ihre Schulzeit während der 4 Kriegsjahre überwiegend mit Sammeltätigkeiten verbracht haben, ein Wunder, das in der Zeit irgendwas gelernt wurde. Vermutlich haben das geschickte Pädagogen dennoch irgendwie in den Vormittag eingebaut, schließlich wurde nicht nur in der Vegetationsphase gesammelt, im Winter waren dann Altmaterialien wie Kleidung, Lumpen, Alteisen, Papier, Lederabfälle usw. dran.

An der Mosel des frühen 20. Jhdts. war, wie überall in Deutschland, Kinderarbeit sehr verbreitet. Sobald ein Kind laufen, aufrecht sitzen und stehen sowie einfache Tätigkeiten verrichten konnte, also ab drei, spätesten vier Jahren, wurde es in die vielfältigen Produktionsprozesse integriert. Dabei nahm man in der Regel, anders als der preußische Staat,[74] auf wachstums- und allgemein gesundheitsbedingte Beschränkungen keine Rücksicht. Ein besonders gravierendes Beispiel fällt mir ein. Gegen Ende des Ersten Weltkrieges, der Vater ist noch beim Militär und der 12-jährige Eduard muss ihn quasi vertreten, ist auf Korbel das Mehl ausgegangen. Also wird Eduard mit einem Halbzentner- Sack (das sind 25 Kilo!) zur nächsten Mühle losgeschickt. Die nächste wasserführende Mühle war die etwa 7 km entfernte Clara-Mühle.[75] Bis Kasholz geht es steil den Berg hinauf, dann buchstäblich über Stock und Stein durch den Wald zur Mühle. Auf dem Buckel die 25 Kilo, als 12-Jähriger! Und mit dem (fast genauso schweren) Mehl den gleichen Weg wieder zurück.

Susanna betete, der Herr möge ihre Heimat verschoun' (Emmeler Platt), ihre Kinder hat sie nicht g'schaant (Wintricher Platt).

Im letzten Kriegsjahr, im April 1918, wechselt Eduard auf die höhere Landwirtschaftsschule nach Bitburg. Für uns heutige Menschen klingt das wie die normalste Sache der Welt. Für einen Winzersohn war das damals sehr ungewöhnlich. Eduard war der erste seiner Familie und sicher einer der ganz wenigen aus Wintrich, die vor 1920 eine höhere Schule besucht haben. Man kann es Matthias nicht hoch genug anrechnen, dass er seinem Sohn dies ermöglichte, wo doch in seinem Betrieb buchstäblich jede Hand dringend gebraucht wurde. Als Gasteltern suchen Matthias und Susanna gezielt eine Metzgersfamilie aus: der Junge soll in den kargen Zeiten möglichst wenig hungern, er ist ohnehin so dünn. Am 10.04.1918 besteht Eduard die Aufnahmeprüfung, wohl einer der stolzesten Momente seines Lebens, an den er in einem Brief siebzig Jahre später erinnert. Eduard hat nur Einsen und Zweien, der hochbegabte Junge darf am Ende der Quarta ein ganzes Schuljahr überspringen, obwohl er doch erst ein Jahr zuvor

---

[74] Vor hundert Jahren waren junge Männer bis 20 noch voll im Wachstum, weshalb man sie in der Regel nicht früher zum Wehrdienst einzog. Aus selbigem Grund (Aufrechterhaltung der Wehrkraft) durften auf preußischen Staatsdomänen beschäftigte junge Männer unter 20 bestimmte, körperlich besonders schwere Arbeiten nicht verrichten.

[75] die Clara-Mühle liegt im Grenzbereich der Gemeinden Wintrich, Burgen und Gornhausen, mitten in einer wildromantischen Waldeinsamkeit. Sie diente Georg öfter als Standquartier bei Jagden. Heute ist sie bewirtschaftet, es gibt sagenhaft gute Forellen.

direkt von der Dorfschule kam. Von seinen Mitschülern wird der Streber gehänselt, doch das ficht ihn nicht an, sein Motto: fragen, fragen fragen.[76]

Es gibt aus dieser Zeit eine kleine Anekdote. Der junge Eduard kommt eines Tages nach Hause und berichtet, alle Jungen in seiner Klasse hätten Hosen mit Bügelfalte, er wolle auch eine solche Hose haben. Die Mutter dreht - einer alten Gewohnheit folgend - die Hose auf links und bügelt die Falte ein. Eduard dürfe eine ganz neue Mode kreiert haben: die Bügelfalte nach innen!

Nach nur vier Jahren besteht Eduard die Abiturprüfung mit der Note „gut". Das war ausreichend, um dem jungen Mann einen deutlichen geistigen Vorsprung vor nahezu allen seinen Zeitgenossen zu sichern, die lediglich die 'normale' Volksschule absolviert hatten bzw. um mit Abgängern der Oberschule 'auf Augenhöhe' verkehren zu können. Besonders von seinen guten Französischkenntnissen sollte er immer wieder profitieren. Englisch hat sich Eduard übrigens nach dem Zweiten Weltkrieg mühsam autodidaktisch beigebracht.

Anfang der Zwanzigerjahre kehrt er nach Hause zurück und hilft seinem Vater im elterlichen Betrieb. 1921 wird das neue Kelterhaus gebaut (sh. S. 33), wirtschaftlich geht es nach den Kriegs- und Inflationsjahren wieder etwas aufwärts. Aber, einen bleibenden Schaden wird dieser Krieg hinterlassen, er wird sich nach dem nächsten nochmals entscheidend verstärken. Die wichtigsten Kunden des (hochwertigen) Moselweins sind die ostelbischen Junker. Sie verlieren im Osten größere Gebiete und damit Besitz und Einkommen. Generell hat ja niemand Geld in Deutschland, jedenfalls nicht im Vergleich zur Situation vor dem Krieg, als in Deutschland ein geradezu beispielloser und bis heute nicht mehr aufgeholter Wohlstand in der Oberschicht herrschte, also jenen Kreisen, die sich regelmäßigen Weingenuss leisten konnten. Die Zwanziger Jahre sind insgesamt Notjahre für die Moselwinzer und das hat (wie kann es anders sein?) auch mit dem bereits erwähnten Versailler Vertrag zu tun.[77] 1926 kommt es zum berühmten Sturm der Winzer auf das Finanzamt in

---

[76] Brief Eduard Quint an den Verfasser vom 10.07.1987

[77] Durch die von den Franzosen kontrollierte Westgrenze ("Loch im Westen") konnte ungehindert und zollfrei neben vielen anderen französischen Waren auch Wein 'einfließen'.

Bernkastel. Unter den Rädelsführern sind Männer aus Graach, Kröv und - Stichwort erste Reihe - Wintrich.

Ender der Zwanzigerjahre lernt Eduard seine Aenne kennen. Ein neues Kapitel in der Geschichte der Familie beginnt.

Geheiratet wird am 17.09.1929 in Lieser. Es war eine Liebesheirat (man merkte es schon im Kapitel zu Aenne) gegen den Widerstand von Matthias (die Stöcke fehlten!). Das Hochzeitsphoto zeigt die große Gesellschaft vor dem Haus der Braeltern, man sieht dem repräsentativen Ziergarten an, dass sich hier Georgs ganzer gärtnerischer Ehrgeiz ausgetobt hat.

Selbstverständlich möchte Eduard seine frisch angetraute Braut gleich mit nach Hause nehmen (Flitterwochen waren bei Landwirtens eher unbekannt) und nach alter Väter Sitte über die heimische Schwelle tragen. Da hatte er aber die Rechnung ohne den Wirt, besser: ohne die Wirtin gemacht. "Meine Tochter, in dieses Bauernhaus? Quoi? Ohne fließend Wasser, ohne Badezimmer, ohne anständige Heizung??? Kommt gar nicht in Frage!", stellt Tadda unmissverständlich klar. In Lieser gab es unter Putz verlegte Wasserleitungen, Zentralheizung und sanitäre Einrichtungen auf der Höhe der Zeit. Das Badezimmer soll noch weitere 40 Jahre den Ansprüchen der Bewohner genügen. Das Haus auf Korbel hätte da einen Abstieg ohne Beispiel bedeutet.

Aenne wäre als brave Ehefrau sicher ihrem Mann gefolgt, so verbleibt das Paar zunächst in der Villa. 'Zunächst' soll heißen: bis Eduard seine 'Kate' standesgemäß aufgemöbelt hat, fließend Wasser, verbesserte Heiz- und Sanitäranlagen und anständige Möbel sind das Mindeste, was sich die Schwiegereltern für ihre Tochter vorstellen. Eduard bleibt nichts Anderes übrig, als fortan mit seinem Motorrad ständig zwischen Lieser und Wintrich hin und her zu pendeln. Mehrere Jahre (!) und zwei neue Familienmitglieder (Hildegard und Walter) später sind die Bedingungen endlich so, wie gewünscht. Aenne hat unter der Treppe ein WC einbauen und am Ende eines Flures im 1. Stock eine Badewanne installieren lassen. Georg und Tadda geben ihr Faustpfand frei, die Familie kann endlich ihr eigenes Heim beziehen und die nervige Pendelei hat ein Ende.

Zu behaupten, mein Großvater hätte einen großen Einfluss auf mich ausgeübt, wäre sicher untertrieben. Mein Großvater hat mich, abgesehen von meinen Eltern, wie keine eine andere Person geprägt. Eduard hat mir sehr viele Einsichten und Dinge vermittelt, von denen ich für mein ganzes Leben profitieren konnte. Es sind vor allem zwei Dinge, die er mir beigebracht hat, und es sind genau die beiden Dinge, die für ein schöpferisches Leben die beiden wichtigsten sind: zu denken und zu arbeiten.

Zum Denken braucht man bekanntlich seinen Kopf und der musste bei Eduard ständig im Betriebsmodus bleiben, vor allem bei der Arbeit. Streng genommen war für Eduard auch die scheinbar simpelste Handarbeit auch Denkarbeit bzw. zumindest Denkzeit, und es ist kein Zufall, dass für ihn diese beiden an sich nicht zu trennenden Bereiche auch die wichtigsten waren.

Erste Reihe, v.l.n.r.: Vater der Braut (Alex Franksmann), Mutter des Bräutigams (Susanna), Georg, Katharina, Matthias, Tante Elisabeth (Liß), Onkel Johannes (Hanni). Die elegant gekleidete junge Dame ganz links ist die 15-jährige Rosa. Rechts vom Bräutigam eine Schwester Aennes, wahrscheinlich Mia.

Seine wichtigsten Leitsätze waren: Immer denken und: erst denken, dann handeln (ein Professor, der seinen Wehrdienst bei den Fernmeldern geleistet hatte, sagte mir einmal, das Bleibendste, was er aus dieser Zeit für sein Leben mitgenommen habe, sei der Merkspruch: "Denken, Drücken, Sprechen"). Also: jedwede Tätigkeit, und sei sie scheinbar noch so minderwertig und einfach, verdient, dass man sich vor ihrer Erledigung gründliche Gedanken macht. Während der Arbeit auch dann nicht 'abschalten', wenn diese monoton ist. Es gibt immer Verbesserungsmöglichkeiten, die sich erst im Laufe eines Prozesses ergeben. Das mag in der Theorie banal klingen, ist es aber in der Praxis ganz und gar nicht.

Dann: Grundlage des Denkens ist Neugier, so wie Wissbegierde die Quelle jeder Bildung ist. Jedes Ding/jede Sache, und sei sie auf den ersten Blick vollkommen belanglos, verdient es, bis auf den tiefsten Grund untersucht und in ihrem Feld verglichen zu werden.

Aenne und Eduard 1988

Schließlich, im Leben wie beim Denken: das Bessere ist des Guten Feind. Wenn du eine Antwort hast, gib dich nie mit ihr zufrieden, sondern vergleiche sie mit anderen Antworten bzw. stelle die dazugehörige Frage nach Ablauf einer längeren Zeit erneut.

Mein Großvater ist 89 Jahre alt geworden, davon dürfte er 85 Jahre mit Arbeit verbracht haben und zwar bis in sein letztes Lebensjahr hinein. Arbeit war der bestimmende und konstante Faktor in seinem Leben, Arbeit war für Eduard sehr wichtig.

Ich kann mit Fug und Recht sagen: mein Großvater hat mir beigebracht, wie man arbeitet. Dass man sich vor jedem Arbeitsprozess gründliche Gedanken machen muss, hatte ich bereits geschildert. Erledigte ich eine Arbeit zum ersten Mal, sah er mir dabei zu und gab Hinweise, wie es bessergehen könnte. Der sonst leicht zu einer gewissen Unduldsamkeit neigende Mann war dann auffallend ruhig und tolerant. "Übung macht den Meister" und "Es ist noch kein Meister vom Himmel gefallen" waren dann seine buchstäblich augenzwinkernden Kommentare. Ab dem Alter von 9-10 arbeitete ich auf St. Michael in der Regel den ganzen Tag, sei es mit ihm, sei es alleine. Im Gegensatz zum Denken galt hier allerdings: "Wer arbeitet, muss auch mal eine Pause machen". Natürlich nicht, um dem

Eduard mit Tochter Hildegard, ca. 1931

Müßiggang zu frönen, sondern um die Arbeitsfähigkeit zu erhalten. Der Großvater nutzte die Pausenzeit dazu, mir stets kleine Vorträge zu halten, idealerweise in Zusammenhang mit der Arbeit, die wir gerade verrichteten oder dem Ort, an dem wir uns gerade aufhielten. Er wusste, dass mich das immer interessierte und ich belohnte ihn mit Fragen, die er bereitwillig und oft so ausführlich beantwortete, dass sich die Pause oft deutlich über die ursprünglich anvisierten 5-10 Minuten ausdehnte. Überhaupt konnte man als Kind Eduard mit Fragen geradezu löchern, er schätzte so etwas, nie habe ich ihn deshalb unwirsch erlebt, im genauen Gegenteil.

Wie bei allen Landwirten hing das gesamte Wohl und Wehe meines Großvaters letztlich von den Launen der Natur ab. Dennoch war er kein wirklich gläubiger Mensch, jedenfalls nicht vordergründig. Den Ausdruck "göttliche Schöpfung" habe ich nie über seine Lippen kommen hören. Er hatte zur Natur eine eher deterministische Einstellung. Ohne dass er es jemals zusammenfassend so ausgedrückt hätte kann ich doch seine diesbezügliche Einstellung folgendermaßen destillieren:

1. Die Natur ist immer schön.

2. Die Natur hat immer Recht.

3. Am Ende ist die Natur immer Sieger.

Dumm und zur Erfolglosigkeit verdammt ist, wer sich gegen die Natur wie gegen den Fortschritt stemmt.

Es kam auch nie vor, dass wir auf einer Autofahrt (sei es nach Trier oder nach Luxemburg oder in die Eifel) in Stille verfallen wären. Mein Großvater wusste immer etwas zu erzählen und es war nie irgendwelches belangloses Gerede, sondern hatte in aller Regel einen sozio- oder techno-historischen Hintergrund. In diesen Gesprächen fiel auf, wen er nicht mochte: den (grundbesitzenden) Adel, die Kirche….

Zurück zu den Arbeitsprinzipien. Pausen müssen sein, ja, aber wenn gearbeitet wird, dann stetig und ausdauernd, "das Rädchen darf niemals stille stehen!"

Mein Großvater hatte eine Vielzahl geistiger Interessen, oft mit historischem Hintergrund. Die Geschichte seiner Region, seines Berufes und seiner Familie standen dabei im Mittelpunkt. Weil er sich ernsthaft mit dem Gedanken der Auswanderung trug, reiste er 1938 in die Vojwodina (Neusatz/Novy Sad), sicher auch inspiriert durch die eigenen Vorfahren im benachbarten Banat. In den dreißiger Jahren war er auch auf den Schlachtfeldern von Verdun und in der Champagne, in Verdun hat er nach eigenen Angaben noch die Knochen aus einem halb verrotteten Soldatenstiefel gezogen und in der Champagne stand er am Grab seines Schwagers Friedrich. Er pflegte ausgedehnten Schriftwechsel mit Archiven und Bibliotheken im Rheinland und darüber hinaus. Die Geschichte der Quints hat er bis ins frühe 17. Jhdt. zurückverfolgt und dabei herausgefunden, dass die frühen Quints wahrscheinlich eingewanderte Italiener aus der Lombardei waren, die im Metallbereich tätig waren und zwar als Kupferschmiede und Kesselflicker.

Eduard war ein strenger Vater und er hatte ein leicht zu erregendes Temperament, will sagen: gelegentlich neigte er zum Jähzorn. Er muss die Pferde im Feld oder Weinberg öfter geschlagen haben, wenn die nicht so wollten wie er. Vollblüter meets Kaltblüter. Bei Tisch herrschten Sitten, die einem englischen Eliteinternat zu aller Ehre gereicht hätten.

Alle Kinder mussten die klassischen Kniggeregeln strikt beachten, lag eine Hand etwas zu weit auf dem Tisch, setzte es gnadenlos Schläge auf den Handrücken, mit einem Löffel, Messer oder was sonst gerade zur Hand war. Unter den Armen der Kinder klemmten gelegentlich Zeitungen, fiel eine runter: ... Liebe haben die Kinder allenfalls von ihrer Mutter sowie von den Großeltern erfahren, in feinen Dosen. Körperlichkeit, Umarmungen, Liebkosungen ...dürften die Ausnahme gewesen sein. Für 'so etwas' war in Bauernfamilien einfach keine Zeit, man war von früh bis spät mit anderen, scheinbar essentielleren Dingen beschäftigt. Die Zeiten waren hart, die Menschen auch.

Eduard hielt sehr auf Sauberkeit und Hygiene (Ordnungssinn hatte er auch, es war aber nicht seine Stärke). Dazu eine hübsche Geschichte:

Als Gutsbesitzer war man in geschäftlicher Beziehung mit allen möglichen Leuten. Seien es Wein- oder Holzkunden auf der Käuferseite, oder unzählige kleinere Zulieferer auf der Verkäuferseite. Einmal sitzt Eduard bei Leuten in der Küche, die auf Sauberkeit offensichtlich keinen gesteigerten Wert legen. Man bietet ihm einen Kaffee an. Der Anblick des Becherrandes macht Eduard erschauern. Sollte er jetzt noch ablehnen? Das wäre gleichzeitig unhöflich und entlarvend gewesen. In seiner Not beschließt Eduard, dort die Lippen anzusetzen, wo es eigentlich niemand tut: direkt über dem Henkel.

Die Frau beobachtet ihren Gast bei dieser reichlich seltsamen Übung und ruft aus: "Ach Herr Quint, das ist ja lustig, Sie trinken ja auch so komisch wie ich!"

Ich möchte nicht wissen, wie viele Höhenmeter mein Großvater im Laufe eines langen und arbeitsreichen Lebens in seinen Weinbergen bewältigt hat.

Winzer in den Steillagen der Mosel sind Bergsteiger. Manchmal gehen sie auf einem schmalen Grat.

- Notgemeinschaft

in schwerer Zeit

Das Reichserbhofgesetz vom 29.9.1933 war eines der ersten größeren Gesetzesvorhaben im nationalsozialistischen Deutschland und unterstreicht damit die herausgehobene Stellung, die die Nationalsozialisten dem Bauerntum als "biologischen Bluterneuerungs- quell des Volkskörpers" zubilligten. Es zielte auf dessen wirtschaftliche Stärkung und rassische Erneuerung ("Reichsnährstand"). Die Besitzer eines Erbhofes (nur sie durften sich fortan "Bauern" nennen, alle anderen landwirtschaftlichen Grundbesitzer waren Landwirte) mussten "reinarischer" Abstammung (seit 1800) sein. Erbhöfe durften nicht kleiner als 7,5 und nicht größer als 125 Hektar sein, sie "wurden entschuldet und durften nicht mit Hypotheken belastet oder im Erbgang zersplittert werden. Veräußerung war verboten."[78]

Von den etwa 3,2 Mio. land- und forstwirtschaftlichen Betrieben wurden 690.000 in Erbhöfe umgewandelt, das waren 22% der landwirtschaftlichen Betriebe mit 37% der agrar. Nutzfläche.

§ 2 bestimmte die Mindestgröße: "Der Erbhof muß mindestens die Größe einer Ackernahrung haben. (2) Als Ackernahrung ist diejenige Menge Landes anzusehen, welche notwendig ist, um eine Familie unabhängig vom Markt und der allgemeinen Wirtschaftslage zu ernähren und zu bekleiden sowie den Wirtschaftsablauf des Erbhofs zu erhalten." Die

---

[78] Handbuch der Deutschen Geschichte, S. 1022

Bestimmungen zur Größe galten grundsätzlich auch für Betriebe im Wein-
, Gemüse- oder Obstbau. Allerdings regelt § 6 (2) "Beim Weinbau ist als
Ackernahrung ein Betrieb anzusehen, dessen Eigenerzeugung an
Weintrauben zum Unterhalt einer Familie ausreicht." [damals etwa ein
ha].

Man stelle sich das einmal vor: da haben Vater und Sohn einen
Lebenstraum, dem bedauerlicherweise sowohl Gesetzeslage als auch (im
Grunde schwerwiegender) regionale Traditionen im Wege stehen. Eine
Lösung scheint in weiter Ferne zu liegen, wenn es sie überhaupt geben
könnte. Mit seiner Heirat kommt Eduard in Kontakt mit seiner neuen
westfälischen Verwandtschaft. Schwager Julius hat als Ältester den Hof
geerbt (genauer: das Pachtrecht), die Geschwister gehen leer aus während
er es sich im Gutshaus - "Hei ben eck - hei bläv eck" - bequem machen
kann. Eduard muss vor Neid ganz blass geworden sein. Doch nur wenige
Jahre später kommt in der Reichshauptstadt einigermaßen überraschend
ein Gefreiter aus Böhmen an die Macht und als einer seiner ersten
Maßnahmen präsentiert er den Quints die Lösung ihres Problems -
pünktlich zum Erntedankfest - gratis und frei Haus - no strings attached -
auf dem Silbertablett!

Für den Erbhof gilt fortan zwangsweise das Anerbenrecht, unabhängig
davon, ob er bisher in einem Anerben- oder Realteilungsgebiet lag.

Konkret: nur ein einziger Nachfahre, der Anerbe, kann den Hof erben.

No strings attached ist nicht ganz richtig, es gibt da eine Kleinigkeit: da
der Boden des Erbhofs unveräußerlich wird, ist Eduard bei Lichte
betrachtet nicht mehr der Besitzer, sondern nur der Verwalter seines
eigenen Hofs, das dürfte ihm nicht gefallen haben.

Das Gesetz hatte eine Reihe weiterer negativer Auswirkungen wie eine
Verteuerung der Bodenpreise und eine Diskriminierung weiblicher
Familienmitglieder durch die starre und männliche Familienmitglieder
bevorzugende Erbfolgeregelung rein nach dem Blut. Viele dieser
Regelungen wurden in den folgenden Jahren aufgrund verbreiteter Proteste
modifiziert, so konnte es ab 1943 auch Erbhofbäuerinnen geben.

Man kann sagen, dass das Erbhofgesetz durch seine Fokussierung auf eine
bestimmte, mittlere Betriebsgröße, bäuerliche Kleinbetriebe benachteiligt

und zu deren Sterben beigetragen hat. Ob das gezielt gewollt war oder nicht, ist umstritten.

Wie dem auch sei: unserem Großvater muss das neue Gesetz wie Manna vom Himmel vorgekommen sein. Jetzt hatte er es von Staats wegen, was sein Vater und er selbst immer angestrebt hatten, jedoch nur durch radikale Familienplanung erreichen konnten: der Hof wird unteilbar, er geht nur auf einen einzigen, den Hoferben, über! Die am Ort geltende Realteilung ist faktisch aufgehoben. Eduard ist begeistert. Dem Nationalsozialismus dürfte er (im krassen Gegensatz zu seinem Vater) ohnehin aufgeschlossen gegenübergestanden haben, die neuen Herren hofieren gezielt den Bauernstand (Einführung des Meistertitels für Landwirte und Winzer) und sorgen tatsächlich rasch für eine Linderung der Not der Moselwinzer, indem sie moderne Marketingmethoden fördern und auch 'Weinpatenschaften' einrichten, d.h. Städte bzw. Gemeinden beziehen ihren Wein möglichst gezielt nur noch aus einem bestimmten Moselort. Im Falle von Wintrich waren das übrigens Düren, Birkesdorf, Rinteln, Neumarkt und Coburg. Eine weitere absatzfördernde Maßnahme war die Organisation einer reichsweiten "Woche der deutschen Traube und des Weines" in den Jahren 1936-1939.[79]

Als die Sache mit der Umwandlung des Quint'schen Weingutes in einen Erbhof genügend fortgeschritten war, stellte sich die Frage nach einem ansprechenden Namen für den Hof. Nach dem außen am Haus angebrachten Heiligen wählte Eduard den Namen "St. Michael". Das war den neuen Herren dann doch entschieden zu christlich. Der Name wurde nicht genehmigt. Eduard ging vor Gericht und verlor, blieb aber standhaft und gewann schließlich in der dritten und letzten Instanz und so trägt das Weingut bis heute den Namen des Erzengels und Schutzpatrons der Fuß-... - nein, nicht -artillerie (das wäre die Heilige Barbara) - sondern der Fußsoldaten, also der Infanterie. Weil er ein Erzengel war, schützt Michael natürlich nur diejenigen Soldaten, die für das Gute kämpfen.[80]

Mitte 1933 wird die Ortsgruppe Bernkastel des "Stahlhelm" im Rahmen der nationalsozialistischen Durchdringung sämtlicher Lebensbereiche

---

[79] Schaaf, Erwin: Weinpatenschaften - Die Überwindung der Winzernot in der NS-Zeit. In: Jahrbuch 1998 des Kreises Bernkastel-Wittlich, S. 154 ff.

[80] sh. im Glossar

'gleichgeschaltet', der Gesamtverband 1935 aufgelöst. Da der Wehrverband der NS-Partei durchaus ideologisch nahesteht, erfahren ihre Mitglieder eine privilegierte Behandlung, sie dürfen sich aussuchen, in welcher NS-Organisation sie fortan Mitglied sein möchten. Schwiegervater Georg wählt die SA. Letztere ist dem stolzen und standesbewussten Eduard schlicht zu 'prollig'. Er könnte sich hingegen durchaus vorstellen, beim NSKK mitzumachen, dem "Nationalsozialisten Kraftfahrer-Korps". Schließlich hat er ein Motorrad und ist technisch interessiert. Wenn da nicht noch ein Angebot gewesen wäre, das abzulehnen ihm offenbar schwer gefallen wäre…

Die "Schutz-Staffel", das 'Schwarze Korps', ist die Eliteorganisation unter den zahllosen Verbänden und Organisationen der Nationalsozialisten. Seine Mitglieder (zu keinem Zeitpunkt mehr als 55.000) verstehen sich als die ideologische, kämpferische und geistige Speerspitze des 3. Reiches. Für die Aufnahme gelten strenge Kriterien: Mindestgröße 1,80m, ansonsten wie bei den höchsten Tauglichkeitsstufen des Heeres; Ariernachweis bis 1750 (!), ideologische Festigung (Parteimitgliedschaft ist an sich Aufnahmevoraussetzung). Letztere Sache kann bzw. will Eduard 1933 noch nicht erbringen. Bei dem 'Paradegermanen' drückt man ein Auge zu. Eduard wird sich wohl schon in der schicken schwarzen Uniform (ein Produkt aus dem Hause Boss) durch Wintrich stolzieren gesehen haben. Kurzum: er kann dieses Angebot (was heute etwa einer Gratis-Mitgliedschaft im exklusivsten Golfclub der Stadt o.ä. entspräche) nicht ablehnen. So wird Eduard Mitglied einer Organisation, die sehr bald auch Angst und Schrecken verbreiten und schließlich als eine der schlimmsten Terrororganisationen der Weltgeschichte gelten sollte. Ich bin sicher, dass Eduard 1933 nicht wirklich bewusst war, auf welchen Pakt mit dem Teufel er sich da eingelassen hatte.

Kronenburg in der Eifel, Atelier von Werner Peiner, 12.11.1938

Es ist früher Nachmittag, das Telefon klingelt.

"Ja, bitte?"

"Guten Tag Herr Professor, hier ist Quint Junior"

"Ah, Quint, das ist aber eine Überraschung, wie geht es Ihnen?"

"Nun, nicht so gut ... ich muss mit Ihnen über etwas reden"

"Ist etwas passiert?"

"Na ja, die Sache mit den Juden ... Sie wissen doch, vor 2 Tagen."

"Jaa ... eine unschöne Sache. Hat das irgendwelche Auswirkungen auf Ihr Geschäft?"

"Nein, beziehungsweise, ... darum geht es nicht ... Wissen Sie ... ein anständiger Mensch macht so etwas nicht."

"Natürlich nicht, da gebe ich Ihnen Recht. Ihr Herr Vater wird sicher auch nicht begeistert gewesen sein."

"Ganz und gar nicht, selbstverständlich nicht ... Herr Professor, ... Sie wissen doch, ich bin SS-Mann und Parteigenosse ... Ich habe die Absicht ... sowohl aus SS als auch Partei auszutreten!"

Nach einer relativ langen Stille am anderen Ende:

"Also, erstens: ich verstehe Sie, ... gut sogar.

Zweitens: treten Sie von mir aus der SS aus. Aber lassen Sie sich irgendeinen möglichst unverfänglichen Grund einfallen. Und ...

drittens, da Sie mich ja ausdrücklich deshalb angerufen haben, möchte ich Ihnen folgenden Rat geben: bleiben Sie - noch dazu als Erbhofbauer! - um Himmels Willen in der Partei! Die machen Ihnen sonst das Leben zur Hölle. Denken Sie an Ihre Familie, Ihren Betrieb!"

In der ersten Auflage dieses Buches habe ich an dieser Stelle ein Geständnis abgelegt. Dergestalt, dass dieses Gespräch so wahrscheinlich nie stattgefunden hat und dass es die einzige Stelle des Buches sei, die ich völlig frei erfunden hätte. Ich habe dieses Geständnis auf Grundlage der Gestapo-Akte über meinen Großvater gemacht, aus der hervorging, dass er bereits 1935 aus der SS entlassen worden sei.[81]

---

[81] über die Motive für die Angabe eines möglichst frühen Austritts kann ich nur spekulieren. So nach dem Motto: "So einer passt nicht zu uns, er war ja auch nur kurz dabei." Noch weiter ging man offenbar in der Mitgliederkartei der SS.

Nun, das trifft nicht zu. Wahr ist allenfalls, dass er im Jahr 1935 letztmalig an den regelmäßig stattfindenden Treffen teilgenommen hat. Eduard Quint, SS-Sturmmann im 12. Sturm (Bernkastel) der 5. SS-Standarte (Moselland), Mitgliedsnummer: 180194 wurde erst im März 1939 aus der SS entlassen (mit Wirkung vom 29.03.1939 ge. SS-Bef.Blatt 5/36 Nr.6; Ziff. 2e auf eigenen Antrag), was eindeutig aus seiner Entnazifizierungsakte hervorgeht, die ich erst im November 2020 einsehen konnte. Er hatte im Februar desselben Jahres ein weiteres und unter den erst kurze Zeit zurückliegenden Umständen wohl besonders dringliches Austrittsersuchen gestellt, dem stattgegeben wurde, "Da es Ihnen, wie Sie selbst in Ihrem Gesuch vom 26.02.39 angeben, scheinbar (sic!) an Zeit fehlt". Für das Telefonat mit Peiner gibt es keinen Beleg, aber, immerhin, es hätte genau so stattfinden können.

Es bedarf keiner weiteren Erläuterung, dass dieser Schritt - der Austritt - in den Augen der Nazi-Machthaber eine einzige Ungeheuerlichkeit darstellte. Doch Eduard konnte und wollte die Politik der SS einfach nicht mittragen. Ich würde meinem Großvater niemals irgendwelche unverdienten Gloriolen umhängen wollen, aber hier hat er nicht nur Einsicht, sondern vor allem viel Mut bewiesen. Es war absehbar, dass die Nazis sich in dem Moment rächen würden, in dem sich eine günstige Gelegenheit ergab. Sie kam bereits kurze Zeit später ...

Gleich bei Kriegsbeginn wurde Eduard eingezogen. Das war ungewöhnlich für einen, der mit seinen 34 Jahren nicht mehr der Jüngste war, 5 Kinder hatte und einen kriegswichtigen Betrieb leitete.
„Sofort [bei Kriegsbeginn] mußte ich mich stellen, in Lahnstein, bei der mot. Artillerie. Vom Krieg selbst und meinem Erleben will ich nur berichten: der Ausmarsch aus der Kaserne glich einem Leichenzug, kein Jubel, kein Frohlocken, nur Thränen. Nach dem Eintritt Englands war mir klar, der Krieg ist schon verloren und so kam es … Die Niederlage war unser Sieg, und doch kamen mir die Thränen beim Ablegen der Waffen."[82]

Obwohl diese zu 90% erhalten ist, finden sich dort keine Unterlagen mehr zu Eduard. Als habe man alles gelöscht. Diesmal sogar nach dem Motto: "So einer war nie bei uns." Sh.auch im Glossar.

[82] Aufzeichnungen des Eduard Quint, S. 36

Bereits 1934/35 hatte Eduard einige Wochen Wehrdienst geleistet und zwar bei der II. Abteilung Artillerie-Regiment 5 in Fulda. Die Sache mit dem (freiwilligen!) Dienst in Fulda hat Eduard wahrscheinlich zehn Jahre später das Leben gerettet. Wohl auf Initiative des Vaters hat er das gemacht und wurde 1939 prompt zur schweren Ari eingezogen. Als alter Landser wusste Matthias: vorne rumst es = schlecht. Hinten lassen sie rumsen = besser. Je schwerer die Rumserei = desto weiter hinten = desto besser/höhere Überlebenschance. Landwirte waren gemeinhin kräftig und wurden deshalb gerne zur (schw.) Ari eingezogen.

Interessantes Detail: geübt wurde in Fulda an russischen Geschützen und mit russischer Munition (Zusammenarbeit der Reichswehr mit der Roten Armee zum gezielten Umgehen der restriktiven Bestimmungen des Versailler Vertrags, der der Reichswehr quasi jegliche schwere Bewaffnung verbot).

Während des Krieges haben auf Korbel eine Anzahl Kriegsgefangener und auch Fremdarbeiterinnen (Zwangsarbeiterinnen) gearbeitet. Diese Menschen sollten die zum Kriegsdienst eingezogenen Hofbesitzer bzw. deren Angestellte sowie die im Laufe des Krieges ebenfalls verstärkt herangezogenen weiblichen landwirtschaftlichen Arbeitskräfte ersetzen. In Erinnerung geblieben sind:

1. Jan, ein junger Pole, der als Kriegsgefangener bereits 1939 kam. Die Quints werden bei seiner Ankunft gewarnt, ob aus rassistischen oder individuellen Gründen, ist nicht mehr bekannt. Das Verhältnis soll kein gutes gewesen sein, Jan bleibt nicht lange.

2. Ein namentlich nicht bekannter Franzose folgt im Sommer 1940. Auch sein Aufenthalt währt nicht lange.

3. Raoul, ein Franzose aus der Dordogne, bereits 40 oder mehr Jahre alt, ein großer Mann mit breiten Schultern, er bewegt sich stets auffallend langsam und bedächtig. Raoul kommt mit dem anderen Franzosen oder kurz danach und wird bis Kriegsende bleiben. Er kann gut mit Pferden umgehen und kümmert sich deshalb um die beiden Zugpferde Fanny (eine

Braune) und Fritz (ein Schwarzer). Im Jahr zuvor hatten von den Franzosen ausgesiedelte Saarländer auf ihrer Flucht auf Korbel Station gemacht und ihren Hund dort gelassen. Raoul stellt fest, dass das Tier gerne auf einem Pferd reiten möchte. Also richtet er es ein, dass Fanny es schließlich duldet, von "Struggi" geritten zu werden. Bei den Zwillingen war Raoul sehr beliebt. Wir dürfen uns Bilder vorstellen, wie sie sich von ihm fangen und dann auf eines der Pferde setzen lassen. Gegenüber Raoul herrscht in der gesamten Familie ein absolutes Vertrauensverhältnis. Matthias kommt auf menschlicher und Arbeitsebene bestens mit Raoul zurecht. Als im Herbst 1944 Überlegungen die Runde machen, ihn, wie alle Kriegsgefangenen, über den Rhein zu verbringen, überlegt Matthias, wo er Raoul verstecken könnte. Als sich alle Bewohner Ende 1944/Anfang 1945 wochenlang im Keller aufhalten müssen, bringt Raoul der knapp siebenjährigen Erika im Bombenhagel das Stricken bei.

4. Bronka, Polin, verheiratet, ca. 30, keine Kinder. Von den Quint-Mädchen ist ihr die kleine Erika besonders ans Herz gewachsen. Sie hat – c'est la vie - ein Verhältnis mit Jean, einem Franzosen, der in der Nachbarschaft arbeitet. Ca. 1944 bekommt sie eine Tochter und gibt ihr - kaum zu glauben, aber wahr - einen 'deutschen' Namen. Für Aenne ist die Sache ein Skandal. Frauen, die ihre Männer betrügen, sind für sie "Kerle".[83]

Als Bronka Ende 1944 mit Erika im Weinberg arbeitet, nimmt ein amerikanischer Tiefflieger die beiden unter Beschuss. Bronka wirft sich schützend über das Mädchen, dessen Namen mittlerweile auch ihre eigene Tochter trägt.

5. Malwina, Ukrainerin, sehr jung, vielleicht erst 16, über sie ist wenig bekannt, wahrscheinlich kam sie relativ spät, ca. 1943. Sie hat sehr lange blonde Zöpfe und singt abends langsam-traurige ukrainische Lieder mit einer bemerkenswert schönen Stimme.

6. Talka, 16, Polin aus Opatowek bei Kalisch. War mutmaßlich seit ca. 1942/43 auf Korbel. Für die Wahrung der Unschuld der beiden jungen, hübschen Mädchen fühlt sich Aenne persönlich verantwortlich. In diesen bewegten Zeiten, mit zahllosen potentiellen Gefahren, die von einheimischen (eher weniger, weil wenige) und fremden (eher mehr, weil

---

[83] Sh. im Glossar

wesentlich zahlreicher) Männern ausgehen, dazu hin und wieder Truppenbewegungen, … keine leichte Aufgabe, Aenne wird sie meistern.

Ich glaube sagen zu dürfen, dass alle zwangsweise auf Korbel beschäftigten Menschen den Umständen entsprechend anständig behandelt wurden. Keiner von ihnen hatte es sich ausgesucht, bei einer deutschen Bauernfamilie zu arbeiten. Umgekehrt hätten meine Großeltern es sicherlich bevorzugt, mit ihren angestammten Arbeitskräften aus dem Dorf zu arbeiten. Es war eine Zwangsgemeinschaft auf Gegenseitigkeit, die irgendwie das Beste aus einer ausgesprochen unangenehmen Sache machen musste. Die NS-Gesetzgebung machte dabei den lebensfremden Versuch, die Beziehungen innerhalb einer solchen Zwangsgemeinschaft auf das reine Arbeitsverhältnis zu begrenzen. Ich kann mir nicht vorstellen, dass dies in der Mehrheit der Fälle funktioniert hat, auf Korbel wurde es von Beginn an willentlich unterlaufen.

Bereits 1939, einsetzend mit Jan (Eduard war eingezogen), gab Matthias die Parole aus: "Wer mit mir arbeitet, isst auch mit mir." Das galt auf jeden Fall für die Kriegsgefangenen, möglicherweise auch für die Fremdarbeiterinnen. Ein solches Verhalten war bei Strafe verboten. Da Aenne es mit Rücksicht auf die ganze Familie nicht übertreiben wollte, mussten Raoul et al. den Tisch räumen, wenn es zur Essenszeit an der Tür klopfte.

Mir ist nicht bekannt, dass es von einer der bei den Quints unfreiwillig arbeitenden Personen während oder nach dem Krieg Klagen über schlechte Behandlung gegeben hätte, eher im Gegenteil. Auf Korbel hat man diese Menschen in guter Erinnerung behalten. Kinder konnte man nicht mehr nach ihnen benennen, aber es gab ja noch Haustiere. Also hießen irgendwann mal 3 der 4 Kühe Bronka, Malwina und Talka.

Zu Talka (Fibiger?) haben meine Großeltern relativ rasch wieder Kontakt aufgenommen und sie mindesten zweimal in ihrer polnischen Heimat besucht, auch Rosa hat das gemacht. Umgekehrt war Talka noch viele Male in Wintrich. Ich habe sie nie kennengelernt, dafür aber ihren Sohn Andrej, der noch solange kam, wie meine Großmutter lebte.

Auch zu Bronka gab es nach dem Krieg noch Kontakt. Sie hatte ihren Jean geheiratet und war mit ihm in dessen lothringische Heimat gezogen.

Meine Großeltern haben die beiden noch einige Male aufgesucht, es war ja nicht weit. Es soll sehr ärmlich gewesen, die Einrichtung muss ganz primitiv gewesen sein. Auch sonst hat die Gegend auf meine Großmutter den denkbar ungünstigsten Eindruck gemacht und ihre ohnehin vorhandenen anti-gallischen Vorurteile so kräftig befeuert ("dreckig! unordentlich!"), dass ich sie auch Jahrzehnte später noch deutlich wahrnehmen konnte.

Bei Malwina war es anders, die Entfernung war wohl einfach zu groß.

Abends spät, wenn in dem großen Haus auf Korbel Ruhe eingekehrt ist und die Kinder eigentlich längst im Bett zu sein haben, schleichen sich die Zwillinge die zwei Treppenabsätze nach oben zum Speicher. Auf den letzten Stufen verharren sie dann und lauschen den traurig langsamen und fremden slawischen Liedern der drei Mädchen aus Polen und der Ukraine. Die Melodien und die sie tragenden Stimmen sind von unwirklicher Schönheit ….

Irgendwann Ende der Sechzigerjahre trifft Walter den Entschluss, sich auf die Suche nach Raoul zu machen. Er weiß nur den Vornamen und dass Raoul aus der Dordogne stammt, aus einem Ort mit -ac am Ende.

Walter wählt die klassische Männermethode: losfahren, der Rest wird sich finden!

Schließlich ist er schon 10 Jahre zuvor mit Cousin Heinz im Mercedes 180 quer durch Persien und Afghanistan nach Faisalabad gefahren, ohne echten Plan.

Walter fährt also los und fragt sich durch, bis er vor dem Häuschen von Raoul steht. Es ist ein wirklich kleines Haus, mit einer Bank davor und darauf sitzt auf einen Stock gestützt ein Mann, der alt und hinfällig aussieht. Der Mann erkennt meinen Patenonkel zunächst nicht, er blinzelt ihn angestrengt hinter buschigen Augenbrauen an. Der Besucher bleibt stehen, schließlich sagt er: "Raoul, erkennst du mich denn nicht?". Da sagt Raoul langsam und etwas brüchig: "Wal-täär", und augenblicklich rinnen ihm Tränen die Wangen herunter.

Fast 25 Jahre später hat meine Tante Erika die gleiche Idee. Walter hatte, typisch, von seinem Erlebnis kein großes Aufheben gemacht, also stand auch sie vor der erwähnten, etwas dürftigen Ausgangslage. Sie wählt eine deutlich weiblichere Variante des möglichen Vorgehens, wobei es der Absolventin eines französischen Gymnasiums nicht sonderlich schwerfällt, sich schriftlich an die zuständige Préfecture zu wenden. Es vergehen einige Wochen, dann kommt die sehr höflich verfasste Antwort, man habe das Anliegen an die zuständige Gliederung der 'Anciens Combattants' geleitet, von dort erginge weiterer Bescheid. Tatsächlich trifft kurz darauf besagtes Schreiben ein. Herr Raoul … sei bereits lange verstorben, aber seine Schwester (Name und Adresse anbei) sei gerne bereit, die Herrschaften aus Deutschland zu empfangen.

Mme. Durand, Raouls Schwester, und ihr Mann, wohnhaft in Tourtoirac in der Dordogne, bereiten Erika, ihrem Mann Herbert und der mitgereisten Hildegard einen geradezu fürstlichen Empfang. Eine Flasche Champagner wird geöffnet, ein üppiges Essen aufgefahren. Erika erfährt, dass Raoul in der gleichfalls landwirtschaftlichen Familie das 'Dummerchen' gewesen sei und ihm deshalb zeitlebens die Rolle des Schäfers zugekommen sei. Schlagartig wird ihr die Sache mit dem Stricken klar. Die Schäfer der Familie hätten ein eigenes, sehr kleines Haus bewohnt, vor dem eine Generation vorher Walter gestanden hatte. Während des Krieges habe Raoul Briefe an die Eltern geschrieben, die leider nicht mehr erhalten seien. Er habe sich insgesamt eindeutig positiv über seine Zeit bei Familie Quint geäußert, weshalb es ihr eine Ehre sei, Mitglieder der Familie zu empfangen. Besonders beeindruckt hätte ihren Bruder die Modernität der Landwirtschaft in Deutschland.

Das Rheinland ist seit jeher Grenzregion zwischen Deutschland und Frankreich und als solches war es von Beginn an von den zahllosen kriegerischen Konflikten der beiden Nachbarvölker in besonderer Weise betroffen. Sei es als Aufmarschgebiet, Schlachtfeld oder Besatzungszone. Wir haben es bereits gehört. Im Zweiten Weltkrieg sah die Moselregion anfangs einen defensiven Aufmarsch an der Grenze, dann war es Aufmarschgebiet für den Frankreich-Feldzug der Wehrmacht, anschließend sah es den Rückmarsch und dann wurde es für ein paar Jahre verhältnismäßig ruhig. Ab Mitte 1944 kehrte der Krieg zurück, um sich bis Ende März 1945 in furchtbarer Weise zu steigern, die Moselregion wird zunächst Kriegsgebiet und 1945 auch unmittelbare Kampfzone mit allen Konsequenzen. Mittendrin im Bombenhagel und Artilleriebeschuss und viel zu häufig direktes Ziel von Tieffliegerangriffen: die Zivilbevölkerung, sprich: Frauen, Kinder und Alte.

Die beiden Moselbrücken in Piesport sind wiederholt Ziel amerikanischer Bombenangriffe. Viele Bomben gehen fehl und landen auf der Wintricher Seite des Höhenrückens in der Mosel, vielleicht 200 Meter vom Quint-Hof entfernt.[84] Die Wucht der Detonationen ist atemberaubend, zitternd vor Todesangst sitzen die Bewohner in ihren Kellern. Großmutter Susanna betet mit den Kindern. Quer durch das Haus verläuft seitdem ein Riss, den man im Keller noch sehen kann.

Spätestens, als im Februar/März die Mittelmosel Frontgebiet wird, sehen Walter und seine jüngeren Geschwister Dinge, die Kinderaugen eigentlich niemals sehen dürften. Der knapp 15-jährige Junge muss mit dem Leiterwagen Verwundete transportieren. Das sind notdürftig verbundene Männer, denen oft Gliedmaße abgeschossen wurden und die unmittelbar hinter ihm unter furchtbaren Wehklagen verbluten.

Der Krieg, dieses Hölleninferno, öffnet sich in vielfältiger Form, besonders schlimm sind die Tiefflieger. Sie machen Jagd auf buchstäblich alles, was sich bewegt, egal, ob Militär oder Zivilist. Einen Zwischenfall im Weinberg hatte ich bereits geschildert. Ein weiterer ereignete sich etwa 3 km moselaufwärts von Korbel am Minheimer Fährkopf. Dort hatte die Moselbahn ein Nebengleis zur Versorgung des auf der anderen Moselseite gelegenen Dorfes eingerichtet. Auf ihm stand gegen Kriegsende ein Waggon mit Kohlen. Auf dem Rückweg von Niederemmel passieren Rosa und ihr Neffe Walter gerade die Haltestation, als sie einen Tiefflieger bemerken, der von hinten anfliegt. Glücklicherweise sind sie gerade auf Höhe des Waggons, so dass sie unter ihm Schutz suchen können. Keine Sekunde zu früh, denn der Flieger lässt eine lange, krachende Garbe in sein Ziel gehen. Einem Tieffliegerangriff sind unbewaffnete Zivilisten vollkommen hilflos ausgesetzt, die einzige Chance ist eine gute Deckung. Der Flieger dreht um, er wird erneut angreifen. In seiner Verzweiflung zieht Walter ein weißes Taschentuch aus seiner Hosentasche und streckt es an der linken Hand unter dem Waggon hervor. Der Pilot eröffnet dennoch das Feuer, wieder spuckt die lebensgefährliche Ladung rings um die

---

[84] Die Mosel macht hier eine ihrer engsten Schleifen, nur ein sehr schmaler Höhenrücken trennt die beiden Dörfer Piesport und Wintrich.

beiden in die Kohlen und in das Gleisbett. Walter hat sein Taschentuch fallen gelassen. Rosa entscheidet, die exponierte Stelle zu verlassen und in dem an das Gleisbett angrenzenden Wald Schutz zu suchen. Tante und Neffe kriechen unter dem Waggon hervor und hasten in den Wald. Der Flieger kehrt nicht ein drittes Mal zurück. Das Bild des im Wind flatternden sauberen, weißen Taschentuchs, welches Walter auf dem Gleisbett zurückgelassen hat, wird Rosa den Rest ihres Lebens verfolgen.

Auch lange nach Einstellung der Kampfhandlungen forderte der Krieg noch Opfer, gerade unter Kindern. Überall lagen Waffen und scharfe Munition herum, beides übte gerade auf kleine Jungen eine große und nicht selten tödliche Faszination aus. Allein zwei Wintricher Jungen sterben auf diese Weise.

Das Kriegserlebnis hat in der Psyche der Generation meiner Eltern tiefe Narben hinterlassen, die seltsamerweise wissenschaftlich erst seit kurzer Zeit untersucht bzw. überhaupt thematisiert werden.

Die Steinigung des Stephanus - Mahnmal in Wintrich

Insgesamt zahlen 96 Wintricher, darunter 93 Soldaten, den ultimativen Preis für die verbrecherische Politik ihrer Regierung. Das sind mehr als doppelt so viele wie im Ersten Weltkrieg. Mehr als jeder dritte Mann im wehrfähigen Alter, die zahlreichen Verwundeten sind da noch nicht berücksichtigt. Einzelne Jahrgänge (1922-26) werden nahezu komplett ausgelöscht. Wintrich war einer der wenigen Orte, der seinen Gefallenen nach dem Ersten Weltkrieg kein Denkmal errichtete. Dies wurde erst in den Neunzigerjahren nachgeholt, u.a. auf maßgebliches Betreiben von Rosa. Ein Südtiroler Bildhauer schuf ein sehr ungewöhnliches und eindringliches Mahnmal. Es zeigt die Steinigung des Hl. Stephanus, des ersten Märtyrers des Christentums und Namenspatrons der Pfarrkirche. Im Mittelpunkt steht das Opfer, gezeigt werden aber auch die Täter und schließlich die verschiedenen Grade von Schuld/Unschuld auf Seiten der 'bystander': Mitwirkung, Ablehnung, Teilnahmslosigkeit. Der Besucher wird einbezogen, vor ihm am Boden steht ein Korb mit Steinen. Das Mahnmal ist allen Wintricher Opfern von Krieg und Gewalt des 20. Jhdts. gewidmet.

Der Wille, dass sich dergleichen in Europa niemals wiederholen dürfe, war nach dem Krieg in der Generation meines Großvaters sowie der Folgegeneration sehr stark. Er fand seine Entsprechung auf der Luxemburger und französischen Seite der Grenze. Eduard förderte diese Gedanken aktiv. Auch hier kamen ihm seine Sprachkenntnisse sehr gelegen. Er nahm an europäischen Begegnungsveranstaltungen teil. Bei einer solchen, im saarländischen Otzenhausen, lernt er den Winzer Hubert Sinson kennen, es wird sich eine generationenübergreifende Familienfreundschaft entwickeln, von der auch ich sehr profitiert habe.

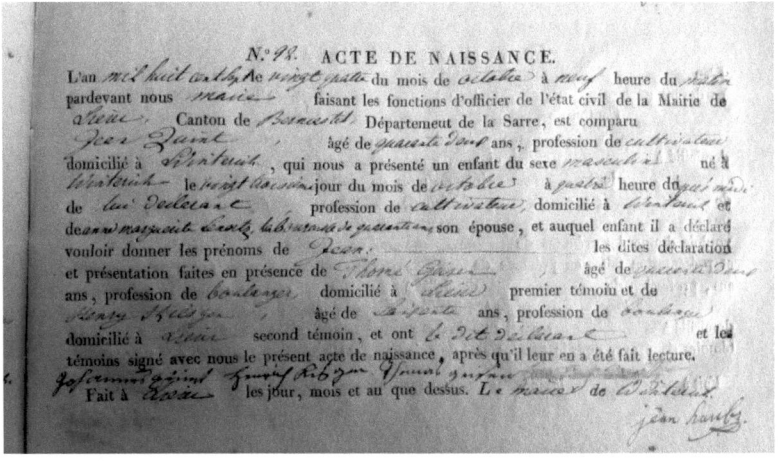

Geburtsurkunde des Johann (Jean) Quint, Sohn des ‚cultivateur' Jakob (Jaques) Quint von 1807

Andre, die das Land so sehr nicht liebten
War'n von Anfang an gewillt zu geh'n
Ihnen – manche sind schon fort – ist besser
Ich doch müsste mit dem eig'nen Messer
Meine Wurzeln aus der Erde dreh'n!

Keine Nacht hab' ich seither geschlafen
Und es ist mir mehr als weh zumut –
Viele Wochen sind seither verstrichen
Alle Kraft ist längst aus mir gewichen
Und ich fühl', dass ich daran verblut'!

Und doch müsst ich mich von hinnen heben –
Sei's auch nur zu bleiben, was ich war
Nimmer kann ich, wo ich bin, gedeihen
Draußen braucht ich wahrlich nicht zu schreien
Denn mein leises Wort war immer wahr!

Theodor Kramer

Mia wóan datt nét! - Juden in Wintrich

Im Jahre 2001 habe ich Rahmen des "Deutschen Theaterfestivals" in Prag eine Aufführung von Pavel Fieber besucht, der damalige Intendant des Staatstheaters Mannheim sang jiddische Lieder. Die Aufführung hatte mich in mehrfacher Hinsicht tief beeindruckt und so beschloss ich, den Künstler nach der Präsentation aufzusuchen: "Herr Fieber, ich hatte noch nie intensivere Berührung mit dem Jiddischen. Ich stamme von der Mosel. Wie kommt es, dass mich diese Sprache so sehr an meinen Heimatdialekt erinnert?" Fieber antwortete ganz direkt: "Das ist doch kein Wunder. Die ältesten jüdischen Gemeinden Deutschlands waren Trier, Köln und Worms. Die dort gesprochene Mundart bildet bis heute die Grundlage des (West-)Jiddischen."[85]

In die drei genannten Städte sind Juden bereits während der Existenz des Römischen Reiches auf deutschem Boden eingewandert. Im 19./20. Jahrhundert befanden sich die größten jüdischen Gemeinden in Städten wie Berlin, Hamburg, Frankfurt, München oder Breslau, also außerhalb des ehem. Römischen Imperiums. Auf dem platten Land aber konnte man 1933 anhand der Dichte jüdischer Bevölkerung die uralte Limes-Grenze immer noch relativ scharf nachvollziehen. In den Dörfern und Landstädtchen der Mosel und am Rhein, in der Pfalz und südlich des Mains gehörte ein kleiner Anteil Juden fast immer dazu, während es außerhalb dieser Gebiete ganze Landstriche gab, wo nicht ein einziger Jude siedelte. 1723 lebten im Kurfürstentum Trier 163 Juden, und das war noch eine vergleichsweise hohe Zahl.[86]

In einem typischen Moseldorf wohnten 2-4 jüdische Familien, in manchen Orten (Beilstein!) deutlich mehr. Um 1912 lebten in Wintrich ca. 11 'Israeliten', 1933 waren es genau 10, zwei Familien, eine alleinstehende

---

[85] Pavel Fieber hat mir übrigens nicht nur eine CD mit seinen Liedern, sondern sogar alle seine Texte, die er an diesem Abend gesungen hatte, geschenkt. Ich verwahre sie als besonderen Schatz. Zum Verständnis des Jiddischen ist Moselfränkisch tatsächlich mehr als nur die halbe Miete.

[86] Das war eine Obergrenze. Gemeint waren aber Haushaltsvorsteher. Die tatsächliche Zahl war also um ein Vielfaches höher. Wer hier platten Antisemitismus vermutet: die entsprechende Zahl für Protestanten belief sich auf: 0. Ich verdanke diesen Hinweis Herrn Prof. Schaaf

ältere Frau und ein älterer Witwer. Man kann sich das Zusammenleben der Mehrheit mit dieser kleinen Minderheit in Wintrich etwa so vorstellen: es gab kein Ghetto oder auch nur eine Konzentration jüdischer Siedlung auf einen bestimmten Bereich im Dorf. Die Juden lebten, wo es ihre wirtschaftlichen Verhältnisse zuließen, generell inmitten der sonstigen Dorfbevölkerung. Ihre Häuser wurden "Judenhäuser" genannt. Das sagt eigentlich viel. Es war ein jahrhundertelanges, mehr oder weniger friedliches Neben-, teilweise sogar Miteinander. In dem Sinne, dass die örtliche jüdische Gemeinde gelegentlich bzw. zumindest am Rande an christlichen Festen teilnahm.

Nichts demonstriert dieses spezifische Nebeneinander besser als die Lage der jüdischen Friedhöfe: stets deutlich außerhalb der Dörfer.

Ein echtes Miteinander hätte es nur geben können, wenn die Juden zur Assimilation bereit gewesen wären, sprich, sie hätten sich taufen lassen und den Glauben der Väter aufgeben müssen. In den Städten Deutschlands gab es dafür zahlreiche Beispiele (Vater von Karl Marx!), auf dem Land waren diese Beispiele seltener, aber es gab sie, nachweislich auch in Wintrich.

Generell herrschten in der Landbevölkerung die üblichen, dumpfen Vorurteile gegen die Juden. Aus einer Reihe von Gründen waren den einfachen Menschen die Juden unterschwellig suspekt. Da die berufliche Tätigkeit der Juden auf Handel und Geldgeschäfte beschränkt war, hatten sie in einer ganz vorwiegend auf bäuerliche bzw. handwerkliche Tätigkeit ausgerichteten Gesellschaft von vornherein einen schweren Stand. Wer in einer solchen Gesellschaft abends nicht dreckig und nach Schweiß riechend nach Hause kam, der war - wenn nicht gleich ein 'fauler Strick' - so doch jemand, der sein Geld auf unehrliche Weise verdiente. Beamte galten (und gelten!) in einer solchen Gesellschaft übrigens per se als 'Faulenzer'.

Dass Juden im dörflichen Kreditgeschäft und auch im wichtigen Viehhandel dominierten, brachte sie nicht selten in Konflikt mit christlichen Kunden, sei es nun berechtigterweise oder auch nicht. Nichtjüdische Dorfbewohner konnten weiterhin feststellen, dass die Juden (aus uns heutigen Zeitgenossen leicht nachvollziehbaren Gründen) untereinander auch in Streitsachen fest zusammenhielten, ihre Solidarität untereinander hob sich deutlich von der üblichen ab. Das war den Leuten auch nicht recht. Aufgrund anderer Essgewohnheiten rochen sie mitunter nach Knoblauch oder anderen, als fremd wahrgenommenen Gerüchen. Hinzu kam schließlich der jahrhundertealte religiöse Antisemitismus. Alles zusammen ergab dies eine Stimmung, die über die längste Zeit eine eher ablehnende gewesen sein muss. Immerhin kann für das Wintrich der hier beschriebenen Zeit festgehalten werden, dass die im Dorf lebenden Juden weitgehend in das alltägliche Leben integriert waren, das galt insbesondere für die junge Generation.

Ob man nun in einem 'Judenhaus' verkehrte, lag wesentlich in der eigenen Einstellung zu den Juden im Allgemeinen begründet. Insbesondere nach 1933 dürften zusätzlich politische Gründe eine wesentliche Rolle gespielt haben, wie sich überhaupt nach der Machtergreifung der Nationalsozialisten das Leben auch für die in Wintrich lebenden Juden grundlegend ändern sollte. Die Frau und die Kinder des SS-Mannes Eduard Quint hätten jedenfalls nicht in ein 'Judenhaus' gehen und gleich gar nichts dort kaufen dürfen, da bin ich mir ziemlich sicher. Umgekehrt gab es kaum Gründe für die wenigen in Wintrich lebenden Juden, in anderen Häusern zu verkehren. Intensive Freundschaft zwischen Juden und Nichtjuden dürfte selten gewesen sein, dafür waren gesellschaftliche und religiöse Barrieren einfach zu hoch. Man lebte, wie gesagt, nebeneinander her.

Die nachfolgenden Informationen zu den Wintricher jüdischen Mitbürgern der 30er Jahre stammen von Herrn Paul Jüngling, Wintrich. Dem unermüdlichen Ortschronisten gebührt das große Verdienst, das Schicksal dieser Menschen in mühevoller Kleinarbeit weitgehend aufgeklärt und so ihrem Andenken einen angemessenen Rahmen gegeben zu haben.

"Wintrich hatte eine sehr kleine jüdische Gemeinde, die zu der Synagogengemeinde Brauneberg gehörte.

Im Unterdorf betrieb die Jettchen Cullmann einen kleinen Kolonialwaren-handel. […]

Jettchen Cullmann[-Beermann] war geboren 16.12. 1873 und ist verstorben am 14.9.1935.

Ihre Grabstelle liegt auf dem Brauneberger Judenfriedhof "Auf Plän".

In dem kleinen Häuschen zwischen dem Haus [...] wohnte der Hermann Maier (Vater v. Moses) mit seinen Töchtern Emma [geb. 10.03.1885] +Berta [geb. 1888]. Hermann Maier (Herrmännchen) wird in den Annalen als Handelsmann und Schächter angegeben."

Hermann Maier verstarb am 14.9.1933, seine Grabstelle befindet sich auf dem Wintricher Judenfriedhof "Judenbaija".

Lion Wendel, genannt Isak, geboren am 29.10.1868 in Wintrich.

[...]

Gelebt hat Isak von Aufträgen der jüdischen Viehhändler ['Smuls' aus Niederemmel]. Das von den Händlern gehandelte Vieh holte er bei den Bauern auf den Dörfern ab und trieb es dann zum Metzger oder zum Käufer und auf die Märkte.

Dafür bekam er dann vom Händler ein Handgeld und vom Metzger noch eine Portion [...]

Laut Bundesarchiv war die letzte Adresse: Rheydt, Horst-Wesselstr. 80. Weiter heißt es dort " ... am 26.07. 1942 über Aachen-Duisburg nach Theresienstadt deportiert, von dort nach Minsk, verschollen".

M O S E S S E N, Familie Moses Maier

"Moses Maier, geb. 9.12.1878 in Dusemond (Brauneberg), ...

Zuletzt wohnte die Familie auf der Linde [Dorfplatz von Wintrich]. Heute befindet sich in dem Hause die Raiffeisenbank.

Kinder aus der Ehe waren: Erna, geb. 1910; heiratet 1930 nach Königswinter, von wo sie nach USA geht.

Sally, geb. 1913; abgemeldet in Mülheim am 19.10.1937 nach USA.

Moses betrieb einen Kälberhandel. Als die Alte Schule noch stand haben wir Kinder uns in die "Sou" (Traufe) gestellt und in die Scheune gerufen: "Moses Maier, legt die Eier, in die Judenscheier"; oder, "Jiddchen hast Du nix se handelen".

Bertha Maier betrieb einen Laden mit Kurz- Weiß-und Wollwaren und auch mit Schuhen. Es war der einzige Laden, in dem man Fastnachtsartikel kaufen konnte. Der Sally hatte einen ambulanten Tuchhandel.

[...]

Mosessen beteiligten sich allgemein am Dorfleben. Wie man aus den Bildern ersehen kann, waren die Kinder nicht ausgegrenzt. Der Sally hatte aber in der Schule einige Püffe zu ertragen gehabt.

Bertha und Moses Maier sind am 5. 12. 1938 nach Trier verzogen. Zunächst wohnte man in der Jüdemerstraße 7, wo die Frau Maier am 24. 6. 1940 an Zuckerkrankheit verstorben ist.

Moses Maier wohnte später in der Saarstraße 47. Er war anscheinend bei öffentlichen Arbeiten für die Stadt Trier eingesetzt.

Moses Maier wurde am 1.3.1943 von Trier nach unbekannt deportiert."[87]

Zu dem oben erwähnten Sohn des Moses, Sally, dem einzigen Wintricher Schulknaben jüdischen Glaubens, berichtete die fast gleichaltrige Rosa (und auch Jüngling), dass dieser jedes Jahr zur Osterzeit, wenn im Religionsunterricht die Leidensgeschichte Christi durchgenommen wurde, einiges zu erleiden hatte. Dann musste der arme Sally, sozusagen stellvertretend für alle Söhne Israels, jedes Mal Klassenkeile einstecken. Man hat ihn verdroschen mit dem Hinweis: "Dia Juden hôt dê Harrgott unt Kre-iez g'schlon"

("Ihr Juden habt den Herrgott ans Kreuz geschlagen"). Der Sally hat dann immer geweint. Einmal hat er sich verteidigt und gerufen: "Mia wôan datt nêt, datt wôan die Dusemda!" ("Wir waren das nicht, das waren die Dusemonder!". Dusemond, nach 1925 Brauneberg, Nachbarort von Wintrich mit großer jüdischer Gemeinde).

[87] zitiert aus: Jüngling, Paul: Wintricher Blätter, Sonderausgabe: Das Dritte Reich auf einem Moseldorf. S. 153 ff.

Berta Maier (oben rechts) mit

Freundinnen, ca. 1928

Der alte Isaak

Kristallnacht - Nachbarn als Freiwild

Was wir von den Pogromereignissen des 9. Novembers 1938 in den Städten Deutschlands wissen, spielte sich auf den Dörfern der Mosel erst einen Tag später ab. In Wintrich begann es zunächst relativ verhalten.

Wintrich, Auf der Linde, 10.11.1938, ca. 08:30 Uhr

Auf dem Dorfplatz hält ein Opel Olympia. Ein ortsfremder Mann steigt aus. Mit einem Knüppel in der Hand geht er die wenigen Meter zu 'Mosessen-Haus' hinüber und schlägt die links neben der Eingangstür befindliche Schaufensterscheibe ein. Anschließend geht er zurück zu seinem Fahrzeug und fährt davon.

Der 'spontane Volkszorn' wird sich erst einige Stunden später entladen. Am frühen Nachmittag wird die Wintricher SA alarmiert. Sie tritt auf dem Dorfplatz an. Einer der Anführer stellt sich auf eine Holzkiste und hält eine Brandrede über die Untaten der Juden, ihr Blutsaugertum, dass sich das geknechtete Volk jetzt endlich zur Wehr setze usw. Inzwischen ist ein Trupp Männer in Arbeitskleidung eingetroffen, der Äxte, Pickel und Kreuzhacken mit sich führt. Es handelt sich um (junge) Männer aus Wintrich und von außerhalb. Irgendwann sperren die SA-Männer die Straßen um das 'Judenhaus' der Mosessen ab. Zutritt haben nur die erwähnten Männer in Arbeitskleidung.

Die damals 8-jährige Hildegard befindet sich zufällig bei Verwandten (Fam. Kiemes, aus der die Mutter von Matthias stammt) in der Staadgaß,[88] das Haus liegt genau gegenüber dem Haus der Familie Maier. Als das eigentlich Pogrom beginnt, werden die Hausbewohner, darunter viele Kinder, durch den Lärm aufmerksam. Viele traditionelle Bauernhäuser hatten damals zweigeteilte Türen (ein Kennzeichen fränkischer Bauart, in Frankreich noch länger populär als bei uns), die untere Hälfte blieb zu und oben konnte man öffnen. Hildegard ist noch zu klein, um ohne weiteres

---

[88] Staadgaaß, von Gestade. Die Straße führt gerade zur Mosel herunter und heißt heute Moselstr.

über den Türrand schauen zu können. Sie stellt sich auf den unteren Schließhaken. Ihr bietet sich folgendes Szenario:[89]

Die Haustür war bereits aufgebrochen, im und vor dem Haus Männer, die ständig irgendetwas brüllen. Man kann hören, wie jemand "mit der Kreuzhacke Klavier spielt". Die oberen Scheiben gehen zu Bruch, nach und nach fliegen wahllos Teile des Hausrats nach unten. Man kann hören, wie im Haus alles kurz und klein geschlagen wird, dazu dieses ständige Brüllen und Fluchen. Jemand schmeißt die Nähmaschine der Frau Maier die Treppe hinunter, anschließend landet sie mit lautem Krach vor dem Haus, wo sich Kurz- und Stoffwaren aus dem Geschäft und darüber Eingemachtes aus zerbrochenen Gläsern türmen.

Beim einzigen anderen Juden Wintrichs, dem alten Isaak, wird nicht randaliert. Erstens wohnt er bei Nicht-Juden zur Miete und außerdem hätte man bei dem bettelarmen Mann auch kaum etwas zerstören können. Das heißt nicht, dass man den Isaak verschont hätte.

In einer Schubkarre verbringt man ihn unter Hohnrufen zur Stätte der Barbarei.

Den Schulkindern bietet sich auch am folgenden Tag der furchtbare Anblick von Vandalismus und Verwüstung. Vor dem Mosessen-Haus steht quer mit Kreide über die Straße geschrieben: "Armer Moses hier auf Erden, im Himmel kannst Du Schaffner werden".

"Die Parteigänger haben den Haufen Kinder zusammengerufen und mit ihnen im Chor geübt: "Hängt den Moses - auf!", wobei die Kinder beim 'Auf' immer die Hände hochrecken mussten."

Das Martyrium war aber für das Ehepaar Maier am 10.11. nicht beendet. Der Nachbar, er war der Straßenwärter, hatte "für die üblichen Lieferungen an die Gemeindewege, einen

Haufen Kies im Hof liegen. In der Dunkelheit des 11. November haben mehrere junge Burschen [… alle verbliebenen] Fensterscheiben eingeworfen. Der gesamte Kies lag anderntags in der Wohnung Maier." [90]

---

[89] Die folgenden Szenen sind zusammengesetzt aus dem, was eine (junge) Augenzeugin sah und was Paul Jüngling a.a.O. aufgeschrieben hat. Widersprüche gibt es zum genauen Zeitpunkt. Jüngling schreibt Abendstunden, meine Tante hätte am Abend allerdings zu Hause sein müssen.

Betrachtung:

Die Täter waren eine kleine Minderheit. Es gab aber viele, viel zu viele, die offen oder stillschweigend das grausige Geschehen entweder aktiv unterstützten oder doch billigend in Kauf nahmen. Moses Maier betrieb neben seinem Kälberhandel noch eine Art 'Küchentisch-Bank'. Nicht wenige Wintricher standen bei ihm in der Kreide, teilweise soll es sich um recht beachtliche Beträge gehandelt haben, die waren jetzt mit einem Schlag ihre Schulden los. Dann gab es, wie überall in Deutschland an diesem Tag, eine große Gruppe, die die auf offener Straße vollzogenen Ausschreitungen gegen die Juden als das sahen, was sie einzig waren: Verbrechen an einer Gruppe Wehrloser. Offener Protest erschien den allermeisten jedoch (aus nachvollziehbaren Gründen) zu riskant. Schließlich gab es, glücklicherweise auch in Wintrich, eine, wenn auch sehr kleine Gruppe Aufrechter, die ihre Missbilligung durch Wort oder schlichte Tat öffentlich zum Ausdruck brachten.

Sobald Bertha und Moses Maier sich der drohenden Gefahr bewusstwurden, flüchteten beide aus dem Fenster zu den Nachbarn Bachen (Hausname für einen Kilburg-Zweig). Moses Maier fuhr mit der Moselbahn bis Trier und wieder retour und kehrte erst bei Dunkelheit zu seiner Frau zurück. "Die Kobis Memme (Helene Jakobi-Köhnen) und die Felten Soos (Susanna Felten-Pauly) hatten sich um die Frau Maier gekümmert." Die Nachbarschaftssolidarität hatte hier der jahrelangen ideologischen Anfeindung getrotzt. Die Nachbarn haben auch die Sachen der Familie eingesammelt und verwahrt. Sie haben dem Ehepaar Unterschlupf gewährt, als ihr Heim unbewohnbar war. Für diese an sich selbstverständlichen Akte der Nachbarschaftshilfe wurden sie gerügt.

Persönlich glaube ich, dass die Pogromhandlungen auf den kleinen Dörfern letztlich noch viel schlimmer waren, als die Aktionen in den größeren Städten, für beide Seiten. Dort gab es eine gewisse Anonymität, die in einer Dorfgemeinschaft vollkommen fehlt. Hier kennt jeder jeden und zwar sehr, sehr gut. Die Täter gehen gegen Menschen vor, die mit ihnen ihr Leben lang friedlich und arglos zusammengelebt haben. Jedermann weiß, wie die Taten zu bewerten sind, auch die Täter wissen

---

[90] die detaillierten Schilderungen der Ereignisse in Wintrich am Nachmittgag/Abend des 10.11.38 verdanke ich Paul Jüngling, a.a.O., S. 170-173

das. Sie können sich nicht verstecken, jeder weiß fortan Bescheid. Die Geschehnisse von Wintrich sind deshalb so besonders verstörend, weil sie sich in einer scheinbaren ländlichen Idylle abspielen, in der christliche Werte an sich noch eine große Rolle spielen und wo man sich kennt, wo man jahrhundertelang auf engstem Raum zusammengelebt hat. Nicht zuletzt: wo soziale Kontrolle noch funktioniert und wo eindeutige Regelverstöße eigentlich nicht geduldet werden.

Möglicherweise hat die fehlende Anonymität verhindert, dass es auch zu Tätlichkeiten gekommen wäre. Andererseits manifestiert sich die pervertierte Version von 'Anstand' kaum besser als durch die Tatsache, dass HJ in Uniform darüber wachte, dass es zu keinen Diebstählen kam. Die Schuldscheine wurden freilich sorgfältig vernichtet.

Über den Handlungen des 10.11.1938 liegt in den Dörfern auch heute noch die Aura von Scham und Tabu. Paul Jüngling verurteilt die Taten im Allgemeinen zwar mit der gebotenen Deutlichkeit. Er lässt buchstäblich nichts aus und schildert detailliert, wer was gemacht hat an jenem Tag. Es dürfte nicht viele Ortschronisten in Deutschland geben, die das so fertiggebracht haben. Jeder im Dorf weiß es, es gehört zum kollektiven Gedächtnis. Und dennoch nennt Jüngling auch über 60 Jahre nach den Geschehnissen keine Namen. Jeder im Dorf kennt sie. Im Dorf.

Und das ist genau der Punkt. Es ist unverkennbar, das wäre mein einziger Vorwurf und im Grunde genommen ist es nur ein leichter: man merkt dem Paul in jeder Zeile an, wie es ihm wehtut, wie er wenigstens ein bisschen 'Dorfehre' retten will, wo es doch nichts zu retten gibt. Aber er lebt ja nun mal sein ganzes bisheriges Leben in diesem Dorf und hier wird er es absehbar auch beenden. Der gütige Gott gebe dem 90-jährigen noch ein paar Jahre in Gesundheit und Zufriedenheit und er verschone uns Nachgeborene, einmal in eine ähnliche Situation zu geraten.

❖

Wintrich, auf der Kippe, 12.11.1938

Früher befand sich die Müllkippe (für die wenigen Dinge, die damals weggeschmissen wurden) etwa 300-400 m die Straße entlang hinter Korbel hinunter Richtung Niederemmel und dann nach rechts über die Bahnlinie Richtung Mosel. Dort hält sich gerade Matthias mit Walter auf, der zu diesem Zeitpunkt 7 Jahre alt ist.

Es erscheint der Moses Maier, hinter sich einen Handwagen ziehend, auf dem sich sein zerschlagener Hausrat türmt. Der 60-jährige ist gezeichnet von dem, was ihm am Vortag widerfahren ist. Er klagt:

"Matthes, Matthes, sò mir, wäa soll mir datt all ersa-atzen?"

Der Matthias weist auf seinen Enkel:

"Dä ló, däm se-in Kenna unn de-em sei Kindeskinder, di-ie soll'n dir datt ersa-atzen."

———————————

"Ich sehe das alles noch ganz genau vor mir: die Glasscherben, die Dinge aus dem Geschäft, das zersplitterte Geschirr … ganz deutlich sehe ich die Nähmaschine auf dem Pflaster liegen. Und daneben sitzt im Rinnstein der alte Isaak, der so oft mit uns gespielt hatte. Er hält den Kopf in den Händen und …", die Stimme bricht, ihr waren bereits Tränen die Wangen heruntergelaufen, jetzt, 40 Jahre nach den Ereignissen, sehe ich meine Mutter hemmungslos weinen. Was sie uns Kindern zum ersten Mal erzählt, sind ihre frühesten eigenen Kindheitserinnerungen. Sie war im November 1938 dreieinhalb Jahre alt.

Wintrich und der Holocaust

Jettchen Cullmann, Hermann Maier und seine Schwiegertochter Bertha sind während der Nazi-Zeit eines natürlichen Todes gestorben. Die Kinder des Moses Maier konnten noch rechtzeitig nach den USA auswandern. Moses Maiers Schwester Berta wanderte 1928 nach Amsterdam aus und ist dort ca. 10 Jahre später verstorben. Moses Maier selbst und seine Schwester Emma (die ihrer Schwester Berta im November 1933 nach Amsterdam gefolgt war) wurden in Auschwitz vergast. Moses vermutlich im März 1943, Emma am 01.02.1943.

"Nachdem die Familie Maier nach Trier verzogen, war der Isaak nun der einzige Jude in Wintrich. Er muß sich wohl sehr einsam und verlassen vorgekommen sein. [...]

Der Isaak wurde am 21.Juni 1941 von zwei Polizeibeamten in der Hintergaß abgeholt. Eine Frau, die damals 12 Jahre alt war und die Linde und die Kirchgasse gut einsehen konnte, hat beobachtet wie die Polizeibeamten den leichtgewichtigen Isaak förmlich geschleift hätten. Der Isaak habe Stimmen von sich gegeben wie ein Tier.

Wie elend und alleingelassen muß sich der Mann gefühlt haben, ein Mann der als ein wenig trottelig galt und niemals jemanden ein Leid zugefügt hätte. Auf dem Weg zum Bahnhof wurde der Isaak an 34 Häusern vorbei geführt, ohne, daß ihm jemand helfen konnte."[91]

Paul Jüngling hat die letzten Stationen im Leben des Isaak ermittelt. Nach dem Aufenthalt im Altersheim in Rheydt und dem Konzentrationslager Theresienstadt wurde er zwischen August und Oktober 1942 in das Vernichtungslager Maly Trostinez, unweit von Minsk, verbracht und dort, knapp 74-jährig, entweder durch Gaswagen oder Erschießung ermordet.

Widerstehen

Ja, auch in Wintrich hat es Zeichen von 'Widerstand' gegen die Nationalsozialisten und ihre Ziele gegeben. Aber Widerstand selbst ist ein großes Wort, es schließt im Grunde die Bereitschaft zum Opfer des eigenen Lebens ein. Ich möchte daher an dieser Stelle eher an ein mutiges

---

[91] Jüngling, Paul: a.a.O., S. 173

Widerstehen denken. Dafür gab es auch in Wintrich und Umgebung einige bemerkenswerte Beispiele. Wohlgemerkt: die Moselregion war zu keiner Zeit eine Hochburg der NSDAP. Im deutschlandweiten Vergleich schnitt die Nazi-Partei hier selbst bei den letzten einigermaßen freien Reichstagswahlen im März 1933 eher bescheiden ab. Das Moseltal war bis zum Schluss fest in der Hand der Zentrumspartei.

Zu der christlich-katholischen Grundprägung kam, dass dem Rheinländer das militaristische Gepräge der Nazi-Partei mit seinem Uniformen- und Fahnen-Kult und die ganzen Aufmärsche usw. zutiefst zuwider waren, es erinnerte viel zu sehr an die ungeliebten Preußen. Deshalb waren Witze und andere kleine Zeichen des Dissenses im Rheinland über die gesamte Zeit des 3. Reiches besonders populär. Bei der Reichstagswahl vom 19.08.1934 stimmten von 783 Wintricher Wahlberechtigten 'nur' 636 mit "Ja", aber 101 mit "Nein". Dieses Ergebnis, übrigens repräsentativ für den ganzen Kreis Bernkastel, wurde von den Nationalsozialisten ausdrücklich als unbefriedigend empfunden und die Bürgermeister mussten schriftlich Stellung nehmen.[92]

Die NSDAP fing in Wintrich 1929 mit 3 Mitgliedern an, hatte lange so um die 20-50 und erreichte 1943 ihren Höchststand mit 105 Mitgliedern.

Ostern 1934 ereignet sich ein ziemlich mutiger Akt öffentlichen Protestes, als zwei Wintricher Männer am helllichten Tag (es war exakt 11:30 Uhr) eine Hakenkreuzfahne niederholten und sie mit den Worten "So - hei le-iet se gout" (So, hier liegt sie gut) in eines der Rinnsale (Kloaken) traten. Es hatte sie empört, dieses damals noch rein politisch wahrgenommene Symbol ausgerechnet am höchsten christlichen Feiertag inmitten ihres Dorfes sehen zu müssen.[93]

Am 23. März 1937 wurde auch in Wintrich der päpstliche Hirtenbrief "Mit brennender Sorge" verlesen. Keine zwei Wochen später legte der Wintricher Pfarrer Johannes Eckert nach. Als Predigtthema aus Anlass der Erstkommunion wählte er den Untergang der Titanic. Kaum verschlüsselt war die Botschaft klar: Ein (Staats-) Schiff ohne Gott sei unweigerlich dem Untergang geweiht.[94]

---

[92] Jüngling, Paul: a.a.O., S. 15

[93] Jüngling, Paul: a.a.O., S. 122

[94] Jüngling, Paul: a.a.O., S. 120, es hieß damals: "Noch nicht einmal Gott kann

Die Nationalsozialisten haben beide große Kirchen in Deutschland bewusst/unbewusst in ihren Rassenwahn einbezogen, indem sie Auszüge aus den Kirchenbüchern forderten und oft auch bekamen. Der Trierer Bischof Bornewasser hat das für sein Bistum verweigert.

Am 25. Januar 1934 formuliert er in einem Hirtenbrief: " ...Ihr lest und hört heute viel von Rasse und Blut. .... Auch muß der Mensch sich vor der Auffassung hüten, die Rasse, in die er selber geboren ist, für die höchste und einzige, wahre Kultur schaffende anzusehen."[95]

Ein Wintricher Winzer, Jahrgang wie Matthias, macht im Mai 1940 in einer Gastwirtschaft eine unvorsichtige Äußerung im Sinne von: "Die haben den Krieg gewollt, dann müssen auch viele fallen." So etwas ist in Nazi-Deutschland brandgefährlich. Dem Mann gelingt es, seine Richter davon zu überzeugen, dass er die Engländer gemeint habe.

Tja, und dann ist da natürlich noch unser Matthias. Der hatte mit den Nazis nichts zu schaffen und das dürfte auch jeder gewusst haben, denn er hielt auch hier mit seiner Meinung nicht hinter dem Berg. Die entsprechenden Aktivitäten seines Sohnes haben ihm gar nicht gefallen und waren oft Zündstoff für den häufigen Streit zwischen Vater und Sohn. Am 10.11.38 war Matthias nachweislich außer sich: "Das war das Pack vom Dorf! Und du machst bei diesem Gesindel auch noch mit! Eine Schande!", so oder ähnlich ging es eine ganze Zeit.

Einmal wurde Matthias denunziert. Er hatte den NSDAP-Kreisleiter von Bernkastel Dienhardt einen "Lump" genannt und wurde zu einer (relativ hohen) Geldstrafe verurteilt. Matthias hat den doppelten Betrag bezahlt, um den Mann noch im Gerichtssaal erneut genüsslich einen Lumpen zu nennen. Die Nazis waren außer sich und ein Trupp hat ihm im Schutz der Nacht an der Rückseite des Hauses mehrere Fenster eingeworfen.[96]

---

dieses Schiff versenken", angeblich hätte am Bug gestanden: "We sail without God"

[95] Zitiert nach Wikipedia-Eintrag zu Bischof Bornewasser, abgerufen am 25.04.2017

[96] Dienhardt war selbst in der eigenen Partei umstritten. Er wurde (wahrscheinlich zu recht) für die schlechten Ergebnisse der Nazis an der Mittelmosel verantwortlich gemacht und schon bald abgelöst. Sein Nach-Nachfolger Mühlenbach war hingegen, wenn es das gab, ein 'guter Nazi'. Die Verfolgung der Juden lehnte er als Unrecht an Unschuldigen ab. Den Ausschreitungen des 10.11.

Kurz vor dem Krieg wurde es eng. Da waren sie erneut hinter ihm und seinem befreundeten Nachbarn Simon (Vater von Pauline) her und wollten beide verhaften. Die beiden Männer wurden gewarnt und haben sich mehrere Tage in der alten Windmühle bei Kasholz verstecken müssen.

Matthias hat später auch regelmäßig Radio London gehört, obwohl das bei Todesstrafe verboten war. Da er im Laufe des Krieges immer schwerhöriger wurde, drehte er irgendwann stets auf volle Lautstärke, so laut, dass manchmal schreckensbleiche Nachbarn oder Arbeiter ins Haus gerannt kamen, weil man das charakteristische Erkennungszeichen ("bumm-bumm-bumm - buuuum") bis auf die Straße hören konnte.

Meiner kirchentreuen Großmutter war die antikirchliche Haltung der Nationalsozialisten sehr zuwider. Sie konnte die regelmäßige Teilnahme ihres Ältesten an den wöchentlichen HJ-Treffen zwar nicht gänzlich verhindern, hat aber seine Teilnahme zumindest nach Kräften reduziert. Als Walter 1941 die Aufnahmeprüfung für eine Napola (Eliteschule im 3. Reich) machen sollte, hat sie das schlicht verhindert. Eduard wäre es möglicherweise ganz recht gewesen, denn die Schulen waren tatsächlich gut und sie kosteten die Eltern nichts. Aber er wusste, dass hätte Streit gegeben und in diesem Fall hätte er den Kürzeren gezogen, also ließ er es gar nicht erst darauf ankommen.

Erklärungsversuch:

Die Bevölkerung eines typischen Moseldorfes war in unserer Betrachtungszeit sehr homogen. Zunächst waren (fast) alle Katholiken (es gab vereinzelt auch rein protestantische Dörfer) und etwa 85% hatten den gleichen sozialen Status. In Wintrich Anfang des 20. Jhdts. gab es, in der Reihenfolge der Entfernung zur 'breiten Masse': ca. 5-10% mehr oder weniger 'Besitzlose', 2-3 % mehr oder weniger deutlich 'Reiche', 2 Protestanten, 11 Juden. Insgesamt maximal 10 - 15% der Einwohnerschaft. Das waren die 'Anderen'. Die, die nach 'normalen' menschlichen Maßstäben immer schuld waren, weil man selber natürlich nie schuld war.

---

entzog er sich durch Abwesenheit. Desillusioniert meldete er sich zu Beginn des Russland-Feldzuges freiwillig an die Front. Quelle: Schaaf, Erwin: Zeitenwende. S. 139

Wer ist am Kommunismus schuld? Wer hat neulich mein Huhn geklaut? Die Besitzlosen.

Wer hat mit den Separatisten[97] paktiert? Wer ist schuld an meiner Misere? Die Reichen.

Wer ist gegen die/unsere Kirche? Wer ist Preuße? Die Protestanten.

Wer ist an allem zusammen schuld? Die Juden.

Ich bin kein Jurist, dennoch erscheint es mir sinnvoll, sich dem Fall des Mannes, der am 10.11.38 in Wintrich die Nähmaschine des Moses Maier die Treppe hinuntergeworfen hat, einmal aus einer juristisch-rechtsphilosophischen Perspektive zu nähern.

Der Mann gab an, ein jüdischer Gläubiger aus Berlin habe ihm das Haus über dem Kopf zwangsräumen lassen. Deshalb stürmt er das Haus eines x-beliebigen anderen Juden - weil der halt grad um die Ecke wohnt - und verwüstet es. Das ist schon sehr bemerkenswert. Was wäre gewesen, wenn ein 'normaler' christlicher Deutscher ihm das Haus hätte zwangsräumen lassen? Hätte er aus Protest beim Pfarrer randaliert? Mit Sicherheit nicht. Bei irgendeinem anderen Christen? Auch nicht. Warum dann beim Juden? Weil es nicht nur möglich war, sondern weil es straflos ging: das typische Beispiel einer sogenannten 'opportunistischen' Tat. Der Mann ist eigentlich ein 'normaler' Wintricher Mitbewohner, er ist in keiner Weise kriminell veranlagt oder vorher einschlägig aufgefallen. Er hat lediglich ein diffuses Motiv und das reicht, um in dieser aus den Fugen geratenen Zeit zum militanten Antisemiten zu werden.[98]

Was ist eine Straftat? Eine Straftat, so lernen es angehende Juristen im ersten Semester, ist eine tatbestandsmäßige, rechtswidrige und schuldhafte Handlung. Nach den am 10.11.1938 in Deutschland geltenden Gesetzen hätte der Mann eindeutig wegen mehrerer schuldhaft begangener Straftaten (Einbruch, Hausfriedensbruch, Sachbeschädigung, usw.) verurteilt werden müssen. Es geschieht ihm aber nichts, gar nichts, nicht

---

[97] im Rheinland gab es quasi im Verborgenen eine an sich unbedeutende separatistische Bewegung, die nach 1918 aus naheliegenden Gründen von Frankreich gezielt gefördert wurde. Ihr anzugehören galt als Landesverrat. Anhänger wurden nach 1933 gnadenlos verfolgt.

[98] vgl. Browning, Christopher: Ganz normale Männer.

einmal ein Ermittlungsverfahren wird eingeleitet. Im NS-Staat haben nahezu alle traditionellen Organe versagt, am schlimmsten aber wog das komplette Versagen des gesamten Strafverfolgungs- und Justizapparates, also desjenigen, der geltendes Recht eigentlich hätte schützen bzw. durchsetzen müssen.[99]

Die Täter der Pogromnacht in Deutschland handelten aus einer Mischung von Rassismus, Hass und militanter Intoleranz. Das sind allesamt Eigenschaften, die quasi in jedem von uns schlummern, sie sind die dunkle Seite der menschlichen Existenz seit Beginn an. Ihre helle Seite sind Toleranz, Solidarität und (Menschen-)Liebe.

Rassismus, Homophobie, Intoleranz und Hass sind wie die Glut, die bis heute unter der Asche, der Oberfläche einer jeden Gesellschaft steckt. Kommt jemand und bläst hinein, schlagen die Flammen hoch. Wir wissen um diese schlummernde Gefahr und eine zivilisierte Gesellschaft stellt deshalb vor den Kamin ein Feuergitter. Das Feuergitter der Moderne heißt Rechtsstaat. Der Rechtsstaat verhindert nach Kräften, dass jemand in die Glut bläst und sollten trotzdem einmal einzelne Flammen züngeln, tritt er sie möglichst rasch aus.

Sowohl das Kaiserreich als auch die Weimarer Republik waren Rechtsstaaten. Rechtsstaaten mit Fehlern und Schwächen zwar, aber davor ist auch der heutige Rechtsstaat nicht gefeit.

Mit dem 30.01.1933 übernahmen in Deutschland Männer die Macht, die erstmals seit Jahrhunderten eine radikale Kehrtwende sowohl nach rückwärts wie zum Schlechten - und zwar in allen Bereichen - einleiteten. Terror, Hass auf Andersartige und offener Rechtsbruch wurden zur Staatsraison. Wenn ungezählte Gegner gefoltert und ermordet, wenn in einer einzigen Nacht allein ca. 150 beseitigt wurden, dann "schützte der Führer das Recht". Wenn sich schon in den ersten Monaten des Jahres 1933 offener Antisemitismus in den Straßen Bahn brach, dann verteidigte man die Interessen des "geknechteten Volkes". Am Abend des 09.11. und danach entlud sich eben der "berechtigte Volkszorn" ob der Ermordung eines deutschen Diplomaten durch einen jüdischen Studenten. Bestehende Gesetze, im Grunde das gesamte auf abendländischer Zivilisation und Erfahrung beruhende Rechtssystem, wurden ganz einfach ausgesetzt, die

---

[99] vgl. Müller, Ingo: Furchtbare Juristen. Sh. auch im Glossar

Juden waren im Wortsinne vogelfrei. Das war Mittelalter pur in einem der entwickeltesten Staaten Europas. Die Nazis rissen die Feuergitter von heute auf morgen weg, sie ließen es nicht nur zu, dass jeder nach Belieben in die Glut blasen konnte, sie haben selber am kräftigsten gepustet.

"Wenn der Pöbel Luft bekommt, dann Gnade uns Gott!", war einer dieser Aussprüche meines Großvaters, die ich nie vergessen konnte. Es gibt Indizien, dass dieser Satz 100 %ig richtig sein könnte: Kein Politiker würde ihn jemals benutzen, kein renommierter Historiker jemals schreiben. Ich selbst gebe hier lediglich die unmaßgebliche Meinung eines aus 90-jähriger Lebenserfahrung sprechenden Mannes wider. Wenn ich schon mal dabei bin, hier ist noch so ein non-PC-Klopper von Eduard: "Die Leute werden belogen. Immer und überall." Ich bemühe mich seit über 25 Jahren, den Mann Lügen zu strafen, leider bislang erfolglos.

In Wintrich war die Ascheschicht über der Glut sehr dünn, unbegreiflich dünn. Es bedurfte nicht besonders viel und sie war weg. Die Feuernarbe brennt bis heute.

Matthäus 25, 35

Wintrich, Am Ohligsberg/Rondel, 02.09.1943

Vorsichtig streift der Mann durch die Reihen der einzeln stehenden Reben an den charakteristischen, hoch aufragenden Pfählen. Ihr Laub ist zu dieser Jahreszeit sehr dicht und bietet hinreichend Sichtschutz. Die Kuppe des Berges hat er passiert, an einer aus Schieferstein errichteten Mauer vorbei beginnt er mit dem Abstieg in das Tal des Rondelbaches. Linker Hand bemerkt er kleine Häuser, die sich dicht an die dort steil aufragenden Felsen schmiegen. Sie gilt es zu meiden. Man kann ein paar Hühner gackern hören, eine Frau ruft nach ihren Kindern. Der Mann - er trägt festes Schuhwerk und eine Art schmutzige, gürtellose Monteurskombi, die wahrscheinlich einmal von grüner Farbe war - hat die Talsohle mit dem Fahrweg erreicht und hält inne. Soll er es wagen? Es ist riskant, der Weg liegt offen und Menschen scheinen in unmittelbarer Nähe zu sein. Er schaut sich um, niemand ist zu sehen. Im Sprung will er den Fahrweg überqueren und im Gestrüpp des Bachgrundes Schutz suchen. Die Mosel liegt nur etwa 300 m talwärts rechter Hand.

Staff Sergeant William E. Roberts, USAAF, 21 Jahre alt, aus Hudson County, NJ, vor genau 16 Tagen nach Jagdfliegerbeschuss mit seiner Bomberbesatzung notgelandet in der Nähe von Bingen, läuft los. Im selben Moment sieht er mit dem rechten Augenwinkel einen Mann in der Senke des abfallenden Weges stehen.

Der 17.08.1943 wird als besonderer Tag in die Geschichte des alliierten Bombenkrieges gegen Deutschland eingehen. Zum ersten Mal im Zweiten Weltkrieg wird die United States Army Air Force (USAAF) am helllichten Tag einen Angriff auf zwei weit voneinander entfernte Schlüsselwerke der deutschen Rüstungsindustrie fliegen. Der Angriff auf die Flugzeugwerke der Firma Messerschmidt in Regensburg und die Kugellagerwerke in Schweinfurt wird nach seinem Decknamen 'Operation Double Strike' in die Annalen des Luftkrieges eingehen. Den Amerikanern war bewusst, dass die Luftabwehr der Deutschen, insbesondere die Jagdfliegerstaffeln, noch weitgehend intakt und schlagkräftig war. Umgekehrt ist die Reichweite der eigenen Jagdflugzeuge im Jahr 1943 noch so, dass diese kurz vor Erreichen der Reichsgrenze abdrehen müssen und damit die schwerfälligen Bomber im Falle eines Angriffs ausschließlich auf ihre eigenen Abwehrwaffen angewiesen sind. Das Risiko hoher Verluste war folglich bekannt. Der Einsatzplan sah vor, dass die zweite Angriffswelle (die gegen Schweinfurt zum Einsatz kommen sollte) kurz nach der ersten Welle startet, um so den Abfangjägern keine Zeit zum Landen, Auftanken und Aufmunitionieren zu lassen. Wetterbedingungen verursachten einen um zwei Stunden verspäteten Abflug der für Schweinfurt bestimmen Welle.[100]

Die deutschen Jagdfliegerstaffeln bereiten den anfliegenden Bombern einen im wahrsten Sinne des Wortes heißen Empfang. Die zweite Welle

---

[100] Wikipedia-Eintrag zu 'Operation Double Strike', abgerufen am 25.04.2017

trifft es noch härter, denn die Jäger haben nicht nur genügend Zeit zur Nachrüstung, ihre Piloten sind mittlerweile zusätzlich gut eingeschossen. Unter den 'Fliegenden Festungen'[101] richten sie ein regelrechtes Blutbad an. Insgesamt wird die USAAF an diesem einen Tag 60 Maschinen durch Abschuss und rund 600 Besatzungsmitglieder verlieren. Hinzu kommen 174 mehr oder weniger stark beschädigte Bomber. Viele dieser Maschinen schaffen es nicht mehr zurück über den Ärmelkanal und müssen irgendwo dazwischen notlanden. So auch die Maschine von Staff Sergeant Roberts, der an Bord die Funktion des 'Ball Turret Gunners' ausfüllt (dabei liegt der Schütze sehr exponiert in der kugelförmigen MG-Kanzel am Bauch des Flugzeugs). Die zehnköpfige Besatzung hat Glück, alle überleben den Absturz.[102]

Auf den Fall eines Abschusses über Feindgebiet wurden die Flugzeugbesatzungen im Rahmen der allgemeinen Ausbildung vorbereitet. Oberstes Ziel dabei war, nicht in die Hand des Feindes zu gelangen, sondern sich möglichst unbemerkt Richtung Luxemburg/Frankreich durchzuschlagen. Dazu wurden teilweise auf seidenes Mützenfutter gedruckte Karten ausgegeben.

Roberts erreicht den Bachgrund und macht den verzweifelten und gleichzeitig sinnlosen Versuch, sich hinter einer verrosteten Viehtränke zu verstecken. "Ausweis!" brüllt der über ihm stehende Mann. Roberts hat Todesangst, er starrt den Deutschen mit weit aufgerissenen Augen an. Inzwischen sind der Straßenwärter und zwei weitere Weinbergsarbeiter am Ort des Geschehens eingetroffen, Roberts' Lage erscheint hoffnungslos. Der Mann (wir wollen ihn hinfort nach den Ermittlungsakten "den Zeugen" nennen, es soll sich um den Josef Binz gehandelt haben) schickt den Straßenwärter und einen weiteren Mann ins Dorf nach dem Ortsbürgermeister und Wachmännern.

---

[101] Boing, B-17, Standard-Langstreckenbomber der USAAF im Zweiten Weltkrieg. War zum Schutz gegen feindliche Jagdflieger rundum mit schweren Zwillings-MG ausgerüstet. Er verfügte über je ein Front-, Heck-, Boden- und Dach-MG sowie zwei seitliche. 12.700 Stück wurden insgesamt gebaut.

[102] weitere biographische Informationen im Glossar

Sobald die beiden außer Sichtweite sind, unternimmt Roberts einen letzten verzweifelten Fluchtversuch. Er läuft am untersten Teil des Rondelbachs entlang die gut 200 m bis zur Mosel und springt in den Fluss. Für den Nichtschwimmer - vielleicht ist er auch einfach nur viel zu erschöpft für Schwimmanstrengungen - verschlechtert sich die Situation nochmals, anstatt sich zu verbessern. Der "Zeuge" will ihn gerade aus dem Wasser holen, als Eduard auf einem Fahrrad die Szene erreicht.

Roberts steht bis zu den Hüften im Wasser. Die Mosel war noch nicht kanalisiert und die Uferpartien bedeutend flacher. Unschlüssig schaut er zu den zwei Männern am Ufer. Seine Flucht ist zu Ende, er ist nach 16 Tagen Entbehrungen und ständiger Angst entdeckt zu werden, kurz vor dem rettenden Ziel - die luxemburgischen Grenze ist knapp 50km entfernt - gescheitert. "Sprechen Sie Deutsch?", fragt Eduard. "Ei watt, dä lo doch nit!", antwortet der "Zeuge" für den bedrippelten Amerikaner. Auf dem Gymnasium hat Eduard ordentlich Französisch gelernt, also fragt er Roberts, ob er es in dieser Sprache mit ihm versuchen könnte, ohne Erfolg. Schließlich gelingt es, Roberts in radebrechendem Englisch - mit französischen Brocken vermischt - davon zu überzeugen, aus dem Wasser zu steigen. Der Zeuge wird später angeben, Eduard habe sich mit dem abgestürzten Flieger "in einer fremden Sprache" unterhalten. Der Mann ist triefend nass und Korbel liegt am diesseitigen Ortseingang, knapp 1000 m entfernt. Eduard beschließt kurzerhand, den Amerikaner zu sich nach Hause zu nehmen. - Was genau mag unseren Eduard bewogen haben, einen feindlichen Flieger, der Tod und Verderben über das ganze Land brachte, zu sich nach Hause zu nehmen?[103] Im Wissen um die absehbar gravierenden Folgen für ihn selbst und möglicherweise auch seine ganze Familie? Er hatte den Amerikaner noch nicht einmal aufgespürt, er war nur zu einer bereits begonnenen Situation hinzugekommen. Außer einer winzigen Minderheit fanatischer Nazis, die bei aufgegriffenen Fliegern handgreiflich bis zum Mord wurden, hätten 99% der Übrigen sich gesagt: "Geht mich nichts an, ich brauche keine Scherereien".

Im ersten Verhör gab er später an, aus "Gründen der Menschlichkeit" gehandelt zu haben (mit der Wahrheit: "aus christlicher Nächstenliebe", hätte er die Sache noch schlimmer gemacht). Ja, dies, und dies allein, wird

---

[103] Gedanken zu dieser Frage finden sich im Glossar

es wohl gewesen sein. Sein Vater hätte gesagt: da steht einer, der ist wehrlos und braucht Hilfe, er muss sie bekommen, egal, welche Uniform er trägt.

Auf Korbel angekommen bekommt Roberts als erste Maßnahme von meiner Großmutter trockene Kleidung verpasst. Nachdem das erledigt ist, übernimmt Matthias, dem als langjährigen Kriegsteilnehmer automatisch die größte Kompetenz in dieser Angelegenheit zugebilligt wird, das Kommando.

"Hei hucks dau deisch weil'n hi-in, Jung! " weist er Roberts - dabei selbstverständlich voraussetzend, dass der Amerikaner des Moselfränkischen mächtig ist - einen Platz am großen Küchentisch zu (wo nach Nazi- Diktum noch nicht einmal die im Haus ständig beschäftigten Zwangsarbeiter sitzen durften).

Aenne fragt sich laut, ob sie dem Amerikaner erst Wasser oder doch gleich ein Glas Milch vorsetzen soll.

"Edi, giv de Jung e-escht émol en Trester!", lässt sich Matthias vernehmen, der selbst in den ungewöhnlichsten Situationen stets einen Sinn für das Entscheidende bewahrte: Wenn in einem Bauerngut jemand ankam, dem kalt oder nass, wenn derjenige geschwächt oder sonst wie angeschlagen war, dann bekam er erstmal einen Schnaps. Also bekam auch William einen, es dürfte für die nächsten knapp 2 Jahre sein letzter gewesen sein. Nach über zwei Wochen in vollkommen fremder, feindlicher Umgebung, unter ständiger Todesbedrohung, muss sich der Soldat wenigstens für die kurze Dauer seines Aufenthaltes im Hause Quint (bis zum Eintreffen seiner Häscher sollte höchstens eine halbe Stunde verstreichen) vorgekommen sein, wie in einer anderen Welt.

Inzwischen hat sich alles, was auf Korbel wohnt oder arbeitet, in der geräumigen Küche eingefunden: außer meinen Großeltern (Aenne mit dem Säugling Michael), Matthias, Rosa, die 13-jährige Hildegard (sie reizt die Sommerferien aus), die achtjährigen Zwillinge, der fünfjährigen Erika (Walter ist bereits in Lieser, die Oberschule in Bernkastel beginnt in wenigen Tagen), Raoul, Bronka, Talka und Malwina. Wie die Herde Schafe ein verletztes Lamm umringen sie William, nehmen ihn gewissermaßen schützend auf in ihre Gemeinschaft.

Ihn, der hungrig und durstig gewesen, speisten und tränkten sie.

Ihn, der nicht nur ein Fremdling, sondern ein Feind war, bekleideten und beherbergten sie.

Was werden sich die Kriegsgefangenen und Zwangsarbeiterinnen gedacht haben? Da saß doch einer, der buchstäblich für sie und ihre Sache gekämpft hatte. Aber auch von den Deutschen nimmt niemand Anstoß oder äußert zumindest ängstliche Bedenken. Selbst Rosa nicht, die (obwohl sehr katholisch) bis vor ein paar Jahren BDM-Führerin war. Das schleichende Gift, das die Nazis spätestens seit ihrer Machtergreifung allen Deutschen einzuträufeln trachteten, hatte in dieser Gruppe nur sehr partiell gewirkt.

Eduard hatte bereits auf dem Weg zum Haus verstanden, dass William seit seinem Abschuss praktisch nichts mehr gegessen hatte. Aenne schlussfolgert daraus, dass feste Nahrung in diesem Fall nicht angezeigt sei und kocht eine Haferschleimsuppe, die William in Sekundenschnelle begierig auslöffelt. Meine Großmutter füllt den Teller erneut, erst danach folgt ein Butterbrot mit Wurst. Hildegard, die an der Oberschule bereits etwas Englisch gelernt hat, wird als Dolmetscherin eingeteilt. William will ihr unbedingt etwas mitteilen, aber die 13-jährige ist überfordert, sie hat ihrerseits Angst vor dem Fremden und ist aufgeregt. Das Schlimmste: William spricht mit amerikanischem Akzent, der Hildegard vollkommen fremd ist.

Matthias nutzt seine Enttäuschung über das 'Versagen' seiner Enkelin zu einer Generalabrechnung mit der NS-Bildungspolitik: "Marju, watt sinn datt fea Kenna? Die lehren haut ne-ist meh in da Schol vò lauta Nazi-Króam!". In Wahrheit ist er genauso aufgeregt wie die arme Hildegard.

Für den Amerikaner hat sich die Lage mittlerweile deutlich entspannt, er wirkt erleichtert. Das Kruzifix an der Wand sowie der damals noch verbreitete kleine Weihwasserspender neben der Tür sind ihm nicht entgangen, von den Devotionalien scheint eine beruhigende Wirkung auf ihn auszugehen. Solch eine Behandlung hatte er nicht erwartet. Wie um sich der Lage zu versichern, weist er immer wieder auf ein Kreuz, dass er seinerseits um den Hals trägt. Dennoch traut William dem Frieden nicht, wie auch? Das Wissen um die Gefahren einer Flucht quer durch halb

Deutschland, die alles andere als ein Spaziergang werden würde, war Teil der Ausbildung. Wahrscheinlich wird man den jungen Fliegern nicht verheimlicht haben, dass es in einer Reihe von Fällen zu Ausschreitungen bis hin zur Lynchjustiz gekommen war (etwa zwei Wochen zuvor hatte Heinrich Himmler der ihm unterstellten Polizei verboten, in solchen Fällen zugunsten der abgeschossenen Flieger zu intervenieren. Eines von ungezählten Beispielen, wie die Nationalsozialisten jedwede angeborene bzw. anerzogene unterschiedslose Menschlichkeit auszumerzen trachteten).

Schon nach kürzester Zeit holt William die Wirklichkeit des Krieges wieder ein, denn wo es Schafe gibt, da gibt es auf der irdischen Welt auch Böcke. Die erscheinen in Form des Ortsbürgermeisters, in Begleitung zweier mit umgehängtem Karabiner bewaffneter Wachleute (in jedem Dorf gab es wegen der vielen Kriegsgefangenen und Fremd-/ Zwangsarbeiter ein paar ältere Männer, die den Wachdienst zu übernehmen hatten).

Spätestens, als sich die Wachleute ihm unmittelbar nähern, verfällt William augenblicklich wieder in große Todesangst, in seiner Verzweiflung nestelt er aus seinem Halsausschnitt das an einem Silberkettchen hängende Kruzifix hervor und reckt es mit weit aufgerissenen Augen demonstrativ seinen Häschern entgegen. Das Bild sollte sich selbst der kleinen Erika für den Rest ihres Lebens einbrennen.

„1. Wer [...] sonst öffentlich den Willen des deutschen oder verbündeten Volkes zur wehrhaften Selbstbehauptung zu lähmen oder zu zersetzen sucht; ..."

Auszug aus § 5 der Kriegssonderstrafrechtsverordnung, der die bewusst weit gefassten Tatbestandsmerkmale einer „Zersetzung der Wehrkraft" beschreibt und auch die Strafandrohung (grundsätzlich Todesstrafe, in minder schweren Fällen konnte auf Zuchthaus oder Gefängnis erkannt werden) nennt. Das Gesetz ist Teil des spezifischen NS-Unrechts und diente zuvorderst, wie beispielsweise das sogen. "Heimtückegesetz", der Terrorisierung des deutschen Volkes und selbstverständlich im Laufe der Zeit auch aller besetzten Völker. Terror funktioniert bekanntlich am besten durch drastische Maßnahmen und deren möglichst große Verbreitung, folglich wurden die Richter angehalten, das ohnehin drakonische Strafmaß nach Möglichkeit auch auszuschöpfen. Die Urteile wurden öffentlich bekannt gemacht.

Eduard hatte aus NS-Sicht durch sein Verhalten gemeinsame Sache mit einem (bewaffneten) Angehörigen einer verfeindeten Macht, einem "Terrorbomber" gemacht, schlimmer: er hatte sich - als Parteigenosse! - regelrecht mit ihm verbrüdert. Und das nicht nur unter den Augen von "Volksgenossen", sondern selbst (das war wohl die Spitze) von Ausländern. Die Staatsanwaltschaft wittert Anfangsverdacht auf Wehrkraftzersetzung und leitet ein Ermittlungsverfahren ein.

Am 6. September, einem Montag, muss sich Eduard beim Polizeiposten Bernkastel einer ersten Vernehmung stellen. Anwesend ist auch ein Beamter der Gestapoleitstelle in Trier. Er sagt aus, der Amerikaner habe ihm gesagt, bereits 16 Tage nichts gegessen und Todesangst gehabt zu haben. Er habe "aus Gründen der Menschlichkeit" gehandelt. Dies nimmt man ihm zunächst ab, sodass man ihm noch keinen "Verbotenen Umgang mit Kriegsgefangenen"[104] nachweisen wollte, sondern ihn zunächst (bis zur möglichen Eröffnung eines Verfahrens) lediglich verwarnte.

Die Staatsanwaltschaft Trier leitet erwartungsgemäß ein Strafverfahren wegen "Zersetzung der Wehrkraft des deutschen Volkes" ein. Gegen Eduard wird vor dem Landgericht Trier am 20.10.1943 öffentliche Anklage erhoben. Aus Selbstschutz und um das zu erwartende Urteil abzuschwächen, gibt Eduard an, "aus Gründen der Menschlichkeit und um die amerikanischen Propagandalügen über Deutschland zu widerlegen" gehandelt zu haben. Das war ein geschickter Zug. Andererseits glaubt die Anklage, eine Reihe strafverschärfender Umstände ermittelt zu haben. Da ist zum einen die Öffentlichkeit seines Handelns. " ... mit einem Kriegsgefangenen in einer das gesunde Volksempfinden gröblich verletzenden Weise verbotenen Umgang geführt zu haben.", namentlich durch "freundschaftliches und mitleidsvolles Verhalten", wie es in der Anklageschrift heißt.

---

[104] Erläuterungen zu diesem weiteren Straftatbestand des NS-Unrechts, sh. im Glossar

Weiterhin wurde besonders negativ hervorgehoben, dass der Flieger außer "Milchsuppe und Wurstbrot" auch noch einige (!) Schnäpse angeboten bekommen habe. Vollends eng wird es, als die Anklage aus dem Umstand, dass der Amerikaner mit Zivilkleidung versorgt und ihm seine Uniform in einem Karton ausgehändigt wurde, den Vorwurf aktiver Fluchthilfe konstruiert. Für Eduard geht es um Leben oder Tod.

```
Nationalsozialistische Deut che  rbeiterpartei,Gau Moselland
                     Kreisleitung Berkastel
Der Kreisleiter                         Bernkastel,den 11.Nov. 43
                     Einstweilige Verfügung.
Herrn
Eduard  uint-Trankmann
in Wintrich
geb.24.4.05
Mitgl.Nr. 5 000 484
Gemäss Ziffer 4 der Verfügung des Führers v 22/42 vom 20.11.42
schliesse ich Sie hiemit aus der NSDAP aus.(Az. V 38/43)
                     Gründe.
Sie haben daduch ehrenrührig gehandelt und den Bestrebungen der
NSDP zuwidergehndelt,dass Sie am 2.9.43 in Wintrich mit einem
Kriegsgefangenen in einer das gesunde Volksempfinden gröblich ve
letzenden Weise verbotenen Umgang gepflogen haben.
Sie nahmen einen bei dem Terrorangriff auf Nürnberg am 17.8.43
abgeschossenen amerikanischen Piloten gegen den Willen des Prov.
Strassenwärters Bayer,der diesen festgenommen hatte,mit in Ihre
Wohnung,wo Sie ihm trockne Kleidung,eine heisse Milchsuppe,Wurst=
brote und einige Schnäpse verabreichten,wobei Sie sich dem Gefang=
nen gegenüber besonders freundschaftlich und mitleidsvoll benommen
haben.
Die Dringlichkeit des Erlasses ist im Interesse der Partei geboten.
Gegen diese Verfügung xxxxx ist innerhalb einer Frist von 14 Tagen
vom Tage der Zustellung ab Einspruch beim Kreisgericht Bernkastel
zulässig.Der Einspruch ist mit gleichzeitiger Begründung bei dem
unterzeichneten anzubringen.Die Wirksamkeit des Ausschlusses wird
durch den Einspruch nicht berührt.
Wird Einspruch eingelegt,so ist die vorstehende Verfügung
mit Ablauf der Einspruchruchsfrist endgültig.
Verteiler:
Angeschuldigter
Ortsgruppenleiter          Stempel      Genth
Kreisgericht                            M.Kreisleiter
Gaugericht
Hauptstelle f.Mitgliedschaftsw.(2)
```

Am 29.10.43 ergeht Haftbefehl, Begründung: "Höhe der zu erwartenden Strafe, Fluchtverdacht. Der Haftbefehl wurde am 2.ii.43 morgens 9 Uhr vollstreckt." Am 19.11.1943 wird Eduard von der Strafkammer Trier zu einer Gefängnisstrafe von 5 Monaten verurteilt. die er im Gefängnis in der

Trierer Windstraße verbüßen muss, darunter auch das Weihnachtsfest 1943. Das ist schlimm, es hätte noch schlimmer kommen können.[105]

Aus heutiger Sicht ist mein Großvater ein Opfer der NS-Unrechtsjustiz mit Anspruch (mutmaßlich bereits zu Lebzeiten) auf Aufhebung des Urteils und Entschädigung. Darum hat er sich auch nicht ansatzweise bemüht. Um die Sache mit dem amerikanischen Flieger hat Eduard nach dem Krieg nie viel Aufhebens gemacht. Das Einzige, was er mir rund 30 Jahre später, da war ich etwa 13 oder 14, zu der Sache sagte war: "Der Richter, der mich damals verurteilte, verzehrt jetzt eine gute Pension".

Die Sache soll später, unmittelbar nach dem Krieg, noch ein Nachspiel haben. Eduard kann der Versuchung, sich an dem Mann, der ihn durch seine Aussagen maßgeblich in den Schlamassel reingeritten hat, zu rächen, nicht widerstehen. Zusammen mit einem weiteren Winzer erstatten sie bei der frz. Besatzungsmacht Anzeige gegen den ehem. Ortsbürgermeister Auler wegen angeblich schlechter Behandlung eines frz. Kriegsgefangenen ein paar Jahre zuvor. Es kommt zur Verhandlung in Trier, die bereits nach wenigen Minuten beendet ist, als sich nämlich Auler und sein ehemaliger Mitarbeiter zur Begrüßung im Gerichtssaal in die Arme fallen.[106]

Aenne hatte umgehend Himmel und Hölle in Bewegung gesetzt, um für ihren Mann ein möglichst mildes Urteil zu erreichen. Ihre größten Hoffnungen setzt sie auf Breker und Peiner. Offenbar mit Erfolg. Nach etwa sechs Wochen darf sie, zusammen mit Hildegard, Eduard erstmals im Gefängnis besuchen. Er sieht sehr niedergeschlagen aus.

Sehr aufschlussreich ist auch der im Zusammenhang mit seiner humanitären Geste am 11.11.39 erfolgte Rauswurf Eduards aus der

---

[105] auch hier dürfte eine Intervention Professor Peiners eine Rolle gespielt haben. Ein winziges Detail in den Akten stützt diese auch durch Aussagen meiner Großmutter gestützte Vermutung: Im ersten Schreiben der Staatsanwaltschaft sowie dem der Partei steht als Adresse schlicht: Wintrich (Haus Nr. 135). In der Mitteilung des Gerichts über die Strafaussetzung mit Bewährungsfrist heißt es: Wintrich, **Erbhof St. Michael**. Das stand groß auf den Etiketten der Weinflaschen, da hat sich ein (einflussreicher) Kunde an die richtigen Stellen gewandt!

[106] Aussage von Paul Jüngling im Mai 2017

NSDAP. Im Zusammenhang mit der bereits zitierten Anklageschrift wegen 'Verbotenen Umgangs" ist es geradezu ein Lehrbeispiel für das Funktionieren der nationalsozialistischen Justiz im totalitären Staat. Abgesehen davon, dass die Partei in ihrem Schreiben den Wortlaut der Staatsanwaltschaft für ihr Parteiausschlussverfahren 1:1 übernehmen konnte, enthält bereits der Text der Staatsanwaltschaft zahlreiche Fehler, durchweg zum Nachteil des Angeklagten: 1. handelte es sich gar nicht um einen Piloten (korrekt: Bordschütze, aber der Pilot trägt mehr Verantwortung); 2. das Angriffsziel war ein Tagangriff auf zwei kriegswichtige Rüstungsbetriebe in Schweinfurt und Regensburg, ziemlich das Gegenteil vom untergejubelten „Terrorangriff auf Nürnberg" (Nebeneffekt: Verschleierung vor der Öffentlichkeit); schließlich: 3. der Haupttatbestand (Verbotener Umgang mit Kriegsgefangenen) trifft wahrscheinlich gar nicht zu, denn der Flieger war nach meinem Verständnis erst ab dem Moment Kriegsgefangener, wo er sich in den Händen einer offiziellen Gewahrsamsmacht befand. Vorher war er ein normaler Soldat, der seine Pflicht tat (sich einer Gefangennahme nach Möglichkeit zu entziehen).

Nach etwa 3 Monaten wird Eduard tatsächlich vorzeitig entlassen, die Verbindung zu den beiden "Gottbegnadeten"[107] hat sich wieder einmal bewährt.

Doch so einfach lässt sich der Zorn der Nazis, nunmehr zum zweiten Mal auf das Entschiedenste durch Eduard gereizt, nicht besänftigen. Der noch vor Jahresfrist erfolgte Parteiausschluss ist ja noch harmlos und wird Eduard sogar sehr recht gewesen sein, mit dem System hatte er sich ohnehin seit längerem entfremdet. Wesentlich gravierender für den bald 45-jährigen sechsfachen Familienvater ist die erneute Einziehung zum Wehrdienst, die zum 30.03.1944, also stante pede, erfolgt.

Zunächst wird Eduard einer Kraftfahrabteilung in Mannheim zugewiesen. Die durchweg älteren Familienväter werden in der von Luftangriffen schwer betroffenen Industriestadt in erster Linie zu Aufräumarbeiten und zur Brandbekämpfung eingesetzt. Irgendwann geht es weg von Mannheim

---

[107] vom NS-Regime für besonders wertvoll eingeschätzte 'Staatskünstler' aller Sparten, die ab der zweiten Jahreshälfte 1944 auf besondere Listen gesetzt wurden, um ihnen allerhöchste Protektion (beispielsweise Schutz vor Einberufung) zu sichern.

und angeblich soll Eduard erneut Ärger mit dem System bekommen und zu einer Strafeinheit versetzt worden sein. Nachweisen lässt sich das anhand von erhalten gebliebenen Unterlagen nicht und über seine Kriegserlebnisse geredet hat mein Großvater mit mir, trotz mehrfacher ausdrücklicher Bitte, nie. Er, der ansonsten über buchstäblich alles und jeden ausführlich redete. Aber das ist typisch für ganz viele Männer der Kriegsgeneration. Selbst in seinen Aufzeichnungen erwähnt Eduard nur zwei kurze Episoden, als er dem Tod buchstäblich von der Schippe sprang:

„Ich sollte mit einem Marschbataillon 45 in den Kessel von Kurland eingeflogen werden – mein sicherer Tod, nachts wechselte ich bei dem allgemeinen Durcheinander die Formation, was erst nach 14 Tagen auffiel und auch ohne besondere Folgen blieb. Ich war jedenfalls dem sicheren Heldentod aus dem Weg und doch wäre ich um Haaresbreite vom Holländer (Untergrund/Franktireur) erschossen worden."[108]

In Gefangenschaft gerät Eduard zu Kriegsende offenbar in Holland. Er hat großes Glück, denn er erwischt die beste Gewahrsamsmacht, die ein deutscher Landser im 2. Weltkrieg erwischen konnte: Kanada. Noch besser für ihn, der gut Französisch spricht: es ist eine frankokanadische Einheit. Es muss sich rasch eine im wahrsten Sinne des Wortes gute Verständigung ergeben haben und offenbar gelang es Eduard, schnell das Vertrauen der Soldaten aus Quebec zu erringen. Jedenfalls erzählte er mir einmal, er sei für die Kanadier LKW gefahren.

Wie lange er wo die mindestens zwei Abschnitte seiner Gefangenschaft verbringt, weiß heute niemand mehr. Tatsache ist, dass er früher oder später in einem der riesigen Internierungsgebiete[109] landet, die die Briten 1945/46 in Norddeutschland eingerichtet hatten, Eduard war in Wittmund/Ostfriesland. Allein dort sind rund 180.000 ehem. Wehrmachtsangehörige versammelt, die zwar entwaffnet sind, sich ansonsten aber frei bewegen können. Die Briten beginnen recht zügig damit, sich ihrer auf deutschem Boden befindlichen Gefangenen zu

---

[108] Aufzeichnungen des Eduard Quint, S. 39

[109] gegen Kriegsende richten die Briten in Norddeutschland drei riesige Internierungsgebiete ein, da ihnen eine Konzentration der Hunderttausenden Wehrmachtsgefangenen in klassischen Kriegsgefangenenlagern im Sinne von deren Versorgung zu riskant erscheint. Wahrscheinlich rettet diese typisch britisch pragmatische Lösung Tausenden von Männern das Leben.

entledigen. Weil sie eine Hungerkatastrophe befürchten, werden Angehörige landwirtschaftlicher Berufe bevorzugt entlassen. Auch hier trifft es Eduard also wieder gut. Einziges Problem: aufgrund irgendwelcher interalliierter Absprachen können die Besatzungsmächte nur innerhalb ihrer eigenen Zone entlassen. Lange war mir nicht klar, warum Eduard als Entlassungsanschrift die Adresse seiner angeheirateten Verwandtschaft in Hagen angegeben hatte, hier ist die Antwort. Bereits am August 1945 ist Eduard wieder ein freier Mann. Beim Großteil seiner Schicksalsgenossen hat es wesentlich länger gedauert.

Eduard hat Glück gehabt, keine Frage, er war durch Kriegsdienst und Gefangenschaft lediglich 17 Monate von zu Hause weg. Bei anderen dauerte diese Zeit 5, 10 oder auch mehr Jahre. Was Eduard in der Schlussphase des Krieges erlebt hat, muss furchtbar gewesen sein. Geredet hat er darüber jedenfalls nicht. Tatsache ist, er ist ein anderer, als er zurückkehrt, der Krieg hat ihn aus seiner Bahn geworfen.

Das Verhältnis zum Vater war nie einfach, konnte nicht einfach gewesen sein, wenn zwei ausgewiesene Dickschädel aufeinandertreffen. Es kommt zu handfesten Auseinandersetzungen, die beiden Männer (Matthias ist über 70!) kloppen sich wie die Kesselflicker und gehen mit Weinbergspfählen aufeinander los.

Was wesentlich schwerer wiegt: Eduard nimmt es mit der ehelichen Treue nicht mehr so genau. In der zweiten Hälfte der 40er Jahre muss er eine ganze Reihe von Affären gehabt haben, mehrere davon im selben kleinen Ort. Hedi wird mehrfach von der Mutter ins Dorf geschickt nach dem Vater zu suchen. Teilweise erwischt sie ihn dabei quasi in flagranti. Aenne kommt dagegen nicht an, für sie bricht eine Welt zusammen. Auf Korbel spielen sich alptraumartige Szenen ab, die 4 jüngeren Kinder mittendrin. Die beiden Großen sind meistens in Lieser, die beiden Kleinen noch zu jung, es sind die pubertierenden Zwillinge, die die ganze Wucht des Dramas abbekommen. Es steht für mich aus heutiger Sicht außer Frage, dass meine Mutter damals einen Knacks fürs Leben bekommen hat. Das Verhältnis zum Vater wird irreparabel geschädigt, damit letztlich auch zu anderen Männern. Jedenfalls gehörten Männer immer wieder zu den Personengruppen, die sie bevorzugt pauschaler Kritik unterwarf. Aenne und Eduard haben später wieder zueinander gefunden, die Wunden der Zwillinge werden nie verheilen.

Von anfänglicher Begeisterung und Eintritt in SS und NSDAP über frühe Zweifel hin zu seinem mutigen Austritt und dem aktiven Eintreten für einen abgeschossenen Flieger hat Eduard so ziemlich alle Höhen und Tiefen durchlaufen, die man als normaler und einfacher Bürger im Verhältnis zu den Machthabern im selbsternannten 3. Reich durchlaufen konnte. In seinem Spruchkammerverfahren (Entnazifizierung) wurden ihm diese Umstände natürlich als stark entlastend angerechnet. Er dürfte einer der ganz wenigen ehemaligen Angehörigen der SS gewesen sein, die aus der Sache schlussendlich mit dem Diktum „Nichtschuldig" (Kategorie V) herausgingen. Ein Satz findet sich in seiner Akte, gleich einem Ritterschlag: „Am 10.11. wurden bei ihm Fenster eingeworfen."

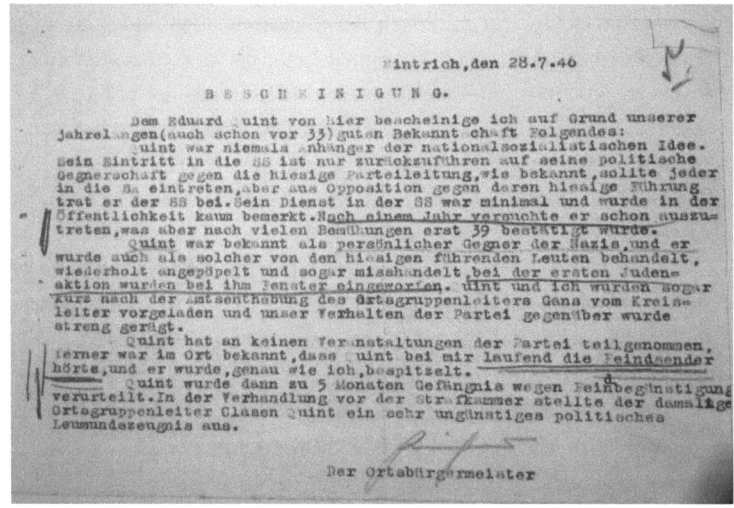

Rosa

Wintrich, Auf Korbel, Dezember 1918

Deutschland hat den Krieg verloren. Millionen Männer sind gefallen, auch in Wintrich hat fast jede Familie Tote oder schwer Verwundete zu beklagen. Die Not der ohnehin armen Dorfbevölkerung ist groß, denn die britische Seeblockade sorgt seit Kriegsbeginn für extreme Nahrungsmittelknappheit. In den Städten wird gehungert, aber auch auf dem Land gibt es bestimmte Lebensmittel schon lange nicht mehr. Die Blockade wird gnadenlos fortgesetzt werden, bis Deutschland im Juni 1919 den Friedensvertrag in Versailles unterschreibt. Ein bisher unbekannter Grippevirus ('Spanische Grippe') tritt seit etwa Mitte 1918 auf und fordert in Europa unter Soldaten und Zivilbevölkerung Millionen Opfer. Allein in Deutschland sterben 800.000 vom Hunger ohnehin geschwächte Zivilisten, vor allem Kinder und Alte.

Im November 1918 ziehen sich große Teile des geschlagenen deutschen Heeres entlang des Moseltales nach Deutschland zurück. Zwar hat die Truppe bis zum Schluss in zahllosen Rückzugsgefechten tapfer gefochten und dem zahlenmäßig deutlich überlegen Feind ist es nirgends gelungen, ihre Front zu durchbrechen, aber es ist ein Elendszug, der etwa 10 Tage lang direkt am Haus in Wintrich vorbeizieht. Die Pferde sind ausgemergelt und oft ungeputzt, die Fahrzeuge mit Schlamm und Kot bespritzt. Die Fahrer sitzen zusammengesunken auf ihren Böcken, von durchweichten Zeltbahnen nur schlecht gegen den beständigen Regen geschützt. Aus hohlwangigen, stoppelbärtigen Gesichtern schauen müde Augen. Wer von den übrigen Soldaten kann, versucht einen Platz auf den zahlreichen Pferdefuhrwerken oder den weniger zahlreichen Lastkraftwagen zu ergattern. Der Rest stapft mit umgehängter Waffe in recht loser Ordnung dazwischen her. Ab und an reitet ein Offizier vorbei. Die triste Stimmung wird untermalt durch das kalte, feuchte Novemberwetter. Welch ein Unterschied zu dem stolzen Ausmarsch von 1914!

Es kommt zu kurzen Einquartierungen, jeweils nur für eine Nacht, die Waffenstillstandsvereinbarungen setzen den Deutschen sehr enge Fristen, das gesamte linke Rheinufer muss in kurzer Frist von jeglichem Militär geräumt sein. Wenigstens hat die Truppe noch ausreichend Verpflegung und muss kaum von der Dorfbevölkerung versorgt werden. Ein Trupp Artilleristen lässt auf Korbel einen Feldfernsprecher zurück, ein ca. 10 kg schwerer Holzkasten mit Buchstabiertafel auf dem Deckel. Das Notizfeld sieht aus, als sei es aus Elfenbein (!), der Handapparat ist ein kleines Kunstwerk. Ein 1a Produkt der Fa. Zwietusch aus Berlin-Charlottenburg, hergestellt Anfang 1918. Offenbar wurde der Apparat quasi nicht benutzt, er sieht auch heute noch aus, als sei er fabrikneu.

„Als Letzter kam ein einzelner Reiter, mein Vater bat ihn, das Pferd ausruhen zu lassen u. zu rasten. "Danke, das geht nicht, schaut mal dort rauf" und wir sahen gegen Vorm Berg die braunen Kolonnen der Ami."[110]

Die Amerikaner sind Angehörige der 90. US-Infanteriedivision unter dem Kommando von General Henry T. Allen. Er wird später ein Buch über seine Zeit im Rheinland veröffentlichen. Die Amis sind tip top ausgestattet, von den Uniformen über die Waffen bis zur Ausrüstung wirkt alles wie neu. Auf Korbel installiert sich ein Regimentsstab. Matthias (er wurde im Januar vom Militär nach Hause entlassen) und Susanna müssen von jetzt auf gleich ihr Haus räumen, nur der dreizehnjährige Eduard (sofern nicht in Bitburg) und die vierjährige Rosa dürfen im Wohnbereich verbleiben. Die oberen Räume werden von Offizieren und einer Schreibstube belegt, alle übrigen Zimmer mit einfachen Soldaten.

Für die nächste Zeit (schlussendlich verlassen die Amerikaner im Mai/Juni 1919, unmittelbar nach der Unterzeichnung des Versailler Vertrages, den Moselraum) werden Susanna und ihr Mann im Stall beim Vieh schlafen. Selbst zu ihrer Küche hat Susanna keinen Zutritt. Das ist nicht weiter schlimm, denn bis der Stab nach ein paar Wochen wieder abzieht, übernehmen die Besatzer die Verpflegung der Quints.

Amerikanische Kavallerie in einem Eifel- oder Moseldorf 1919

„Wir bekamen sofort 6 Offiziere, 18 Mann und 6 Pferde ... zog der Herd nicht, wurde mit einer Speckseite [!] nachgeholfen. Die ersten Ami kamen aus Texas-Oklahoma, die [90.] Division hatte als Zeichen ein OT. Viele sprachen noch deutsch. Die Bespannung waren Mulis, aber es gab auch

---

[110] Aufzeichnungen des Eduard Quint, S. 13

schon eine große Zahl von Motorfahrzeugen, und wieder ein Staunen: mit E. Licht und Anlasser. ...Die in Wintrich in Quartier liegende Ami/Art. schoß vom Lieserer Berg zur Übung in die Kolert [?]

Während der US-Besatzung „mußten die Bauern die Misthaufen mit Reisig abdecken oder vor dem Dorf lagern. Täglich mussten Gassen und Höfe gefegt werden, und wer auffiel, der mußte in der Küche helfen, was Viele verleitete, aufzufallen."[111]

Über der gebeutelten Familie öffnet sich das Füllhorn einer Streitmacht, die in jeder Hinsicht über schier endlose Reserven zu verfügen scheint.[112] Die US-Truppe ist bestens mit hochwertigen Lebensmitteln ausgestattet und wird laufend über den Atlantik mit allem versorgt, was das riesige Land hergibt. Da hätte sich Herr v. Schorlemer eine dicke Scheibe abschneiden können, der als zuständiger Minister mit der gleichen Aufgabe in Preußen gerade gescheitert ist, wahrscheinlich nur scheitern konnte.

Rosa erinnerte sich noch 80 Jahre später an riesige Schinken, die die Familie über die Größe amerikanischer Schweine spekulieren macht. Im Hof wird eine Feldküche aufgebaut, die mehr oder weniger rund um die Uhr in Betrieb ist, es gibt drei warme und reichliche Mahlzeiten am Tag und ständig Kaffee (echten, kein Ersatz-Kaffee!). Die Quints bekommen Sachen auf den Teller, die sie entweder noch nie oder seit vier Jahren nicht mal aus der Ferne gesehen hatten, Reis zum Beispiel. Mehl, Zucker, Reis, Nudeln sind allesamt in gleichartigen, weißen Stoffsäcken verpackt. Matthias raucht noch Jahre (!) später Virginia-Tabak aus flachen Blechdosen mit bunten Bildern von Indianern drauf. Es ist das erste und soll das einzige Mal in ihrem Leben bleiben, dass er und die Seinen sich wie im Schlaraffenland fühlen dürfen.

Am meisten profitieren die Kinder, sie sind schließlich auch im engsten Kontakt mit den Soldaten, von denen manche deutscher Abstammung sind und daher auch für gute Kommunikation sorgen können. Besonders die kleine Rosa haben die Männer in ihr Herz geschlossen, sie wird mit

---

[111] Aufzeichnungen des Eduard Quint, S. 14

[112] Für Eduard eine einschneidende Erfahrung. Nach dem zweiten verlorenen Weltkrieg lautet seine zentrale Schlussfolgerung: "Das letzte Fass Treibstoff und die letzte Kiste Munition entscheiden einen Krieg - und nicht die harten Herzen."

Schokolade - sehr flach, dafür in Portionen groß wie eine Schreibtafel - geradezu gemästet.

Eines Tages geht es Rosa gar nicht gut, sie fühlt sich elend und muss sich hinlegen. Sofort wird der Regimentsarzt herbeigerufen, er logiert - wie praktisch - ebenfalls im Haus.

Der schlanke Mann mit Nickelbrille, Wickelgamaschen und Rotkreuzbinde am Oberarm, das Stethoskop als Zeichen seines Standes vor der khakifarbenen Feldbluse, untersucht das kleine Mädchen nach der üblichen Routine. Brust abklopfen, Rücken abklopfen, atmen, horchen. Ein paar Offiziere und Mannschaften schauen in echter Sorge und Anteilnahme zu. Der Arzt schiebt Rosa das Leibchen hoch und drückt mit beiden Handflächen von den Seiten her über den Bauch. Als er schließlich fertig ist wendet er sich an den Chef der Stabskompanie und verkündet mit lauter Stimme:

"Captain, tell all your men, no more chocolate for little Rosa!"

Rosa Christiane Quint wird am 22.02.1914 auf Korbel geboren. Ihr zweiter Name ist der Ordensname ihrer Patentante Anna, einer Schwester ihres Vaters, die als Ursulinenschwester eine gute Ausbildung gemacht hatte und nunmehr Lehrerin an der ordenseigenen Schule in Boppard ist.

Rosa wird nach Beendigung der Volksschule zu ihrer Tante gehen und an der dortigen Schule die Mittlere Reife machen. Über ihre weitere Jugend weiß ich nur sehr wenig, sie soll Mitglied im Luisen-Bund gewesen sein, einer dieser vielen vaterländischen Jugendbünde in den Zwanzigerjahren. Später hat sie dann beim BDM (Bund Deutscher Mädchen, dem weiblichen Pendant zur HJ) 'Karriere' gemacht, angeblich war sie die BDM-Führerin von Wintrich. Während des Krieges haben die BDM-Mädchen bzw. angehenden Rot-Kreuz-Schwestern auf Korbel öfter mal den Ernstfall geübt. Dabei musste die kleine Erika stets als 'Anschauungs- und Schulungsobjekt' dienen.

1938 unternimmt Rosa eine Reise in die 'Reichshauptstadt', die bei der jungen Frau vom Land einen bleibenden Eindruck hinterlässt.

Um 1939 lernt sie den vier Jahre älteren studierten Altphilologen und Studienassessor Heinrich Agritius Mehn aus Köln kennen. Die Familie Mehn hat ihre Wurzeln in Lieser. Der Vater sollte Priester werden, ergriff dann jedoch den Lehrerberuf. Auch Sohn Heinz arbeitet als Lehrer an einem Gymnasium in Köln-Mülheim. Sein Bruder Ernst ist Jurist und Doktor beider Rechte. Im März 1941 heiraten Heinz und Rosa standesamtlich in Köln und beziehen ein eigenes Haus (es wird später zerbombt werden). Die kirchliche Trauung ist erst ein Jahr später in Wintrich. Dem jungen Glück ist nicht viel Zeit vergönnt, spätestens 1944 wird Heinz eingezogen. Beide Brüder werden den Krieg nicht überleben, selbst die Schwester fällt während des Krieges der Diphterie zum Opfer. Der Vater war schon tot, so dass nur Mutter Amma übrigbleibt und die ist ausgebombt und zieht deshalb nach Wintrich. Schicksal einer Familie im Zweiten Weltkrieg.

Im Februar 1945 erreicht Rosa die furchtbare Nachricht vom Tod ihres Mannes. Dem Schreiben des Kompaniechefs sind die wenigen persönlichen Dinge des Gefallenen, darunter seine blutverschmierte Brille, beigefügt. Der Anblick drehte mir auch Jahrzehnte später schier den Magen um. Getrieben von dem Verlangen, ihrem Mann wenigstens ein würdiges Grab zu sichern, fährt die junge Mutter per Bahn in dem absoluten Chaos des untergehenden Dritten Reiches Richtung Liegnitz. Sie kommt auf etwa 50 km heran, doch die Front hat die Stadt inzwischen überrollt, sie muss unverrichteter Dinge umkehren und kann von Glück reden, dass sie diese apokalyptische Fahrt überhaupt überlebt hat.

Ihr buchstäblich ganzes Leben wird Rosa darauf verwenden, das Grab ihres geliebten Mannes in Liegnitz zu lokalisieren und dafür zu sorgen, dass die sterblichen Überreste auf einem deutschen Soldatenfriedhof ordentlich bestattet werden. Kurz nachdem dies endlich erreicht ist, stirbt Rosa im Alter von 94 Jahren.

❖

Moselbahnstrecke, Haltestelle Niederemmel, Juli 1949

In den Zug Richtung Bullay steigt ein der Paul Jüngling. Er setzt sich zu dem Pfarrverwalter von Wintrich, Pater Peter Weber von den Weißen Vätern aus Köwerich, ein Hüne von Mann und Bienenzüchter, daher 'Bianepitter' genannt.

Paul dreht sich eine Zigarette und bietet auch dem Priester eine 'Stopp' an, die dieser gerne annimmt. Darauf erzählt Bianepitter folgende Begebenheit:

"Als der alte Quint verstorben war [Anm.: August 1947] kam die Frau Mehn zu mir mit der Bitte, für ihren Vater ein Hochamt [!!, üblich wäre eine normale Messe gewesen] zu lesen. Nachdem ich das Hochamt gelesen hatte fragte die Frau Mehn, was ich denn bekäme. Als Pfarrverwalter durfte ich eigentlich nichts nehmen. Ich bat sie dann um etwas Tabak, der alte Quint hatte immer so guten Tabak aus Bremen. Sie kam dann und gab mir eine Schachtel, in der ursprünglich mal eine Glühbirne gewesen war. Da war so ein grüner russischer Tabak drin. Ich bin mit dem Daumen reingefahren und kam bis zum Grund [der Tabak war sehr lose/es war nicht viel drin]. Es ging alles in eine Pfeife."

Als Jüngling die Episode abends seiner Mutter erzählt, kommentiert diese: "Da kanns de móll se-ien, de reichste Mann von Wentrich kre-iet fia'n Pe-ief Tubbak 'n Meaß g'läsen."

Dennoch, Tante Rosa war ein wunderbarer Mensch. Sehr intelligent und kritisch, sehr gebildet, dabei tief gläubig, eine hochinteressante Gesprächspartnerin. Sie verfügte über einen weitverzweigten Freundeskreis, ist viel gereist und bekam bis zum Schluss Besuch von Menschen aus ganz Europa, teilweise darüber hinaus. Nachdem meine Großeltern verstorben waren, richtete sich mein Interesse ganz auf sie und wir haben viele Abende in stundenlangem Gespräch verbracht. Sie nannte mich immer 'mein Jung'' und freute sich besonders über die Besuche mit meinen beiden Großen, später auch von Konstantin. Sie hat es glücklicherweise gerade noch mitbekommen, dass unsere Tochter Amalia mit zweitem Namen nach ihr, dem ältesten Mitglied der Familie, benannt worden war.

Einmal brachte ich ihr, die Nüsse liebte und selber einen großen Nussbaum im Garten hatte, einen Sack voll aus Tadschikistan mit. "Oh, Nüss'!", war ihre freudige Reaktion.

Der Abschied war stets tränenreich, als ob sie befürchtete, es sei unsere letzte Begegnung gewesen.

Rosa hatte, wie ihr Bruder, noch echten Hunger kennengelernt (die Bauern mussten in den Kriegen viel abliefern und danach gab es einfach nichts). Wenn sie ein neues Brot anschnitt, machte sie jedes Mal zuerst mit dem Messer ein Kreuzzeichen über dem Laib.

Das Brot wurde grundsätzlich vollständig verzehrt, was in dem Ein-Personen-Haushalt schon mal dauern konnte.

Wenn sich mal ein Besucher über hartes Brot beschwerte, bekam er folgende Antwort:

"Brot ist nicht hart - kein Brot, das ist hart."

Jahrelang habe ich gerätselt, warum Tante Rosa Rosa hieß, der Name hatte in der Familie keinerlei Tradition. Sie selber habe ich zu Lebzeiten danach zu fragen versäumt und sonst konnte es mir niemand sagen. Bis zum Mai 2017, da hat Nachbarin Pauline, die ewige Vertraute der Quints über vier Generationen, das Rätsel gelöst.

Als das zweite Kind des Matthias und seine einzige Tochter geboren wird, leben in Wintrich noch Menschen in einer Form von Armut, die wir uns heute gar nicht mehr vorstellen können. Etwa 50 m unterhalb des Pfarrhauses, an einem schmalen Wasserlauf, lebt einer der Allerärmsten, ein Korbmacher ('Schlümp'chens Pitter', Schlümpchen ist ein Wasserloch/-lauf) mit seiner Tochter. Die beiden hausen in einer winzigen, einräumigen Hütte, zusammen mit zwei Ziegen.

Die Tochter heißt Rosa.

Und so gibt, es ist sein ausdrücklicher Wille, der reichste Winzer Wintrichs seiner Tochter den Namen des ärmsten Mädchens im Dorf.[113]

---

[113] hier würde sich ein Kreis schließen, denn seinen Sohn hat Matthias mglw. nach einem sehr reichen Mann benannt, sh. S. 122

Immerhin kann man mit Fug und Recht sagen, dass Tante Rosa Zeit ihres Lebens auf großem Fuß gelebt hat.

St. Michael nach dem Krieg

Nach dem verlorenen Zweiten Weltkrieg liegt Deutschland erneut wirtschaftlich und erst recht moralisch am Boden. Besonders in der wirtschaftlich armen französischen Zone wird gehungert. Geld hat keinen Wert, es herrscht reiner Tauschhandel. Vieh und landwirtschaftliche Produkte sind, wie während des Krieges, streng rationiert und überwacht, auf Schwarzschlachten stehen hohe Strafen. Walter einmal: „Ich darf nirgendwo etwas sagen, aber, wenn die Polizei fragt, dann muß ich alles sagen; oder bei der Viehzählung. Aenne gab an – ohne Pferd. Ein Kind steht hinter ihr: „Mutter, mir han doch ooch noch en Pärd."

Erlebnis Eduard bei einer Hamsterfahrt 1947 in die Eifel bei Messerich (Bitburg): „... passierte ich eine Brücke, bezogen von einem Luxemburger Wachtposten, der mich anfauchte: „Dau Nazischwein, wäßt dau net es zu grüeßen?" Ich ging zurück, grüßte und er sagte: „Onneweilen kannst dau passeren, dau Hond", und ich hätte ihn erwürgen können, war machtlos, und dachte an die Vergünstigungen, die ich während meiner Haftzeit, bei höchster eigener Gefahr, seinen mitinhaftierten Landsleuten gewährt hatte."[114]
Der unerlaubte Wechsel von einer Zone in die andere war gefährlich, dreimal wurde Eduard geschnappt und musste ins Gefängnis.
„In dieser trostlosen Zeit half Jeder Jedem, überall Ordnung und Disziplin. Frauen und Mädchen konnten allein, ganz gleich wo und wann, sich ungehindert oder belästigt bewegen, ... Ich hatte die [Flüchtlings-] Trecks 44 gesehen. Meiner Frau hatte ich anbefohlen: nicht flüchten, daheim bleiben! Jedem Kind hatte sie einen Rucksack genäht, gefüllt mit Kleidung u. Esswaren für einige Tage."[115]

---

[114] Aufzeichnungen Eduard Quint, S. 25
[115] Aufzeichnungen Eduard Quint, S. 26/27

Nach dem Krieg stellt sich die wirtschaftliche Situation für die Moselwinzer erneut negativ dar. Die traditionelle Kundschaft für den Moselwein saß im Osten Deutschlands. Kam es nach dem Ersten Weltkrieg bereits zu Einbrüchen, so ist es jetzt noch schlimmer: den deutschen Osten gibt es nicht mehr und die DDR scheidet als Absatzgebiet ebenfalls aus. Alle Moselwinzer müssen ihr Marketing und ihre Absatzstrategien radikal umstellen. Der Anfang vom Niedergang des einst hochpreisigen Moselweins setzt ein. Neue Kundenkreise werden erschlossen, ein wichtiges Absatzgebiet wird das dichtbevölkerte Ruhrgebiet. Dort sitzen eingefleischte Biertrinker, allenfalls ihre Frauen, die trinken schon mal gern ein Gläschen Wein. Aber preiswert sollte er sein und schön süß, bitte. Die Mosel, einst Hochburg trockener eleganter Rieslingweine von Weltruf, stellt um auf 'sweet n' cheap', ein desaströser Niedergang setzt ein. Um die geringen Preise aufzufangen, muss Masse her, andere Rebsorten, mehr Anbaufläche. Alles dies befeuert nur den qualitativen Niedergang, der Anfang der Achtzigerjahre mit dem Glykolskandal seinen traurigen Tiefpunkt erleben wird. Danach ging es langsam wieder aufwärts ... doch wir sind jetzt Anfang der Fünfzigerjahre. Es setzt ein bescheidener Tourismus ein, Aenne und Eduard beschließen, dieser Entwicklung voraus zu sein und Maßstäbe zu setzen. Sie bauen das Bauernhaus zu einem schmucken Hotel um, mit Moselterrasse, altdeutscher Weinstube und zunächst - jeder fängt einmal klein an - 6 Fremdenzimmern. Erst 1957 sind die Umbaumaßnahmen abgeschlossen, bis dahin fahren sie in einer Art provisorischem Probebetrieb. Zu den ersten Stammgästen gehört Max Reimann. Der Vorsitzende der KPD ist passionierter Angler und verbringt Anfang der Fünfzigerjahre mindestens ein bis zwei Wochen im Jahr auf Korbel.

Max und Eduard gehören der gleichen Generation an, beide sind wenige Jahre vor bzw. nach der Jahrhundertwende geboren. Beim Angeln verbringen sie viel Zeit zusammen am Strand der Mosel. Der ideologische Einfluss auf Eduard ist kein geringer und er wird langfristige Folgen zeitigen. Natürlich ist die jeweilige Arbeitswelt ein häufiges Thema. Reimann ist gelernter Metallarbeiter. Als Eduard in diesem Zusammenhang einmal etwas verdruckst mit seinen Kesselflicker-Vorfahren herausrückt, gerät der oberste Kommunist West-Deutschlands in schiere Ektase. Kesselflicker? Das ist ja geradezu proletarischer Hochadel! Genosse Reimann ist so enthusiasmiert, dass er Eduard in einer spontanen Geste sein Parteiehrenabzeichen (goldumrandeter roter Sowjetstern mit Hammer und Sichel) ans Revers heftet. In aufrichtiger Rührung verspricht Eduard, der Großbauer, bei der nächsten Bundestagswahl (1953) KPD zu wählen, was er auch tatsächlich macht. Später rechtfertigt er sich vor der entsetzten Familie mit dem Spruch, dass, wer immer fleißig arbeite und seine Steuern pünktlich zahle, mit jedem System auskommen könne.

Auf diese Weise von Genosse Reimann aller Komplexe beraubt, entschließt sich Eduard, seine Kesselflicker-Vergangenheit nicht nur nicht zu leugnen, sondern sich proaktiv zu ihr zu bekennen. So kommt es, dass in dem von einem Kunstschmied angefertigten Hotelschild (es hängt heute noch über dem Hauseingang) nicht nur das Westfalen-Pferd (für Aenne) Eingang gefunden hat, sondern auch das Zunftzeichen der Klempner und Spengler.

Zu den bleibendsten Verdiensten meines Großvaters gehört sein Einsatz für die Flurbereinigung an der Mittelmosel. Zusammen mit dem Leiter der Raiffeisenkasse Wintrich, Bau, treibt er diese tiefgreifende Umwandlung der Bodenaufteilung voran. Ein Beispiel: aufgrund der Realteilung dürfte das Weingut St. Michael über ungefähr 120 schmale Parzellen verfügt haben, die kreuz und quer über die verschiedenen Lagen verteilt waren und teilweise geradezu lächerlich klein waren. Oftmals ohne Weganbindung. So ging es allen Winzern. Bis man sich überhaupt einmal zu den eigenen Parzellen vorgekämpft hatte, verging viel Zeit. Jede einzelne Traube musste dann bei der Lese von dort zum oftmals weit entfernten nächsten Weg herausgetragen werden, jedes Gramm Dünge- und Spritzmittel hinein. Es war alles furchtbar unrationell und kostentreibend. Auf die Grenze wurde von beiden Nachbarn gebaut. Man nannte das den Term, dort standen die Reben also besonders eng. Für die

Qualität ist das alles abträglich. Damit wollte Eduard Schluss machen. Er stand mit seinen Absichten gegen den geschlossenen Widerstand nahezu aller anderen Winzer im Dorf. Schließlich mussten Flächen für Wege- und Mauerbau aufgegeben, viele andere zusammengelegt werden. Bekomme ich die gleiche Qualität als Ausgleich? Werde ich nicht im Vergleich zu meinem Nachbarn benachteiligt? Eduard tat das alles als kleinkrämerische Bedenken ab - umso den Widerstand nur zu verstärken.

Dabei ging er teilweise mit der ihm eigenen Rabiatheit vor. So hat er bereits vor Beginn der eigentlichen Tätigkeiten in der Flur 'Alßenheck' kurzerhand zur Selbsthilfe gegriffen und mit der Raupe mitten durch die Weinberge einen Weg geschoben, ohne die Anrainer um Erlaubnis zu fragen (die diese niemals gegeben hätten).

Die Rache ließ nicht lange auf sich warten. Es fängt zunächst noch harmlos an. So wird Eduard einmal in den engen Weinbergswegen von einem Berufskollegen mit 1000 l Spritzbrühe im Hänger überholt. Der Mann hält an seinem Weinberg an und beginnt mit der Arbeit. Bis 1000 l Flüssigkeit verspritzt sind, kann es Stunden dauern. Eduard muss solange warten, die Wege sind zum Passieren zu schmal.
Später werden die Wintricher Winzer ihm 20 Apfelbäume fällen, 96 Stöcke werden ausgehauen, an der Hauswand klebt an manchem Morgen Teer oder Jauche. „16 Prozesse in erster Instanz habe ich verloren. Ich ging ans Landgericht u. habe dort in eigener Verteidigung 100% gewonnen." [Kostenübernahme durch die Beklagten][116]
Als alles vorbei war werden sie zu ihm kommen und sagen: "Edi, mir honn't nit besser gewé-as."

In Sachen neuer Rebsorten und Anbaumethoden kommuniziert Eduard mit Weinbauschulen um den ganzen Globus: Österreich, Frankreich, Schweiz, Kalifornien und Südafrika. Die Einführung der ertragreichen und klimatisch robusten Müller-Thurgau Traube an der Mosel geht nicht zuletzt auf die Arbeiten meines Großvaters zurück, der sie Anfang der Dreißigerjahre als einer der Ersten an der Mosel anpflanzt. Wenn man heute jemand im Dorf nach Eduard Quint fragt, dann kommt unisono die Reaktion: "Ach der Edi, der war seiner Zeit zwei Generationen voraus." Heute ist das Konsens, damals regierte die Missgunst. Wir möchten

---

[116] Aufzeichnungen des Eduard Quint, S. 46

keinem gerne gönnen, dass er was kann, was wir nicht können, wie Wilhelm Busch schon so treffend sagte. Heute könnten die Winzer ohne die Maßnahmen der Flurbereinigung schlicht nicht wirtschaften.

Im Gespräch mit einem alten Wintricher hat Hildegard, lange nach dem Tod ihres Vaters, einmal die Bemerkung fallen lassen, ihr Vater sei im Dorf geachtet gewesen. "Nein", kam die Erwiderung, "dein Vater war nicht geachtet, er war beachtet." Touché!

Der Aufstieg des Hotels und der Weinstube St. Michael zu einer der ersten Adressen an der Mittelmosel ist in erster Linie ein Verdienst meiner Großmutter Aenne. Sie managte das Hotel und stand in der Küche jeden Abend persönlich hinter den Kochtöpfen, die bis zum großen Umbau Anfang/Mitte der Siebzigerjahre noch über Holzfeuer kochten.

Durch die vielen Gäste wurde der Absatz des Flaschenweins enorm gefördert, das versteht sich von selbst. Bis heute beruht der Verkauf ganz wesentlich auf diesem Faktor. In der Weinstube übernahm abends Eduard die Gästebetreuung.

Wenn mein Großvater, das Weinglas in der Hand, von Tisch zu Tisch wanderte, um zu einem Gespräch zu verweilen, dann wussten die anwesenden Herrschaften (damals ein sehr ausgesuchtes Publikum, zum größten Teil Akademiker aus Hamburg, Niedersachsen und Nordrhein-Westfalen), das es gleich nicht (wie üblich) um das Wetter oder darum ginge, ob Eintracht Trier endlich aufsteigt (seltener) bzw. wieder nicht (häufiger), sondern das ihnen nunmehr ein gehaltvolles Gespräch auf geistiger Augenhöhe bevorstand. Getrunken hat er bei diesen Tischrunden nur wenig, denn er musste ja einige Tischgesellschaften unterhalten. Überhaupt habe ich ihn in meinem ganzen Leben nicht einmal auch nur ansatzweise betrunken erlebt. Nach meinem Vater war Eduard "einer der nüchternsten Menschen, die ich kenne". Ihm hatte er einmal gesagt: "Ich produziere den Wein, trinken müssen ihn andere."

Stolz war Eduard auf die Erfindung eines unserer Metallbauer-Vorfahren, der eine spezielle Feuerspritze entwickelt hatte.

Für das Handwerk, das auszuüben ich mich anschickte, hatte er, der als einziger Artillerist der Familie ein Geschütz in einem Krieg abfeuerte, nur einen kurzen Satz: "Jeder Schuss - eine weinende Mutter". Kurz. Trocken. Eduard.

Wenn wir Enkelkinder in den 70er und 80er Jahren im neugebauten Haus der Großeltern (quasi das Ausgedinge/Altenteil eines norddeutschen Bauernhauses, an der Mosel gab es diesen Brauch aus schierem Platzmangel an sich nicht) zu Besuch waren, taten wir dies aus einer Reihe von Gründen vorzugsweise in der warmen Jahreszeit. Geheizt wurde nämlich, Gewohnheit ist Gewohnheit und an Traditionen wird eisern festgehalten, ausschließlich die Küche mit Esszimmer und - bei Bedarf! - das Wohnzimmer. Wehe, wir Kinder hätten in der Heizphase an der Temperaturregelung unseres Schlafzimmers gefummelt, das war streng verboten! Ein Licht nicht sofort bei Verlassen eines Raumes zu löschen, war fast schon ein Kapitalverbrechen und zog mindestens einen betriebswirtschaftlichen Vortrag über den Zusammenhang erhöhter Energiekosten und der Jahresbilanz nach sich (die dadurch drohende Insolvenz des armen Opas blieb unausgesprochen, war aber so gemeint). Wiederholungstätern drohte ein volkswirtschaftlicher Aufbaukursus. Im Nachhinein habe ich es oft bereut, nicht öfter das Licht im Wohnzimmer oder einem Kellerraum brennen gelassen zu haben, ich hätte sicher von der Schulbank weg Wirtschaftsprofessor oder hochbezahlter Energieberater werden können.

Doch zurück zum Heizen. Bevor man in der Kältekammer unter die (glücklicherweise ausreichend wärmenden) Daunen schlüpfen konnte, musste man ja noch im Badezimmer gewisse Verrichtungen erledigen. Problem: es war nicht nur nicht geheizt, es hatte erst gar keine Heizung! Für den an sich nicht vorgesehenen Fall des Eintritts außergewöhnlicher Umstände (nuklearer Klimaschock, Außentemperatur fällt sonst wie unter Minus 15 Grad) gab es über der Badewanne einen (kleinen!) Heizstrahler, dessen Nutzung natürlich bei strengster Strafe verboten war. Wer auf die dumme Idee gekommen wäre, die vermeintliche Sicherheit des abgeschlossenen Raumes für Experimente zu nutzen, den hätte die urplötzlich schwindelerregende Drehungen machende Scheibe des Stromzählers unweigerlich verraten, niemand wagte es also.

Nicht nur der Energie-, auch der Wasserverbrauch für die Ganzkörperpflege (war da nicht was?) war unmissverständlich klar geregelt. Im Ergebnis saß man am Ende in maximal 3 cm Badewasser, dessen Temperatur allenfalls ein Eskimo als warm bezeichnet hätte. Wenn ich dann so mit Kinn auf den angezogenen Knien in der kühlen Pfütze saß, habe ich oft über den 'missing link', sinniert, einen starken schottischen

Zweig, den man im gallo-römischen und lombardo-fränkischen Wurzelgeflecht meiner Winzer-Vorfahren bisher übersehen haben musste. Ganz bestimmt gab es in grauer Vorzeit mal einen Matthew McQuinty, der selbst der Ahnentafel des geizigsten aller schottischen Clans noch zur höchsten Zierde gereicht hätte ......

Den ultimativen Brüller erlebte ich aber erst Mitte der 80er-Jahre. Damals war ich (wie 30 Jahre zuvor mein Vater) Artillerist im nahe gelegenen Idar-Oberstein und deshalb öfter bei den Großeltern zu Besuch. Seit eh und je stellte mein Großvater abends den Kaffeerest des Tages auf den Heizkörper der elektrischen Speicherheizung und mischte den eingedickten Sud dann morgens mit dem frisch aufgebrühten Kaffee seiner Frau. Selbstverständlich beschränkte ich meinen Konsum ausschließlich auf den frischen Kaffee, was Eduard kommentarlos akzeptierte, so konziliant war er dann doch.

Das ist natürlich kaum noch zu steigern, aber zum langsam wieder Runterkommen habe ich noch folgende Episode anzubieten:

Auf dem besagten Heizkörper neben dem Platz meines Großvaters befanden sich außer der ewigen Kaffeekanne (ich erspare mir Mutmaßungen, wie oft bzw. selten die wohl gereinigt wurde), die Tageszeitungen (Trierischer Volksfreund und Frankfurter Allgemeine, bei Bildung hat mein Großvater Gott sei Dank nicht gespart), eine Reihe weiterer Lesestoff und die unvermeintliche Fliegenklatsche ('Meckenplaatsch'). Roter Plastikgriff, weiße Klatschfläche, ich sehe das Ding genau vor mir. Nach jahrelangem Gebrauch war eines Tages der Griff in der Mitte durchgebrochen. Jeder andere hätte den Pfennigsartikel weggeschmissen und sich eine neue gekauft. Nicht so der Robert Pferdmenges vom Moseltal! Die Klatsche wurde mit zwei Holzstückchen geschient und mit Draht umwickelt! Operation gelungen, Patient gesund, es konnte weitergehen.

Den meisten Chronisten wären solche Schrulligkeiten aus dem eigenen Familienkreis wahrscheinlich so unangenehm, dass sie auf eine Veröffentlichung peinlich berührt verzichteten. Wenn ich mir ansehe, wie das Erbe des Eduard, das heutige Weingutshotel 'St. Michael', dasteht, denke ich beruhigt, so ganz schlecht können die Grundsätze unseres Großvaters nicht gewesen sein. Wie sagte doch die Ehefrau des o.a.

Kölner Bankiers einmal, als sie bei ähnlichem Verhalten 'erwischt' und zur Rede gestellt wurde:

"Wir haben es nicht vom Ausgeben, sondern vom Behalten." Brillant!

Winzermeister Eduard Quint 1983

Nichts macht mit der Landschaft vertrauter, als der Genuss der Weine, die auf ihrer Erde gewachsen und von ihrer Sonne durchleuchtet sind.

Ernst Jünger

Hildegard

Hildegard bekam ihren Namen nach der berühmten Heiligen aus Bingen. Sie war die Erstgeborene und erblickte am 19.06.1930 in Lieser das Licht der Welt.

Erst 1935 zog die Familie nach Wintrich, im folgenden Jahr wurde Hildegard dort eingeschult. 1940 wechselte sie zum Besuch des Gymnasiums nach Bernkastel. Die meiste Zeit, in jedem Fall die Wintermonate, wird sie in Lieser bei Onkel Georg und Tante Katharina (der Name 'Tadda' stammt von ihr) verbringen. Von dort ist es wesentlich näher zur in Kues gelegenen Schule.

1949 legt Hildegard die Abiturprüfung ab, auf Wunsch des Vaters folgt eine landwirtschaftliche Lehre, für eine junge Frau damals eher eine Ausnahme, die Tochter fügt sich dem väterlichen Willen.

Hildegard, ca, 1946

Anschließend hätte Hildegard, ihren Neigungen entsprechend, gerne Germanistik studiert. Auch hier steht Eduard entgegen. Die erste angehende Akademikerin in der Geschichte seiner (Winzer-)Familie kann natürlich nur eines studieren: Landwirtschaft. Schweren Herzens fügt sich Hildegard erneut. Sie studiert erfolgreich in Weihenstephan. Ihre erste Stelle tritt Sie an der Pädagogischen Hochschule Freiburg an. Hier lernt sie ihren späteren Mann Hermann kennen. Der Herr Papa in Wintrich ist alles andere als geneigt. Wie immer hatte er klare Vorstellungen, was die weitere Zukunft seiner Ältesten anbelangt: sie sollte in einen (möglichst bedeutenden) landwirtschaftlichen Betrieb einheiraten. So ein Bausparkassenvertreter passte ihm gar nicht.

Problem: Hermann ist hochdekorierter Weltkriegsoffizier - um die Sache auf die Spitze zu treiben: er war nicht in der Wehrmacht, sondern bei der Waffen-SS! Und steht auch noch dazu.

Geschieden ist der Mann auch noch! Das bringt Aenne auf den Plan.

Eduard explodiert schier. Er hat mit dem Thema Nationalsozialismus, Militär und Krieg komplett abgeschlossen, will nichts mehr damit zu schaffen haben. Hermann ist quasi die wandelnde Erinnerung an seinen buchstäblich 'schwarzen Fleck' in der Biographie. Seine Tochter Frau eines vormaligen Sturmbannführers? Auf gar keinen Fall!

Die Hochzeit findet 1954 statt, nicht nur mit erfreulichen Folgen für Hildegard. Der Vater bricht buchstäblich den Stab über ihr. Für viele Jahre wird die Tochter ihr Elternhaus nicht betreten. Für Hildegard beginnt die Periode, die sie selber als die Zeit ihrer Verbannung bezeichnen wird. Für meine sehr familienbewusste Tante eine harte Zeit. Der Kontakt wird auf ein unabdingbares Minimum eingeschränkt, wobei Eduards Bannstrahl tatsächlich in erster Linie seine Tochter und weniger seinen ersten Schwiegersohn trifft. Irgendwer muss ja die beiden Enkel Christa und Michael in die heimatlichen Familienkreise einführen. Erst 8 Jahre später wird der Bann aufgehoben und auch nur, weil meine Mutter gegenüber ihrem Vater darauf bestand, dass ihre Schwester bei der Hochzeitsfeier auf Korbel dabei sein wird.

Bei einem Besuch der mittlerweile vollständigen Familie in Wintrich, Michael war ein Knirps von höchstens 5 Jahren, ließ man diesen einmal längeren Zeiten unbeaufsichtigt. Das sollte sich als schwerwiegender Fehler erweisen. Unter den zahlreichen schwerkalibrigen Geschossen, die der Fußartillerist Matthias im Lauf der letzten 60 Jahre der Nachwelt hinterlassen hatte, war mein Cousin Michael die Brisanzgranate. Um es kurz zu machen: man durfte ihn keinesfalls länger als eine Minute unbeaufsichtigt lassen, schon gar nicht in unmittelbarer Nähe eines so geheimnisumwitterten Ortes wie dem großväterlichen Weinkeller.

Oh, was gab es da alles zu bestaunen, die Schläuche und Fässer, die Pumpen und Bottiche, die Hämmer und Flaschen, Wahnsinn! Klein Michael macht sich an einem der zahlreichen Spundzapfen zu schaffen. Die sind fest eingeschlagen und mit Bast abgedichtet, der gleichzeitig dem Zapfen zusätzlichen Halt gibt. Was der "große Michael" kann, kann der kleine schon lange, denkt er sich in einem leichten Anflug von Selbstüberschätzung und macht sich mit einem Hammer an dem Spundzapfen zu schaffen. Michael wäre nicht Michael, wenn nicht am Ende die Operation erfolgreich durchgeführt ist und sich der kostbare Inhalt auf den Kellerboden ergießt! Ein ganzes Fuderfass (ein Fuder sind 1000 Liter!) läuft fast vollständig aus, bevor man dem Juniorkellermeister auf Abwegen das Handwerk legen kann.

Beim anschließenden Kriegsrat, wie diese größte Katastrophe in der Betriebsgeschichte von Quint-Kettern dem Großvater beizubringen sei, hätte ich zu gerne Mäuschen gespielt. Der Prinzipal, der sich im Weinberg nach jeder einzelnen Beere bückt und im Keller beim Umpumpen strengstens auf verlustfreies Arbeiten achtet, dessen Jähzorn gefürchtet ist, wird in Kürze hier auftauchen und was dann???

Was Bomben und Granaten, was zahllose Einquartierungen in zwei Weltkriegen nicht schafften, erledigt das eigene Blut in wenigen Minuten: den Totalverlust eines ganzen Fuderfasses!

High noon auf Korbel - die Luft brennt!

Als erstes wird der Delinquent aus der Gefahrenzone hinaus ans andere Ende des Dorfes zur Großtante verbracht. Die geniale Idee dazu hat mein Onkel Michael. Genial, weil er sich schnurstreichs anbietet, diesen Part gleich selbst zu übernehmen, was den charmanten Nebeneffekt hat, dass sich damit der angehende Hoferbe - neben dem Erziehungsberechtigten der eigentliche Hauptverantwortliche an dem Schlamassel - gleich mit aus der Schusslinie nimmt. Die Mutter ist in Verbannung und zum Glück bereits enterbt, auch hier droht also kein weiteres unmittelbares Ungemach. Alle anderen Anwesenden haben urplötzlich dringende Geschäfte zu erledigen.

Übrig bleibt am Ende allein der mit EK I+II, dem Infanterie-Sturmabzeichen sowie (was sich gleich besonders bewähren dürfte) der Nahkampfspange in Gold behängte Sturmbannführer a.D. Entstammte er nicht einer schwäbischen Pietistenfamilie, jetzt wäre der angemessene Zeitpunkt, die letzte Ölung zu beantragen.

Später wird Hermann zu Protokoll geben, dass er in keiner seiner zahllosen brenzligen Kampfsituationen an West-, Ost-, und Italienfront so viel Schiss gehabt habe, wie in diesen Minuten vor Eintreffen seines Schwiegervaters.

Es erscheint der gutgelaunte Weingutsbesitzer, vorhin hätte er - zu einem guten Preis! - 'das Fass' verkauft ... - also eben jenes, welches der Rächer der Enterbten soeben auf etwas unvorteilhafte Art geleert hatte.

In einer tapfer-verzweifelten, sich als vergeblich erweisenden Rettungsaktion schüttet meine zitternde Großmutter in einem unbeobachteten Moment den gesamten Rest der Baldrianflasche in die Kaffeetasse ihres noch ahnungslosen Mannes, um sich sogleich schleunigst zu verdünnisieren.

Zurück bleiben nur die beiden Männer. Der Aufforderung, sich doch zu setzen, kommt Hermann nicht nach. Stattdessen erstattet er kurz, zackig und präzise Meldung betrüblichen Inhalts. Das musste er vor gut 20 Jahren öfters, darin ist er geübt. Mag sein, dass die Waffen-SS in toto ihre letzte offene Feldschlacht in Dien Bien Phu schlug, ihren letzten Zweikampf muss sie in der Küche eines Bauernhauses in der Etappe bestehen. Was jetzt über den pulverdampfergrauten Veteranen hereinbricht, ist ein Naturereignis epischen Ausmaßes. Allein und aufrecht auf der Walstatt stehend, jede Faser ein Recke aus einer klassischen germanischen Heldensaga - gelernt ist schließlich gelernt - wird der Mann der Hildegard in den kommenden Minuten seinem Namen alle Ehre machen und die Ritterprobe summa cum laude bestehen.

Eduard wäre nicht Eduard gewesen, wenn der Missetäter völlig ungeschoren davongekommen wäre. Er erhielt nach Rückkehr eine Schelle, die er nach eigener Aussage noch drei Tage später gespürt habe. Außerdem musste er einen Tag lang die Sträflingsarbeit der traditionellen Kellerwirtschaft verrichten. Sie entspricht dem bei Seeleuten äußerst beliebten Muschelklopfen an der Schiffswand im Trockendock, verschärft um den Umstand, dass man kein Tageslicht zur Verfügung hat. In einem zweieinhalb Fuder Fass stehend wird der Junge, bewaffnet mit Hammer und Spachtel, den Weinstein von der Holzwand klopfen. Aber er lebte, immerhin …

Hildegard hat diesen und alle weiteren allfälligen Stürme ihres Lebens in ihrem Haus am Rande des schönen Schwarzwalds überlebt, wo ich sie ein paar Mal besucht habe. Sie hat bis zu ihrer Pensionierung als Dozentin an der Pädagogischen Hochschule/Universität Freiburg gearbeitet. Für meine Nachforschungen zu diesem Buch war sie mir als ältestes Familienmitglied von unschätzbarer Hilfe.

Eduard hat übrigens - die Zeit heilt eben doch alle Wunden - bei einem Enkeltreffen über 20 Jahre später herzlich über diese Episode gelacht. Und Sir Hermann? Der war nach diesem Schlagabtausch akzeptiert, kein böses Wort mehr.

Walter

Sommer 1936, in irgendeinem Dorf des Kreises Bernkastel

Winzer Quint macht einen seiner Geschäftsgänge, er hat seinen 5-jährigen Sohn mitgenommen. Vater Eduard nutzt, wie stets, die Zeit des Laufens für allerhandlei Belehrungen und Unterweisungen in praktischen Lebensfragen, gerade hat er seinem Sohn eröffnet, dass man, 'im äußersten Notfall', wenn die Nase läuft aber kein Sacktuch zur Verfügung wäre, auch mal den Finger an den Nasenflügel legen und auf den Boden schnäuzen dürfe.

Walter ist ein helles Bürschlein, er merkt sich den väterlichen Rat gut. Bereits eine halbe Stunde später, die beiden haben gerade das Haus eines Geschäftspartners betreten, beschließt er, das frisch Erlernte vor den erstaunten Gesichtern der Versammelten auf dem Teppich des Wohnzimmers auszuprobieren…

Mein Patenonkel Walter (nach ihrem älteren Bruder - und in geradezu prophetischer Weitsicht – nennt Aenne ihren ältesten Sohn Fritz-Walter) wurde am 26.09.1931 in Lieser geboren. Er wird nur 10 Jahre seines Lebens in Wintrich verbringen – zwischen 1935 und 1945 – und nie Erbhofbauer werden.

Walter hat bis etwa 1946/47 das Gymnasium Bernkastel besucht und dort die Mittlere Reife abgelegt. Gegen die vom Vater verfügte Beendigung der Oberschulzeit laufen die Lehrer des begabten Schülers Sturm, vergeblich. Eine Lehre im elterlichen Betrieb schließt sich an. Danach macht er eine Fachausbildung an der Weinbauschule in Weinsberg. Walter hätte er eine interessante Karriere machen können, der junge Mann hatte Angebote von namhaften Großkellereien. Aber sein Vater hatte anderes mit ihm vor, Walter soll das Weingut Tobergte-Thanisch übernehmen, den Betrieb von Georg. Der ist inzwischen deutlich über dem Pensionsalter, die lange Haft in Diez hat er noch nicht richtig überwunden. Walter fügt sich und übernimmt den Betrieb, er will ein guter Sohn sein.

Ende der Fünfzigerjahre unternimmt Walter mit Cousin Heinz und einem weiteren Freund eine Fahrt in einem alten blauen Mercedes 180 über den Balkan, die Türkei, Persien, quer durch Afghanistan und Pakistan - bis weit nach Indien hinein. Zum ersten und einzigen Mal in seinem Leben bricht der junge Mann mit der schweren Kindheit aus seinem Leben aus und geht völlig andere und aufregend abenteuerliche Wege. Selbst wer den Geschichtsunterricht der Sexta im Halbschlaf überdämmert hat, dem sollte diese Route irgendwie bekannt vorkommen. Ja, unser Walter hatte so seine Maximen. Eine lautete: wenn schon, denn schon.

Die Türkei und Persien zu durchkreuzen ist zu dieser Zeit schon keine Kleinigkeit. Das echte Abenteuer aber beginnt mit der Querung von Afghanistan. Asphaltierte Straßen sind die Ausnahme, die Männer müssen sich über Wege vorkämpfen, die oftmals selbst diesen Namen nicht verdienen. Staub, Sandstürme, Schlamm und Geröll sind permanente Hindernisse. Das Klima in einem der lebensfeindlichsten Gebiete der Erde ist extrem: tagsüber der berüchtigte Gluthauch des Afghanez, der schon Mazedonier und Briten dezimiert hatte, nachts umwehen eiskalte

Fallwinde von den schneebedeckten Gipfeln des Hindukusch das kleine Zelt.

Wenn unsere Helden auf dem Höhenrücken des Tschalap Dalan, die Hände vor den warmen Strahlen der Abendsonne schützend gegen die Stirn haltend, ihre Blicke über das wild-schöne Bergland schweifen lassen, weht über ihnen unsichtbar die Fahne, die schon an den Masten eines Vasco da Gamas oder Magellans knatterte. Bevor sie sich mit ruckelndem Motor eine staubige Passstraße hinauf quälen, ziehen die Männer Schneeketten auf, wie Pizzaro einst seinen Pferden Stolleneisen unter die Hufe schlug, als er in schwindelerregender Höhe die Kordilleren bezwang. Wenn sie gegen einen heißen Sandsturm ankämpfen, die Hälse aus dem Wagen haltend - die Windschutzscheibe musste zum Schutz gegen Erblindung abgedeckt bleiben - dann binden sie sich die Gesichter bis auf einen schmalen Sehschlitz zu, wie einst Ludwig Leichardt bei seiner legendären Ost-West-Querung. Wenn sie sich unzähliger Gefahren erwehren, dann folgen sie auf den Spuren eines Marco Polo oder David Livingston. Wilde Gesellen, vom Sturmwind durchweht, ziehen sie durch Braus und durch Brand.

Oftmals ist eine Fahrt in der Gluthitze des Tages gar nicht möglich. Dann brechen sie morgens um drei auf, immer nach Osten, immer der aufgehenden Sonne entgegen, bis dass sie um 10, spätestens 11 Uhr die Temperaturen zur Rast in eine kühlende Felsspalte zwingen.

Einmal setzt der Wagen auf und die komplette Ölwanne reißt. Dank einer Dose Grafitöl gelingt eine mehr als behelfsmäßige Notlösung, das Trio schafft es 50 km ohne Motorschmierung bis zur nächsten menschlichen Siedlung.

Anders als Leichardt, der von einem unwirtlichen Kontinent einfach spurlos verschluckt wurde, erreichen die Drei nach unzählige Reifenpannen und Behelfsreparaturen ihr Ziel und taufen sich gegenseitig mit dem Wasser des Indus. Er hat es tatsächlich geschafft! Aus dem kleinen ist Walter der Große geworden!

Ab Faisalabad in Pakistan (welches damals noch Lyallpur heißt) lassen sie es noch 'ausrollen', bis nach Neu-Delhi! Die drei werden noch gemeinsam vor dem Taj Mahal abgelichtet, dann verkaufen die Abenteurer den Wagen und kehren per Flieger heim. Der dritte Mann bringt eine Malaria mit nach Hause.

Was müssen die jungen Männer - Heinz war erst 16! - gesehen und erlebt haben. Leider hat Walter von seinem Grundsatz, kein Aufheben um Irgendwas zu machen, auch bei dieser völlig außergewöhnlichen Sache keine Ausnahme gemacht. Und ich verstehe mich selbst nicht, warum ich meinen Onkel nicht noch viel mehr zu den Eindrücken dieser epischen Reise ausgequetscht habe. Eine Geschichte hat er erzählt, sie atmet Karl May und Jack London.

Wiederholt fällt das Trio unter Straßenräuber, besonders in Afghanistan. Einmal wird es wirklich brenzlig:

Räuber 1: "Inglesi?" - "No"

Räuber 2: "Franchesi?" - "No"

Irgendwann stellte sich dann heraus, dass die Herren Banditen es mit drei echten "Alemanis" zu tun hatten. Was war da für ein Freudestrahlen und eitel Begeisterung!

"Warum habt ihr das denn nicht gleich gesagt??"

Mein Onkel und seine Begleiter werden nicht entlassen, ohne dass ihnen bei einem gemeinsamen Mahl ihr 'Alternativschicksal' anschaulich demonstriert wird.

Räuber 3, sich mit einem Messer über die Kehle fahrend:

"Inglesi - brrrrt! - Franchesi - brrrrt! – Alemani ..." - er grinst über beide Ohren.

Bevor sie abreisen, sollen sie einen Mann heilen, der sich ein Bein gebrochen hat. Walter gibt zu verstehen, keiner von ihnen sei Arzt. "Aber ihr seid doch Deutsche, die können alles!"

Also schienen sie dem Mann behelfsmäßig das Bein, der Ruf der deutschen Medizin ist gerettet.

Ja, bis heute ist es in dieser Region von gewissem Vorteil, als waschechter Arier zu gelten. Ich habe es noch 35 Jahre später in Tadschikistan - mehr als einmal peinlich berührt - selbst erlebt.

Zwei Jahre später wird es in gleicher Besetzung eine Fortsetzung geben. Diesmal lautet das Ziel Moskau. Auf der Rückfahrt geraten die Männer in Berlin mitten in den Bau der Mauer.

Walter heiratet am 25.11.1964 in Lieser die Triererin Christine (Christel) Barbara Wolter, sie ist bei Eheschließung 24 und somit 9 Jahre jünger als ihr Mann. Exakt 11 Monate später wird ihr erstes Kind Matthias geboren, bereits der zweite Matthias der Enkelgeneration innerhalb eines halben Jahres, Erika war etwas schneller. Tochter Susanne folgt im August 1968, diesmal legen Christel und Erika fast einen Volltreffer hin, Sohn Martin erblickt genau eine Woche später in der alten Garnisonstadt Ulm das Licht der Welt - "50 abbrechen - 2 Strich nach links - Einschießen beendet!"

Walter mit seiner Frau Christel und Sohn Matthias 1967

Beruflich war Walter lange Zeit ausgesprochen erfolgreich, er verdiente gut und konnte sich was leisten, u.a. baute er sich sein eigenes Schwimmbad Anfang der Siebzigerjahre. Er war ein ausgesprochen geselliger Mensch, Mitglied in mehreren Vereinen, ein Kegelbruder, der gerne feierte. Mit geringen Mengen hat sich Walter - wie gesagt - zeitlebens nie abgegeben. Er teilte und lebte das Motto seines väterlichen Großvaters: nicht kleckern, klotzen!

Ich habe meinen Onkel sehr gemocht. Sein Haus stand mir jederzeit offen, als ob es mein eigenes sei. Daran hat sich bis heute mit seinem Sohn Matthias nichts geändert. Und zum Glück gibt es noch Tante Christel, die gute Seele des Hauses und Betriebes. Mehr Herzlichkeit und Gastfreundschaft geht nicht. Ich bin ihr unendlich dankbar. In Wintrich ging es im Lauf der Zeit auf und ab - aber auf Lieser war immer Verlass. Eine Insel der Geborgenheit und Zuflucht im Meer der Zeit.

Im Oktober 2001 feierten wir in großer Runde Walters 70. nach. Es war mir eine Ehre und freudige Pflicht, dazu aus Prag anzureisen.

Ein knappes Jahr später erlitt er einen Schlaganfall, im März 2003 mussten wir Walter zu Grabe tragen. Diesmal kam ich aus Berlin, es war mir besonders traurige Pflicht.

Bernkastel, Kreiskrankenhaus, Ende Mai 1969

Ende der Sechzigerjahre änderte sich in Deutschland viel, in der Bundesrepublik herrschte Aufbruchsstimmung, alles sollte neu und besser, auf jeden Fall aber anders werden. An den Schulen und Kindergärten wurden neue Konzepte ausprobiert und selbst die Kinderabteilungen der Krankenhäuser blieben vom Reformeifer beflissener Pädagogen nicht verschont. Ich hatte mir im Mai 1969 das linke Schienenbein gebrochen. Auf Korbel wurde in den alten Hühnerstall ein großer Öltank eingebaut. Vor der Baustelle stand auf der stillgelegten Umgehungsstraße ein Anhänger mit Sand, von dem war ich aufgrund akuten Liebeskummers[117] rückwärts herunter gefallen. Ich hätte mir leicht an der Deichsel das Genick brechen können und hatte einfach viel Glück gehabt.

Ich kam nach Bernkastel ins Krankenhaus, auf meinem Zimmer lagen noch mindestens drei weitere Kinder. Die famose Idee der Pädagogen betraf die Besuchsregelung. Nach dem alten HJ-Motto (ich polemisiere jetzt absichtlich weit über das Ziel hinaus, mein kindlicher Zorn sitzt immer noch tief) hieß es: "Alle oder keiner". Da zumindest die theoretische Möglichkeit bestand, dass einer der Kleinen keinen bzw. nur sehr wenig Besuch bekommen könnte, wurde er vorsorglich gleich für alle gestrichen! Ich lag zwei Wochen auf der Station. Meine Eltern waren im fernen Hannover, meine umfangreiche Verwandtschaft: Großeltern, Tanten, Onkel, Vettern und Basen waren zwar um die Ecke, durften mich aber nicht besuchen!

Ich kam mir sehr verloren vor und habe manche Träne geweint.

---

[117]zur Geschichte in der Geschichte geht es hier

Irgendwann in der zweiten Woche meines Aufenthaltes ging die Tür auf und mein Onkel Walter steckte zunächst nur den Kopf rein. Später wurde mir klar: er konnte sich ja nicht nach seiner alten Methode durchfragen, sondern machte einen auf medizinisches Personal und musste sich etwas umständlich durchgucken.

Walter war das erste bekannte Gesicht nach langer Zeit. Er hatte sich einfach über alle Verbote hinweggesetzt und zu mir durchgeschlagen. Walter zauberte das erste Lachen nach einer gefühlten Ewigkeit in mein Gesicht. Ich war überglücklich!

> Onkel Walter war seitdem der Held meiner Kindheit,
>
> noch weit vor Winnetou und Lederstrumpf.

Junge Römerinnen - die Zwillinge

Gemarkung Wintrich, Richtung Filzen, Flur Grauwiese, 13. März 1945

Im oberen Bereich der ansteigenden Weinberge zwischen den beiden Dörfern macht sich ein kleiner Trupp Soldaten zu schaffen, der zwischen den Rebstöcken ein in einer Holzkiste mitgeführtes Scherenfernrohr aufbaut. Der Anführer, ein junger Unteroffizier, ist mit Kartentasche, Feldstecher und einem auf dem Rücken getragenen Funkgerät ausgestattet. Es handelt sich um einen VB (Vorgeschobener Beobachter),[118] der das Feuer der wenigen noch vorhandenen deutschen Geschütze lenkt. Der Soldat heißt Paul Schmidt und stammt ausgerechnet aus Wintrich. Noch wird das rechte Moselufer von Einheiten der Wehrmacht gehalten,

---

[118] Im Gegensatz zu anderen Armeen übten in der deutschen Artillerie nicht nur junge Offiziere sondern auch Feldwebel, im Krieg selbst Unteroffiziere, die Funktion des VB aus.

gegenüber in Monzel und Kesten bereitet sich das 304. Infanterieregiment der US-Army auf den geplanten Moselübergang vor.

Der VB hätte seinen Standort kaum besser wählen können: erhöht am Hang aber gleichzeitig in der Kehle eines Einschnitts gelegen und daher auch gut gedeckt gegen feindliche Sicht und gegnerisches Feuer. Oberhalb machte die Straße, die von Kasholz nach Wintrich herunterführt, eine Kurve, von den Einheimischen in ihrem Idiom 'Kaaßelich Kehr' genannt, hier war der ursprüngliche Kesselflicker Gerlach Quint beim Holz Abfahren zu Tode gekommen. Ein Sandsteinkreuz in der Felswand erinnert bis heute an den Unfall (Abb. S. 201). An geschichtsträchtigen Orten geschieht nichts ohne Zusammenhang.

Der Krieg ist für die Deutschen längst verloren, die Amerikaner haben am 7. März bei Remagen eine intakte Rheinbrücke erobert, in wenigen Tagen wird die Wehrmacht das komplette linke Rheinufer räumen.

Dennoch macht der VB seine Sache gut. Teuflisch gut, wie es später in der Regimentschronik der 304er wörtlich heißen wird.[119]

Noch 40 Jahre später (ggfs. auch heute noch) pilgern ganze Hörsäle der nahegelegenen Artillerieschule der Bundeswehr von Idar-Oberstein aus an die besagte Stelle, um hier ihr Handwerk am praktischen Beispiel zu lernen.

Wenn Zwillinge geboren werden, ist zwangsläufig eine von beiden die erste und dies war am 23.04.1935 die kleine Hiltrud, weshalb ich mit ihr beginnen möchte. Anna Elisabeth Hiltrud ist das zweite Kind, nach ihrer Tante Rosa exakt 20 Jahre zuvor, die in dem Haus auf Korbel geboren wird. Das zweite Mädchen also und in wenigen Minuten wird ihr meine Mutter Hedwig folgen.

Ich greife jetzt etwas vor, denn Hiltrud wird 25 Jahre später etwas tun, was völlig untypisch für ein Quint-Mädchen, dafür umso typischer für Hiltrud war. Meine Patentante ging schon immer etwas ungewöhnliche Wege.

---

[119] Neu/Orth: Am Ende das Chaos. S. 164 - 168

Ihren übrigen fünf Geschwistern gelingt es nur mehr oder weniger, sich dem Willen des übermächtigen Vaters zu widersetzen, um dann letztlich doch ganz in den traditionellen Bahnen zu verbleiben. Hiltrud wählt ihre ganz eigene, ganz andere Flugbahn.

Eine andere Liga - Meine Patentante Hiltrud

Dazu bringt sie sich eines Morgens des Jahres 1960 selbst in Stellung: "Batterie, ich zähle! Fünf - vier - drei - zwei - eins - FEUER!!", zieht die Reißleine und saust mit annähernder Schallgeschwindigkeit los. Der scharfe, trockene Mündungsknall bricht sich an den heimatlichen Schieferhängen der Geiersley und denen von Kesten auf der anderen Flussseite. Als er die Wintricher aufschreckt, ist Hiltrud schon kurz vor Paris, als das letzte Echo über Reinsport auf der einen und Lieser auf der anderen Seite ausrollt, schießt sie bereits weit über den Atlantik. Die Tochter und Enkelin eines Artilleristen hat sich ihre 'impact area' sorgfältig gewählt. New York? Ach nö, zuviel East Coast establishment; LA? Öde, allenfalls was für Paare, also später; Washington? Geht gar nicht; Houston? Schon besser, let's put it on the waiting list. Hiltrud entscheidet sich für die schönste und seit jeher bunteste, interessanteste und aufregendste Stadt der Vereinigten Staaten: Chicago!

Dort schlägt also 'datt Hiltrud' mit angemessenem Eklat ein und ruck zuck wird man sie nur noch Hilly nennen, Hilly the bomb shell!

Hiltrud und Hedwig sind eineiige Zwillinge, sie sehen sich wirklich zum Verwechseln ähnlich. Was ihr Wesen, ihre Art angeht, gibt es einige bemerkenswerte Unterschiede. Ein einziger Blick aus Hiltruds Augen sage eigentlich alles, eine andere Liga, stellte einmal meine Schwägerin treffend fest. Hiltrud kann kein Wort Englisch, eine junge Frau vom Land, die noch nie richtig aus ihrem Dorf raus war. Dafür hat sie erstaunlich klare Vorstellungen darüber, was sie in der Stadt am Lake Michigan erreichen will und wie sie das anstellen wird. Im Nu hat sie einen ersten Job und legt richtig los. Erfolg macht sexy. Die Chicago Men lieben sie, 'Hilarious Hilly' sieht blendend aus, sie lernt schnell, hat Charme, Witz, Temperament und dann auch noch diesen fetten deutschen Akzent! Brrrrh, this German girl is hot!

Okay, what's next? A man is what I want. Geld sollte er natürlich haben, aber bitte nicht den notorisch alten Tattergreis! Nein, so jung und schick wie sie selber muss er sein, kultiviert, und - ganz ohne Familientradition geht es nicht, noblesse oblige - katholisch sollte er sein.

James-Richie McGee, ein smarter Dandy-Typ schottisch - irischer Abstammung und mit einem erstklassig bezahlten Job im Marketing-Bereich erfüllt nach 2-jähriger sorgfältiger Prüfung alle Kriterien. Aus einer Mischung aus Zärtlichkeit und despektierlichem Respekt heraus nennt er Hiltrud -'my Nazi-girl'. 1966 läuten die Hochzeitsglocken, Aenne und Eduard reisen an, damals war so eine Flugreise noch richtiger Luxus. Eduard gibt seinem angehenden Schwiegersohn noch einen letzten wohlmeinenden Rat: Wer mit Feuer spielt, sollte auch löschen können. Nun, Richies Löschkapazitäten werden nicht reichen, soviel kann ich schon mal verraten - wenn es nicht die meisten ohnehin bereits geahnt haben. Zwei Hände reichen einfach nicht, um die ständig und zahlreich aufflackernden Feuer zu löschen ... Moselschiefer kann extrem heiß werden.... und um die Ecke hat es eine Menge Vulkane ... oben sieht man nichts, aber tief unten rühren 1000 Teufel an brodelnden Kesseln ...

In Chicago bezieht das junge Glück nicht irgendein schickes Appartement, nein, die neuen Marina City Towers müssen es sein, ganz oben, selfunderstood. Danach machen die beiden u.a. Station in Houston (wo meine Cousine Anne-Christine geboren wird - Aenne und Eduard können somit auch mit einem echten Texas Girl in der Enkelschaft aufwarten) und

Malibu. Dort besucht sie einmal mein Vater (meine Eltern waren Ann-Christine's Paten). Er, der in Deutschland nur Käfer fährt, bekommt von seinem Schwager den gelben Porsche und braust damit den Pacific Highway entlang: Uncle Uli als Easy Rider!

Etwa 20 Jahre wird Hillys Ritt auf der Kanonenkugel dauern, bevor sie wieder nach good old Germany zurück saust.

In den Achtzigern besuche ich meinen Uncle Richie zweimal. Er behauptet, keinen Tag der knapp 10 Jahre an der Seite meiner Tante je bereut zu haben, obwohl es zwischen den beiden die meiste Zeit recht turbulent zugegangen sein dürfte. Richie nahm's, so wie er durch und durch war: sportlich. Wir sind mit dem Catamaran auf dem Pazifik gesegelt und er hat mir auf einem Wüstensee das Windsurfen beigebracht. Dafür bin ich ihm ewig dankbar.

Hedwig

Gemarkung Wintrich, in den Weinbergen Richtung Filzen, Freitag, 16. April 1960

Auf den Spuren des wackeren VB von vor 25 Jahren, haben sich 2 junge Offiziere, beide Hörsaalleiter an der erwähnten Artillerieschule, in die Weinberge bei Wintrich begeben, um im Gelände die damalige Lage und Entschlussfassung des erwähnten VB zu studieren. Erst am Ende, es dämmert schon, werden die beiden Oberleutnante gewahr, in welch herrlicher Landschaft sie sich befinden.[120]

Sie beschließen, in der Nähe Quartier zu machen und am nächsten Tag das ihnen noch fremde Moseltal etwas eingehender zu erkunden. Das nächstgelegene Städtchen ist Bernkastel, dort quartieren sich die jungen Herren ein. Wie das in dem Alter so ist, nach dem Abendessen möchte

---

[120] noch zwei kleine Geschichten in der Geschichte

man noch ein bisschen was erleben und beschließt, dem Hotel 'Römischer Kaiser' einen Besuch abzustatten. Dort gibt es im Untergeschoss eine Bar mit Tanzkapelle. Um es kurz zu machen, in dem Lokal fällt beiden eine junge Frau auf, die tatsächlich ausgesprochen kaiserlich und noch dazu recht römisch aussieht. Nachdem die Fernerkundung nach kürzester Zeit erfolgreich abgeschlossen ist, wagen die beiden einen Offizierspähtrupp. Die Ergebnisse sind, wie im Gefecht üblich, gemischter Natur. Einerseits leistet der 'Gegner' keinen Widerstand, andererseits wird er sich sehr bald weiteren Nachstellungen entziehen und zwar gründlich und dauerhaft.

"Sehr liebenswürdig von Ihnen, meine Herren, mich auf einen Persiko einzuladen. Bedauerlicherweise werden wir aber weiters nicht mehr das Vergnügen haben, da ich mich alsbald für unbestimmte Zeit in die Vereinigten Staaten begeben werde", spricht die Schöne, sehr zu Bedauern der jungen Herren. Da sie aber ein großes Herz für einsame Männer hat, lässt sie die beiden Freunde wissen, dass ihre Eltern ein Weingut mit Hotel betrieben und dort gäbe es noch zwei weitere Töchter. "Vom gleichen Kaliber?", fragt, eine Spur zu forsch, der eine, zu-gleich! eine gewisse déformation professionelle im Wortschatz erkennen lassend.

"Oh ja! Die eine ist schließlich meine Zwillingsschwester!", - Volltreffer! Das saß!

Wo denn dieses Drei-Mädel-Haus stünde, fragt mit bebenden Lippen der andere.

"In Wintrich, Ortsausgang Richtung Trier, St. Michael."

Was soll ich sagen? Ich muss diesem einsamen, tapferen VB, noch dazu ein Landsmann, sehr, sehr dankbar sein. Ohne die Tat des Herrn Kameraden hätte mein Vater meine Mutter niemals kennen gelernt.

Wenn man ein Buch schreibt, welches aus vielen nicht unbedingt aufeinander aufbauenden Kapiteln besteht, tut man dies in der Regel nicht in der chronologischen Folge, in der der Text am Ende erscheinen wird. Wenn ich dies schreibe, nähere ich mich mit meiner Arbeit fast dem Ende. Das letzte Kapitel ist das schwierigste. Ich muss über einen Menschen schreiben, der mir von allen Menschen auf diesem Planeten der nächste ist, meine Mutter. Eigentlich kann so etwas nicht wirklich gelingen, ich muss es dennoch versuchen.

Als zweites der Zwillinge, wenige Minuten nach ihrer Schwester Hiltrud, erblickt Hedwig Sophia Katharina am 23.04.1935 in Wintrich das Licht der Welt. Tatsächlich ist Hiltrud von Geburt an physisch die etwas Kräftigere der beiden (ungerechtfertigter Spitzname:"dicka fetta", Kinder können so gnadenlos sein), psychisch wird Hedi die Führung übernehmen und zwar nach einer gewissen Weile selbst auch über die beiden älteren Geschwister. Lange Zeit wird sie sie Anführerin der 6 Quint-Kinder sein, ihre Schwester Hildegard umschrieb das im Jahre 2017 so, sie sei unter den Geschwistern 'der Nagel' gewesen, ihre Durchsetzungskraft war enorm.

Die 4 Quint-Kinder 1936

Alle Quint-Kinder waren hübsch, die Zwillinge sind eine Augenweide. Die beiden Ältesten sind eher Franksmann-Kinder, vor allem Walter. Die beiden Jüngsten sind eher Quint-Kinder, vor allem Michael. Dazwischen die beiden Mädchen, die nicht nur durch ihre äußerliche Gleichartigkeit, sondern auch durch ihr schieres Aussehen mit den zunächst (dunkel-)blonden, lockigen und später schwarzen Haaren ziemlich aus dem Rahmen fielen. Die Zwillinge sind Matthias' Lieblinge, sein Glück und ganzer Stolz. Wenn er sie sucht, dann schallt sein: "Wo sinn mei-in Häß'cher? " durch das Haus.

Die beiden Mädchen durchlaufen die normale Volksschule in Wintrich. Eduard hat nichts Besonderes mit ihnen vor, sie sollen im Betrieb mithelfen und irgendwann einen möglichst wohlhabenden Winzer heiraten.

Eine Episode aus Hedis Schulzeit ist es wert, wiedergegeben zu werden. Es ist im Krieg, ca. 1942. Die Klasse hat Bibelstunde. Der Lehrer behandelt die in der Tat pädagogisch anspruchsvolle Episode, wo der Engel dem Josef erscheint um ihm zu eröffnen, er könne bei der Maria bleiben, ihre Empfängnis sei unbefleckt erfolgt. Zum besseren Verständnis dessen, was gleich folgt, muss ich weiters voranschicken, dass es während des Krieges in einfachen Winzerfamilien noch durchaus nicht unüblich war, wenn die gesamte Familie in einem einzigen Bett schlief.

Der Lehrer fragt die Klasse also, warum denn der Engel dem Josef erschienen sei?

Es meldet sich umgehend eifrig und kommt dran der kleine Schneiders Juppi:

"Ei, wei-el de Jusef ze fittischt im Ba-ad gelei hott!", platzt es aus ihm heraus, wie ihm der Schnabel gewachsen war, eigentlich musste in der Schule Hochdeutsch gesprochen werden.

Weil der Josef zu vorderst im Bett gelegen hatte, ist doch logisch!

Als zusätzliche Ausbildung lernt Hedi im väterlichen Betrieb sowie in Serrig und macht Anfang der Sechzigerjahre eine Ausbildung an einer Hotelfachschule in Freiburg.

Als Anfang der Fünfzigerjahre die Weinstube eingerichtet wird und im Haus eine Reihe von Zimmern für einen Hotelbetrieb umgewandelt werden, ist es Hedi, die durch ein Zeitungsinserat auf die schönen, aus Eichenholz geschnitzten Stühle aufmerksam wird und sie erwirbt. Überhaupt hat sie mit ihren Ideen und Anregungen maßgeblich zum bis heute unveränderten Erscheinungsbild der altdeutschen Weinstube in St. Michael beigetragen. Bis zu ihrer Heirat wird sie - für geringen Lohn - bei ihren Eltern arbeiten. Eine Heirat im Dorf kommt für sie nicht infrage.

Beide Zwillinge wollen raus aus der ländlichen Enge. Die ältere Schwester hat es vorgemacht und auch die jüngere Erika wird einen anderen als den vom Vater vorgezeichneten Weg gehen. Eine gewisse Chance bietet der Hotelbetrieb. In den Fünfziger- und Sechzigerjahren können sich ausschließlich Besserverdienende einen Urlaub in einem Hotel leisten. Freilich ist das Publikum ganz überwiegend älteren Semesters. Gut, dass sich ab und an die jungen Offiziere der Artillerieschule über den Hunsrück an die Mosel begeben …

Die beiden Kameraden und Freunde scheinen sich einvernehmlich geeinigt zu haben, was die gemeinsame Einheirat in die Familie Quint anbelangt, jedenfalls blieben sie auch als Schwager weiterhin Freunde.
Erika wird eine Moser, Hedi eine Klink.

Auf Freiersfüßen an der Mosel

Für seinen Antrag bei den Schwiegereltern auf dem Sofa benötigt Ulrich etwas Anlauf … Beim ersten Mal macht er einen Rückzieher. Weil er die falschen … Schuhe an hat! Sagt er später jedenfalls so. Slipper und keine Halbschuhe. Damals galten offenbar noch sehr steife Vorschriften. Eine gewisse Erica Pappritz, Tochter eines Rittmeisters, hatte da gerade so ein viel beachtetes Benimmbuch herausgegeben, wo dem täppischen Otto Normalbürger Hilfestellung für buchstäblich alle Lebenslagen gegeben wurde, bis hin zur korrekten Betätigung der Toilettenspülung.

Wahrscheinlich war die Autorin Schuld an den Komplexen meines Vaters. Angemessen bzw. zweckdienlich wäre ohnehin Kampfanzug mit Stahlhelm gewesen, denn Ulrich begibt sich mit seinem Unterfangen in ein schieres Himmelfahrtskommando. Der Auserwählte entspricht - mal wieder! - absolut nicht den Vorstellungen des Herrn Brautvaters. Der wünscht sich für jede seiner vier Töchter einen Winzer mit möglichst vielen Stöcken - St. Michael könnte ggfs. erben. Eduard würde am liebsten dynastische Heiratspolitik à la Habsburg betreiben, blöd nur, dass ihm alle seine Töchter einen Strich durch die Rechnung machen und - jetzt kommt's! - sich nunmehr die dritte von Vieren anschickt, einen Offizier zu ehelichen! Erika war - obwohl jünger - etwas schneller gewesen. Ulrich hatte nicht nur keine Hektar an den Hacken, er war der Sohn vollkommen mittelloser Flüchtlinge aus dem Osten! Es ist schon mehr als nur am Rande des Tragikkomischen: als ob das Schicksal Eduard eine richtig fette Lektion in weiblicher Emanzipation und Respekt vor den Vorstellungen und Wünschen seiner erwachsenen Töchter erteilen wollte.

Eine Hochzeit in Wintrich, wie von der Braut Hedi gewünscht, kann nicht stattfinden. Der Bräutigam ist evangelisch. 'Mischehen' waren Anfang der Sechzigerjahre, zumal bei konservativen Priestern, noch ein Riesenproblem. Der Wintricher Pfarrer war allenfalls bereit, das Paar hinter dem Altar zu trauen, womit meine Mutter selbstredend nicht einverstanden war. Der Piesporter Pfarrer war moderner eingestellt und so findet die Trauung in der wesentlich schöneren - Piesport ist ein wohlhabendes Dorf - Pfarrkirche St. Michael statt. Auch der Name passt besser. Viele Dinge richtet der liebe Gott oft halt ganz ohne unser Zutun.

Die Trauung findet statt am 30.11.1962. Anschließend Feier in der Weinstube St. Michael auf Korbel. Viel Familie ist natürlich da und auch viele von Ulrichs Offiziersfreunden. Die lieben Kameraden sind es dann auch, die den obligaten Hochzeitsstreich inszenieren: das Cabrio meines Vaters wird in die schwiegerväterliche Scheune geschafft und dort in gründlicher Arbeit dicht mit Heu ausgestopft. Anschließend wird der Lack noch mit diversen Sprüchen und Zeichnungen 'verziert'. Die Kollegen sind so pietätvoll, auch die beachtliche 'Strecke' meines aus einer Försterfamilie stammenden Vaters nicht unerwähnt zu lassen:
Renate, Ulrike, Karin …

Für die Hochzeitsnacht steht eine zünftige Unterkunft bereit, Onkel Georg hat dem frischvermählten Paar für die Nacht der Nächte seine Jagdhütte zur Verfügung gestellt. Eine kleine Hütte in einem einsamen Tal des Hunsrücks, kein fließendes Wasser, kein Strom …

Ulrich kann sein Glück kaum fassen. Er hat eine Moseltochter gefreit!

Schießlehrer Klink aus Idar-Oberstein hält sich nicht mit umständlichen Zielübungen auf, sondern geht sofort zum Wirkungsschießen über. Am 31.08. des folgenden Jahres werde ich zur Welt kommen. Als in einer Jagdhütte gezeugter Försterenkel konnte ich natürlich nur Hubertus heißen, wie auch sonst? Das junge Paar sorgt infolge bei Standesbeamten und Militärpfarrern für ausreichend Beschäftigung. Das Taufwasser in meinem Haar ist noch nicht trocken, da folgt mir Schwester Anne-Charlotte. Zwei Jahre später kommt Tochter Eva-Maria zur Welt. 3 Kinder in 3 Jahren! Kanonier Uli schießt Sperrfeuer und seine Frau folgt den Regeln ihrer Kirche. Arme Hedi!

Mal im Ernst. Sie hätte es nicht anders gewollt. Die Pille, wenn es sie denn schon gegeben hätte, wäre nicht in Frage gekommen, für die Tochter der Aenne wäre das Teufelszeug gewesen. Meine Mutter war eine sehr konservative Frau. Immerhin gönnt sie sich eine 6-jährige Pause, bevor mein Bruder Markus geboren wird.

Kein Wunder, dass die vielbeschäftigte Mama stets froh war, wenn sie ihren Ältesten für viele Wochen zu den Eltern an die Mosel geben konnte. Dort war ich stets hochwillkommen, vor allem bei meiner Oma, deren erklärter Lieblingsenkel ich war. Diese Gunst habe ich ausschließlich meinem Äußeren zu verdanken, welches mehr als bei jedem anderen der zahlreichen Enkel - insgesamt immerhin 14 - ihrem Lieblingsbruder Friedrich entsprach, der 1915 19-jährig in der Champagne gefallen war.

Meine Mutter hatte keine nennenswerte Aussteuer erhalten, sie wird später - wie andere ihrer Geschwister auch - de facto enterbt werden. Das Verhältnis zum Vater ist ohnehin irreparabel geschädigt. Hedi kann ihrem Vater die ehelichen Fehltritte in den Nachkriegsjahren nicht verzeihen. Sie hat als heranwachsendes Mädchen zu viel mitbekommen, auch über das Leiden ihrer Mutter, zu der sie stets ein enges Verhältnis bewahrt.
So kommt eins zum anderen. Manchmal kochen die Emotionen hoch, dann versucht mein Vater zu schlichten, was die Sache aus Sicht meiner Mutter noch verschlimmert.

❖

Obwohl Hedi lediglich die normale Volksschule absolviert hatte, war sie eine sehr intelligente und vor allem vielseitig gebildete und interessierte Frau. Sie war attraktiv und konnte sich auf jeder Bühne sicher bewegen. Meine Mutter war immer eine ausgesprochen elegante Erscheinung, stets tadellos und sehr geschmackvoll gekleidet, am Ringfinger ein goldener Siegelring mit dem Hl. Michael in hellblauen Stein graviert. Im Gespräch war sie witzig und charmant, mit gewinnender Art, konnte aber auch sehr direkt werden. Das wohl vom Vater ererbte Überlegenheitsgefühl verlieh ihr oft mehr als nur einen Hauch von Arroganz, wodurch sie es sich natürlich bei Vielen verscherzte, doch das focht sie in keiner Weise an. Bei ihr mischte sich wohl Römerstolz mit der rustikalen Art ihrer Kesselflicker-Ahnen. Ihre Direktheit war oft nichts Anderes als pure Unverschämtheit. Dadurch stieß sie bei Vielen, auch im engeren

Familienkreis, auf Ablehnung. Ich habe meine Mutter dagegen stets bewundert und bedingungslos geliebt. Wahrscheinlich liegt es an meiner Eigenschaft als Erstgeborener, …

Immer alle Hände voll zu tun- Hedi als junge Mutter

Anfang der Neunziger Jahre wird bei ihr Brustkrebs diagnostiziert. Es beginnt ein siebenjähriger Kampf, den Hedi tapfer durchsteht, den sie am Ende aber verlieren wird. Am Wochenende vor ihrem Tod war ich noch bei ihr. Sie hatte sehr starke Schmerzen, es war klar, dass sie nicht mehr viel Zeit auf dieser Erde haben würde. So habe ich ihr also, als letzten Dienst, aus dem Buch vorgelesen, dessen Botschaft zu allen Zeiten den Menschen vieler unterschiedlicher Kulturen Kraft und Zuversicht zu geben imstande war. Schweren Herzens verließ ich sie am Sonntagabend.

❖

Dienstag in der Frühe, vor sechs, klingelt das Telefon. Es ist mein Vater.

"There's a new world somewhere,
they call the promised land,
and I'll be there someday, if you would hold my hand.
I still need you there beside me, no matter what I do,
for I know I'll never find another you."

Für zwei Tage später hatte ich einige Gäste zu einer Moselweinprobe in die Räumlichkeiten eines befreundeten Galeristen eingeladen. Ich überlegte kurz, ob ich die Veranstaltung absagen sollte. Ich selbst war ruhig geblieben und traute mir das zu, ich wusste, der Tod war zu meiner Mutter als Erlöser gekommen. Das entscheidende Kriterium für mich war, wie Hedi selber entschieden hätte, welchen Rat sie mir jetzt gäbe. Ich war mir sicher, sie würde sich freuen, wenn wir - wie so oft - auch an diesem Tag in geselliger Runde mit dem guten Wein ihrer Heimat eine schöne Zeit verbrächten. Meine vierfache Mutter hat immer kompromisslos JA zum Leben gesagt.

Also fand die Weinprobe statt. Als wir einen Wein von St. Michael aus Wintrich im Glase hatten, habe ich zu meinen tschechischen und deutschen Gästen ein paar Sätze über meine Mutter gesagt und auf ihr Wohl angestoßen.

Wenige Tage später erreichte mich ein Schreiben von Gräfin Baudissin, der Leiterin des Prager Goethe-Instituts, in dem sie für den netten Abend dankte und auch ihre Rührung darüber zum Ausdruck brachte, wie liebevoll ich über meine Mutter gesprochen hätte. Wir hatten sein sehr enges Arbeitsverhältnis und als ich sie wiederum wenige Tage später persönlich traf, habe ich sie aufgeklärt. In einer sehr warmen, mütterlichen Geste - sie war deutlich älter als ich - hat sie mich umarmt und getröstet, wofür ich ihr sehr dankbar war. Jetzt erst konnten meine Tränen fließen.

Dienstag, früh vor sechs, klingelt das Telefon. Meine Mutter ist nicht mehr.

> *"We'll build a world of our own, that no one else can share,*
> *all our sorrows we leave - far behind at the stair,*
> *and I know you will find, there 'll be peace of mind,*
> *when we live in a world of our own."*

Das Feld, auf dem Hedi niemand schlagen konnte, war ihre Rolle als Gastgeberin. Der Beruf ihres Mannes brachte es mit sich, dass bei uns zuhause unzählige Abendessen und gesellschaftliche Veranstaltungen stattfanden. Meine Mutter kochte grundsätzlich selbst, sie war eine begnadete Köchin. Die Menüs waren stets so, dass selbst die notorisch anspruchsvollen Franzosen immer voll echten Lobes waren. Am Tisch präsentierte sie dann noch sehr fachkundig die Weine, mein Vater konnte sich völlig entspannt zurücklehnen. Zudem legte Hedi größten Wert auf gute Umgangsformen. Mit Folgen ...

Viele Jahre später hatten Katja und ich zu einer Veranstaltung in unser Haus in Canberra eingeladen. Unsere noch nicht ganz 3-jährige Tochter Amalia begrüßte dabei die Gäste an der Tür. Stets das übliche: "Ach, bist du aber süß! Wie heißt du denn?" usw. - Amalia stellte sich vor, ließ sich aber auch die Namen der Besucher nennen. Mindestens ein Paar führte sie formvollendet in die Runde der bereits versammelten Gäste ein: "Das sind Herr und Frau Mahlstedt".
Alle waren vollkommen sprachlos. Ich dachte nur, "Hallo Mama, schön, dass du heute Abend auch dabei bist".

Auch nach ihrem Tod denke ich nahezu täglich an meine Mutter, sie begleitet mich überall, fast mehr, als zu Lebzeiten. Als später ihr Bruder Walter, ihr Cousin Heinz oder ein lieber Freund zu Grabe getragen wurden, dann nahm sie mich in den Arm und strich mir tröstend übers Haar.
Als meine beiden Großen zur Erstkommunion kamen oder die drei Kleinen getauft wurden, dann stand sie daneben und wenn sich unsere Blicke trafen, konnte ich den Stolz und die Freude in ihren Augen sehen und diesen unbeschreiblichen - vom Vater geerbten - Ausdruck im Blick, den sie nur in solchen Augenblicken gehabt hat und der sagt: "immer weiter!"
Ja, immer weiter, auf der langen Lebensreise, getrieben von Neugier und Wissensdrang, aber immer auch vom Herzen und im Gepäck die Liebe zu Heimat und Familie.

"it's a long, long journey, so stay by my side.
When I walk through the storm
you'll be my guide, be my guide"

So wirst du mich also stets leiten, ob es auch donnert oder kracht,
in Liebe, Trauer und Freude und auch in langer, einsamer Nacht.

Meine geliebte Mutter. Meine wunderschöne Mama.

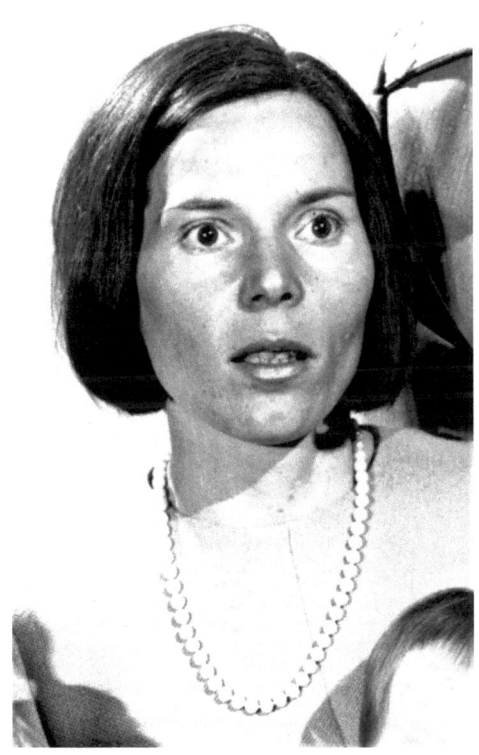

Erika - Bonjour Mademoiselle

Wenn man so viele Onkel und Tanten hat, muss es eine Person geben, zu der man die geringsten Kontakte pflegen konnte. Für mich war das meine Tante Erika. Sie lebte mehr oder weniger die gesamte Zeit ihres Lebens im Süden Deutschlands - die einzige Gegend 'in diesem unseren Lande',[121] in die es mich nie verschlagen sollte. Selbst für baden-württembergische Verhältnisse ist ihr Wohnort der letzten fast 30 Jahre - Oberschwaben werden mir jetzt grollen - reichlich abgelegen, es konnte sich so also nie ein engeres Verhältnis ergeben, was ich hiermit ausdrücklich bedaure, denn meine Tante ist eine kluge und sehr beschlagene Frau, sie hat manche Anekdote zu diesem Buche beigetragen.

Thekla Christa Franziska Erika wird am 09.03.1938 auf Korbel geboren, niemand weiß so recht, warum sie diesen Rufnamen bekam, am Ende nach einem damals sehr populären Soldatenlied.

Wie alle Quint-Kinder besucht sie zunächst die Volksschule im Dorf. Ihre frühe Kindheit ist geprägt vom Krieg. Als sie 11 ist, also 1949, erleidet das Mädchen eine Zäsur, die sein ganzes weiteres Leben bestimmen wird: es wechselt auf das französische Collège in Trier.

Wie ist es dazu gekommen?

Wieder war es, wie konnte es anders sein, der Vater, der dahinterstand. Eduard hatte zeitlebens gute Kontakte zu einflussreichen Kreisen und nach dem Krieg war es im Moselraum die Besatzungsmacht, welche den Ton angab. Zu Eduards zahlreichen französischen Bekannten zählt der Direktor der französischen Schule in Trier.

Sozusagen als äußeres Zeichen der Aussöhnung und Verständigung zwischen den Völkern - hierbei sind die beiden Männer ihrer Zeit klar voraus - wird beschlossen, Erika - als einziges deutsches Kind! - dort einzuschulen. Für Edward O'Corbell dürfte der freundliche Nebeneffekt, dass bei der Aktion für ihn keinerlei Kosten entstehen, keine unwesentliche Rolle im Entscheidungsprozess gespielt haben.

Erika hatte sich bereits auf das Gymnasium in Bernkastel gefreut, sie ist vollkommen überrascht und empfindet den Gedanken, fern der Familie in einem Internat leben zu müssen, als furchtbar. Sie will nicht, aber sie wird

---

[121] Um hier einmal eine der Lieblinksfloskeln des ‚Kanzlers der Einheit' einfließen zu lassen, die ihm auch den Spitznamen ‚Idula' eintrug.

nicht gefragt, sie muss.

Von heute auf morgen muss sich das junge Mädchen in einer völlig fremden Welt zurechtfinden, sie versteht anfangs natürlich kein Wort. Schließlich ist sie das einzige nicht-französische Kind an der Schule und wird es auch die folgenden 7 Jahre bleiben.

Erika 1947 bei der Erstkommunion

Die an sich naheliegende Idee, diese Schule für die Kinder der Offiziere und Unteroffiziere der Besatzungsmacht als Marketingmaßnahme für eine ganze Reihe deutscher Schüler zu öffnen hatte - so kurz nach dem Krieg - offenbar noch niemand.

Da die Schule nicht nur für Kinder der in Trier (nach dem Krieg zweitgrößte französische Garnison nach Paris) stationierten Soldaten, sondern auch für diejenigen aus umliegenden Standorten wie Saarburg, Bitburg und Wittlich zuständig ist, gibt es ein angeschlossenes Internat, in dem Erika bis 1958 wohnen wird. Die Zustände in Schule und Internat muten nicht nur aus heutiger Sicht geradezu unglaublich an. Wahrscheinlich ist es nicht übertrieben zu behaupten, dass es in einem kirchlichen Mädcheninternat oder in einer der gerade für immer geschlossenen Napolas[122] ziviler zuging, als in dieser erzkonservativen Zuchtanstalt.

---

[122] Nationalpolitische Erziehungsanstalt, Eliteschulen im 3. Reich, Bruder Walter sollte als guter Schüler dahin

Niemand kann sich dort frei und ungezwungen bewegen. Weder von einem Unterrichtsraum zur Sporthalle, noch vom Schlaf- zum Waschraum. Grundsätzlich wird vor und nach Beendigung einer beliebigen Tätigkeit in Zweierreihe angetreten, erst dann - entweder in geschlossener Formation, mindestens aber jeweils zu zweit - der Weg angetreten. Erika hat später einmal ausgerechnet, dass sie sich an einem durchschnittlichen Schultag sage und schreibe 43 Mal aufstellen musste. Ihre neue Schule ist de facto eine Militärschule, einige Lehrer tragen Uniform und die Schüler kommen ausschließlich aus Soldatenfamilien.

Im französischen Militär weht - im Grunde bis heute - ein ausgesprochen rauer Wind. Anders als sein deutsches Pendant ist der französische Soldat von Natur aus keineswegs ein befehlsverliebter Duckmäuser. Die Armeeführung wusste um das aufsässige Naturell ihrer Zöglinge nur zu genau und verordnete ihnen von jeher die entsprechende Medizin. Bis weit in die sechziger Jahre hinein wird bei Bedarf heftig geprügelt, gerne pfeffert der Caporal Chef selbst bei geringfügigen Verfehlungen dem Delinquenten rechts und links eine mit dem Stahlhelm. Walter hat noch in den siebziger Jahren auf dem Bahnsteig von Wengerohr beobachtet, wie die gesamte Besatzung eines Urlauberzuges der 8ième Chasseurs, die an der Grenze bei großer Hitze ein wenig lange auf die neue Lokomotive warten musste und deshalb - c'est la guerre - den Zug im alkoholbefeuerten Frust komplett auseinandergenommen hatte, unterschiedslos durch die Gasse gejagt wurde. Die weiß angemalten Schlagstöcke der gallischen Feldgendarmen waren dabei aparterweise nicht aus Gummi, sondern aus Buchenholz gefertigt - pour encourager les autres.
Wenn das der Matthias gesehen hätte!

Geschlagen wurde am Collège Francais nicht, aber es herrschte die gleiche, harte, unbarmherzige Atmosphäre wie in den zahlreichen Kasernen der 5ième Division blindée. Man war schließlich wenige Jahre nach dem Krieg im Feindesland und dort kann man sich bekanntlich keinerlei Laxheiten leisten. Bis heute sieht sich die französische Armee - mehr als jede andere, die italienische eingeschlossen - in der direkten Nachfolge der stolzen römischen Legionen und am alten Militärplatz

Augusta Treverorum kann sie deren Geist der ewigen Besatzungsmacht vortrefflich pflegen.

In den ersten Wochen und Monaten muss Erika jeden Tag zum Rapport beim Direktor erscheinen. Der Schulleiter möchte wissen, wie es ihr ergeht, ob sie von ihren Mitschülern 'gemobbt', beispielsweise als 'boche' bezeichnet würde (was nie der Fall sein sollte) usw.
Religionsunterricht ist selbst an diesem konservativen Institut nicht Teil des Lehrplans, da wird am laizistischen Prinzip des Staates nicht gerüttelt. Während in Paris Mme. Maréchal de France dafür sorgt, dass ausgerechnet in la douce France alle Bordelle schließen müssen (quel malheur!), unterweist in der Garnison de Trèves samstags, wenn Erika bereits im Zug nach Wintrich sitzt, Mme. Colonel Jobain de Mouray persönlich katholischen Katechismus.

Irgendwann wird es Erika alles zu viel. Sie hasst diesen ultra-strengen, autoritären Betrieb und will einmal nach den Sommerferien nicht mehr zurück nach Trier. Eduard beauftragt seine Tochter Hiltrud, die Schwester umzustimmen, was dieser nach einiger Mühe auch gelingt.
Immerhin, am Ende legt Erika das baccalauréat ab, sie spricht perfekt Französisch.

Sie besucht nach dem Schulabschluss eine Fachschule für Sprache und Dolmetschung in München.
Danach, in Deutschland ist der Wiederaufbau in voller Fahrt und die Mosel wird in einer deutsch-französisch-luxemburgischen Gemeinschaftsaktion kanalisiert und schiffbar gemacht, tritt sie ihre erste Stelle auf der Baustelle der Staustufe Detzem an. Die ausführenden Firmen kommen aus Deutschland, Frankreich und Belgien, da ist Dolmetscherleistung dringend gefragt. Nach 2 Jahren ist die Staustufe fertig gestellt und unsere Erika wird, ohne je ein Bewerbungsschreiben aufgesetzt zu haben, einfach an die nächste Staustufe 'weitergereicht'. Diese befindet sich - in Wintrich! - exakt unterhalb ihres Geburtshauses. Dort arbeitet sie noch knapp 2 Jahre für die ausführende Firma. Als auch die Wintricher Stufe fertig ist, möchte ihr Chef sie unbedingt mit nach Nigeria nehmen, wo namhafte deutsche Baufirmen gerade ganz groß einsteigen und tolle Gehälter gezahlt werden, aber sie hat Heiratspläne.

Erika heiratet am 02.03.1962 in Wintrich den vier Jahre älteren Oberleutnant der Artillerie Herbert Moser. 10 Monate nach Eheschließung wird - wie sich das für ein Quint-Mädchen gehört - das erste Kind geboren, meine Cousine Marie-Luise Hildegard. Bis 1968 kommen noch zwei weitere Söhne hinzu.

Michael

Wenn auf so engem Raum wie einem einzigen Haus mehrere Familien in mehreren Generationen zusammenleben und wenn darunter so viele ausgesprochen starke Persönlichkeiten sind, dann führt das zwangsläufig zu permanenten Spannungen. Wo gehobelt wird, da fallen Späne. Das Denken eines Matthias und eines Eduard trägt teilweise militante Züge, ihr Handeln ist mitunter hart bis an den Rand der Brutalität.

Einen Hof über Generationen zu erhalten und den Besitz zu mehren kann man nicht zum Nulltarif. Alles hat seinen Preis und einer muss diesen Preis bezahlen. Ich habe mich bemüht, dieser Geschichte so oft es möglich war einen heiteren Anstrich zu geben. Das ist hier nicht mehr möglich. Jetzt wird es ernst. Die Geschichte meines Onkels Michael ist die Geschichte eines tragischen Scheiterns. Tragisch, weil schuldlos.

Georg Michael Alexander wird am 25.04.1942 auf Korbel geboren. Alle seine Geschwister sind während der Periode der Niederkunft der Mutter nach Lieser ausquartiert. Aus Wintrich kommt die Kunde des Vaters: ein Sohn und endlich ein Kind mit blauen Augen.

In der Familie gibt es eine auffallende Häufung von Geburtstagen in einer einzigen Aprilwoche: 21.04. Aenne; 23.04. die Zwillinge; 24.04. Eduard und nun auch Michael. 5 von 8 in nur einer Woche!

Zunächst verläuft alles ganz normal: Einschulung in der schwierigen Nachkriegszeit, danach Lehre im väterlichen Betrieb. Im Anschluss geht Michael für ca. 2 Jahre an die Weinbauschule in Veitshöchheim. Inzwischen sind wir Anfang der 60er Jahre, St. Michael hat auch eine Weinstube und ein Hotel. Fremdsprachen sind im Tourismusgeschäft das A und O, also legt Eduard Wert auf entsprechende Kenntnisse. Außerdem steht fest, dass der jüngste Sohn einmal das Weingut übernehmen wird, Walter sitzt ja in Lieser. Ob der Junge das überhaupt will? Ich denke, eine solche Frage hat sich Eduard nie selbst gestellt und bei seinen Kindern nicht zugelassen. Bei ihm muss sowieso ausschließlich nach seiner Pfeife getanzt werden, allenfalls den Töchtern gestattet er gewisse Freiheiten.

Michael 1962

Ende der 90er gelingt es mir, den Lehrling aus meinen glücklichen Kindertagen Ende der 60er auszumachen: Klaus, Klaas, datt Kläß'che. Datt Kläß'che hat mich immer auf dem Tank seines Kreidler-Mopeds mitgenommen. Wenn ich bei der Heuernte als Vier-/Fünfjähriger den Lanz in der Spur steuerte - jede Hand wurde gebraucht -, dann war er es, der in den Wendekurven aufsprang und den schweren Schlepper umlenkte. Der Klaas war immer ein fröhlicher junger Bursche, damals hatte er langes, blondes, lockiges Haar und immer ein schelmisches Lachen auf den Lippen. Ich mochte ihn und war froh, ihn in seiner Mühle an der Lieser nach 30 Jahren wieder anzutreffen. Innerlich hatte er sich kein Stück verändert, er hatte immer noch so einen leicht rebellischen, unangepassten Zug. Mein kindlicher Eindruck, dass mein Opa den Klaas gemocht hat (warum sonst nannte er ihn immer geradezu zärtlich 'Kläß'che'?) wurde bestätigt. Der Eduard sei ein harter Hund gewesen, aber er habe es trotzdem recht gut bei seinem Lehrherrn gehabt. Auch die special relationship zwischen Heinz und seinem Patenonkel wurde bestätigt. Nur einer, der habe wirklich nichts zu lachen gehabt. Der

Hoferbe habe ihm leidgetan.

Michael war, das kann man getrost sagen, ein gut aussehender Mann. Groß, schlank, schwarzes Haar und die leuchtend blauen Quint-Augen. Seine Freundinnen waren entsprechend, besonders eine junge Dänin ist den Schwestern im Gedächtnis geblieben. Aber sie waren dem Patron alle nicht recht. Einmal präsentierte er eine schöne Tochter der Untermosel, es muss ihm ernst gewesen sein. Zu ruhig, befindet der Vater. Der Erbe auf St. Michael braucht eine mit Hummeln im Hintern, die muss den ganzen Tag rennen können. Also wieder nichts.

Fairerweise muss ich sagen, dass für den Job tatsächlich nur sehr wenige geeignet sind, wie gesagt, alles hat seinen Preis. Und die 'falsche' Frau zu heiraten, hat schon vielen Bauern das Genick gebrochen. Das werden die Gedanken gewesen sein, die den Vater leiteten.

Bei den Bauerngeschlechtern ist es bis heute letztlich nicht viel anders, als früher in dynastischen Häusern. Da bestimmte ausschließlich die Staatsräson die Heiratskandidaten. Liebe vergeht, Hektar besteht. Entweder man bezahlte den Preis, oder man war draußen.

Erbhofbauer, Weingutsbesitzer, alles stolze, wohlklingende Titel. Wie alles haben auch sie eine Schattenseite, eine sehr dunkle sogar.

Man kann es auch ganz anders sehen: so ein Weingutsbesitzer ist nichts Anderes als der Sklave - das Rädchen darf nie stille steh'n - seines Betriebs. Damit er das keine Sekunde vergisst, ist dieser Betrieb wie eine große Eisenkugel mit einer schweren Kette unlösbar an sein Bein geschmiedet. Freizeit, Urlaub gar, sind rar. Ein einziger schwerwiegender Fehler - und die Kugel zieht ihn unrettbar in die Tiefe.

Winzer zu sein, guten Wein zu produzieren ist ein stolzer, ein königlicher Beruf. Aber - viel Ehr, viel Feind - es ist auch eine sehr gefahrvolle Beschäftigung. Wo Besitz und Erfolg sind, da ist schnell auch Neid und Missgunst der lieben Mitmenschen. Nicht zu vergessen: die Arbeit mit schwerem Gerät in den Steilhängen der Mittelmosel ist durchaus mit Lebensgefahr verbunden. Schließlich ist da noch etwas:

Wein ist ein uraltes, ein edles, ein biblisches, ein im Wortsinne kultisches Getränk. Aber Wein enthält nun mal auch Alkohol. Dieser ist eine Droge. In geringen Mengen kann Alkohol, Wein zumal, medizinische Wirkung haben. In Maßen genossen ist Wein ein anregendes, bekömmliches und durchaus gesundes Getränk. Wird eine gewisse Grenze regelmäßig überschritten, kann auch der edle Wein schnell zum garstigen Todfeind werden.

Der Tod ist ein ständiger Begleiter des Winzers. Jedes Mal, wenn er eine Flasche berührt, jedes Mal, wenn er den sich entwickelnden Wein verkostet, jedes Mal, wenn er zu Verkaufszwecken mit Kunden eine Probe durchführt, steht der Alkoholtod hinter dem Winzer und schaut ihm grinsend über die Schulter. Gibt es eine Brennerei im Betrieb, was bei den 'richtigen' Weingütern eher Regel als Ausnahme ist, wird die Gefahr nochmals potenziert. Es erfordert eiserne Disziplin und einen starken Willen, der permanenten Versuchung zu widerstehen. Kommen private oder wirtschaftliche Sorgen (welcher Winzer hat die nicht?) hinzu, ist die Hemmschwelle nochmals deutlich herabgesetzt.

Ich kann und will hier nicht alles wiedergeben, was in dieser Tragödie eine Rolle gespielt hat. Meine Mutter, die von allen Geschwistern die längste Zeit mit ihrem geliebten Bruder verbracht hatte und ihm daher besonders nahestand, hat oft geweint. Wenn sie mit ihm sprach, wurde er oft grob, mit dem Vater war ein Gespräch erst gar nicht möglich.
Michael hat zeitlebens versucht, die Achtung seines Vaters zu erringen. Unter seiner Ägide machte St. Michael durchaus eine positive Entwicklung. Ich war in allen meinen Schulferien in Wintrich und habe viel Zeit arbeitend mit ihm verbracht. Sein Lieblingsspruch war: "Der Rubel muss rollen". Einmal, ich war ungefähr 14, war er auch zu mir sehr grob. Eine Eiszeit trat ein. Nach einem dreiviertel Jahr hat er eingeräumt, einen Fehler gemacht zu haben und zum Ausgleich hat er mich zu seinem französischen Freund und Kollegen Hubert an die Loire gebracht, wo ich dann auf einem Weingut das reine Französisch der Touraine gelernt habe.

In den Siebzigerjahren setzt das Sterben der großen Güter ein. Die ab dieser Zeit deutlich steigenden Personalkosten können von bestimmten Betriebsgrößen an nur noch unter optimalen wirtschaftlichen Bedingungen aufgefangen werden. Mitte der Siebziger muss Huesgen die Geierslay verkaufen, Anfang der Achtziger gibt v. Schorlemer in Lieser auf, Wintrich ist nur wenige Jahre später dran. Das Schorlemer'sche Weingut besitzt erstklassige Lagen, u.a. einen nennenswerten Teil des Ohligsbergs.
Michael schlägt zu, er erwirbt deutlich über einen Hektar der Spitzenlage.

So ein Geschäft wird an der Mosel vielleicht alle 100 Jahre getätigt, vergleichbar mit dem legendären Erwerb von 43 ar des Doktorberges in Bernkastel durch Geheimrat J. Wegeler im Jahre 1900. Für den Moment der Unterschrift unter den Kaufvertrag steht das Wasser der Mosel still.
Zusammen mit vorherigem Besitz hält damit St. Michael den mit Abstand größten Anteil an der nur 6 ha umfassenden Lage. Der Erwerb ist Michaels bleibende Leistung für den Betrieb, der seinen Namen trägt. "Guten Wein zu haben ist die eine Sache, ihn auch zu verkaufen die andere", merkt Eduard an.

Matthias und Eduard waren wie Eichen von den sturmumwehten rauen Höhen des Hunsrücks. Michael war von ganz anderer Art. Er war die Pappel, die früher häufig in den Moselauen zu finden war. Groß und schlank, schön und zerbrechlich. Er stand an sich im angestammten Habitat, aber die Umweltbedingungen stimmten nicht. Permanenter Sturm blies ihm entgegen und eines Tages hat es ihn umgeworfen. Er war gerade mal 50 Jahre alt.

Die Drei von der Tankstelle, Kläß'chen, Michael und Eduard beim Abfüllen, ca. 1968

Nimm an, Herr, Brot und Wein,
sie sind die Frucht der Erde
und unsrer Müh und Not.
Lass Speise sie zum Leben
und Trank zum Heile sein.

Maria Luise Thurmair

Heinz

Heinz Mehn wurde am 09.09.1944 im Cusanus-Hospiz zu Bernkastel geboren. Seine Mutter war Eduards Schwester Rosa, sein Vater Studienrat Heinrich Agritius Mehn, ein junger Altphilologe aus Köln mit familiären Wurzeln nach Lieser. Leider weiß ich nur sehr wenig über Heinz' Vater, er muss ein sehr feiner Mann gewesen sein.

Unmittelbar nach Heinz' Geburt schreibt Nachbarin Pauline an den Vater: "Das Heinzelmännchen ist angekommen!" Der Brief wird seinen Empfänger nicht mehr erreichen, er kommt zurück.

Bei Kriegsende wurde Heinz' Vater, der hoffnungsvolle Lehrer und Wissenschaftler, als einfacher Soldat an die schlesische Front geschmissen und verheizt, er stirbt im Januar 1945 einen sinnlosen Tod, gnadenlos wurde damals selbst das kostbarste Saatgut einfach verbrannt.

Heinz wuchs auf Korbel auf, sein Vater war de facto Eduard, dessen jüngster Sohn gerade einmal 2 Jahre älter war. Michael und Heinz waren wie Brüder, was man auch später immer spüren konnte.

Seine Mutter hatte große Pläne mit ihm, sie ist nie wieder eine Beziehung eingegangen und steckte ihren ganzen Ehrgeiz in die Ausbildung des Sohnes, der einmal seinem Vater als erfolgreicher Akademiker nachfolgen sollte. Dieser Plan, soviel kann man verraten, sollte gründlich schiefgehen.

Der Junge soll nach Beendigung der Grundschule eine erstklassige Schule besuchen, die katholische Trägerschaft mit hohem akademischen Anspruch verbindet. Dafür gab (und gibt) es im Rheinland eigentlich nur eine erste Adresse: das Aloisius-Kolleg in Bad Godesberg. Dort besucht Heinz den Unterricht bis Anfang der 60-er Jahre, dann wird er von dort verwiesen. Irgendetwas muss er ausgefressen haben, aber niemand weiß, was. Diebstahl? Glaube ich nicht. Frauengeschichte? Heinz war zwar - zumindest später - durchaus umschwärmt, machte sich aus Frauen aber nicht viel. Blasphemische Äußerungen? Theoretisch denkbar, aber da musste man bei den notorisch toleranten Jesuiten schon einen ganz dicken Bolzen schießen, kann wohl auch ausscheiden. Bleibt eigentlich nur eine Drogensache. Vermutlich - das ist freilich reine Spekulation - hat sich Heinz'chen einmal an seinem Nobelinstitut mit einem Haschischpfeifchen erwischen lassen. Was zehn Jahre später einfach kopfschüttelnd durchgewunken worden wäre, erregte Anfang der 60-er Jahre noch einen

Riesenskandal. Heinz fliegt vom Aloisius-Kolleg und zwar achtkant. Für Rosa mehr als nur eine mittlere Katastrophe. Ersatz muss her und wird gefunden: das renommierte Friedrich-Wilhelm-Gymnasium in Trier. Während die Absolventen des Aloisius-Kollegs exakt so harmlos sind, wie es der Name ihres Instituts vermuten lässt (Thomas de Maizière, Alexander Graf Lambsdorff) liegen die Dinge in Trier diametral anders. Gelegentlicher Drogenkonsum ist dort kein Entlassungsgrund, sondern eher Einstellungsvoraussetzung. Wer bei Eintritt den festen Anspruch vermissen lässt, wenn nicht die Welt, so doch wenigstens Deutschland mit seinen Gedanken aus den Angeln zu heben, braucht gar nicht erst anzuheuern. Hinter der deutlich martialischer, aber doch etwas irreführend preußisch-dynastisch klingenden Fassade des Namens verbirgt sich in Wahrheit die deutsche Kaderschmiede für angehende schwerkalibrige Sozialrevolutionäre. Karl Marx, Edgar von Westphalen, Oswald von Nell-Breuning haben dort maturiert.

Durch Genosse Reimann in stundenlangen Gesprächen beim Angeln ideologisch bestens präpariert, erledigt unser Heinz Aufnahme- und zwei Jahre später Abiturprüfung an der ‚Karl-Marx-Schule‘ mit Bravour.

An der Universität zu Köln nimmt er ein Studium der Soziologie und Völkerkunde auf. Frau Mama und der Herr Oheim in Wintrich sind stolz und glücklich, noch ahnt niemand etwas Schlimmes. Viele Jahre später habe ich zufällig bei Dreharbeiten in Köln jemanden kennengelernt, der mit ihm zusammen studiert hat. Demnach war der 'Schwarze Heinz' in den ideologischen Kämpfen, die in Köln wie an den übrigen deutschen Hochschulen ab Mitte der 60er Jahre ausgetragen wurden, genau dort anzutreffen, wo es einem Wintricher Jung, einem Haanes zumal, allein anstand: ganz vorne.

Ich sehe ihn vor meinem geistigen Auge: ein kräftiger, groß gewachsener junger Mann mit glühenden Augen, etwas dünnem Bart, den krausen, schwarzen Haaren und der bis Lebensende obligaten Baskenmütze, agitierend auf der Spitze einer Barrikade. - Bestimmt hatte er eine Ami-Armeejacke an: ein deutscher Che Guevara, incl. Fronterfahrung am Kyber-Pass! Die Frauen müssen ihm reihenweise zu Füßen gelegen haben. Meine Mutter jedenfalls ganz bestimmt, sie, die unter allen Quint-Töchtern eigentlich immer die konservativste war und mit einem Offizier verheiratet ist, wählt 1966 ausgerechnet den ‚Bürgerschreck‘ der Familie zum Paten ihrer Tochter Eva. Mit der Kirche hat Heinz - Ehrensache für einen Jungrevolutionär - nichts am Hut, dennoch willigt er ein.

Dem drohenden Wehrdienst auf dem Höhepunkt der Studentenbewegung entzieht sich der ohnehin auch auf diesem Gebiet bereits Frühvollendete durch eine Rückkehr auf das anatolische Hochland zu mehrjährigen Feldforschungen im Rahmen seiner Doktorarbeit. Es gibt zwar gewisse drohende Anzeichen am Horizont, aber bisher scheint alles einigermaßen zur Zufriedenheit der Frau Mama zu verlaufen.

Irgendwann wird sich herausstellen, dass Heinz seine Doktorarbeit nicht abschließen wird. Ich bin, ehrlich gesagt, nicht einmal sicher, ob er je einen ordentlichen Studienabschluss gemacht hat. Wahrscheinlich nicht. Heinz wird nie in seinem Leben einer geordneten Arbeit nachgehen. Irgendwann wird etwas passiert sein, dass ihn, der wie Viele seiner Generation ohne leiblichen Vater aufwuchs, völlig aus der Bahn geworfen haben muss. Er, der Hochintelligente, ein umfassend gebildeter Mann, wird seine vielfältigen Talente niemals zielgerichtet einsetzen, jedenfalls nicht im bürgerlichen Sinne. Er wird das, was man in jeder Familie kennt und das 'schwarze Schaf' nennt.

Schwarzer Heinz und weiße Rosa 1997

Ich habe meine eigene Theorie: unter den schwarzen Sternenhimmeln von Afghanistan und über dem Hochland von Anatolien, bei späteren Reisen durch Syrien, Persien und anderen Ländern des Vorderen Orients hat Heinz eine Form von Freiheit gespürt, die ihn, dessen weitreichender Geist eher dort, nicht aber im engen Deutschland seine Entsprechung fand, für seine Heimat untauglich gemacht hat. Warum ist er nicht einfach ausgewandert? Habe ich mich oft gefragt. Auch dies hat er irgendwie nicht geschafft. Heinz blieb zeitlebens ein Wanderer zwischen den Welten. Einerseits der sprachbewanderte Orientalist, andererseits ganz schlicht und einfach e Wintricher Jung.

Um nicht missverstanden zu werden: Heinz war nie faul oder gar arbeitsscheu. Irgendeinen Vertretungs- oder Aushilfsjob als Übersetzter/Dolmetscher o.ä. hatte er fast ständig. Immer wieder heuerte er zur Traubenlese oder anderen arbeitsintensiven Perioden im Weinberg bei seinem Onkel/Cousin an. Er war dann stets der 'Vorarbeiter' und trieb seine Leute, da war er ganz Nachfahre des Matthias, durch Vorbild und Ermahnung zu intensiver Arbeit an. Dabei kamen ihm seine Sprachkenntnisse sehr zugute, denn die von meinem Großvater so genannten 'Internationalen Brigaden'[123] setzten sich aus britischen und französischen Soldaten sowie weiteren Helfern aus aller Herren Länder zusammen. Geraucht hat Heinz bis zum Lebensende wie ein Schlot - einmal Companero, immer Companero - und gesoffen ..., wie ein Geistesarbeiter halt.

Kam die Rede auf Heinz, rümpfte Aenne indigniert die Nase. Bei Eduard, der an sich ebenfalls exakt diesen Typ zutiefst ablehnte, hatte er immer Narrenfreiheit. Mein Großvater hat Heinz richtiggehend geliebt. Er gab ihm mehr Zuneigung als seinem eigenen Sohn, das ist eine Tatsache, die ich selber spüren konnte und die mir durch kompetente Zeugen verbürgt wurde. Warum war das so? Wieder habe ich keine hinreichende Antwort. Wir bewegen uns im Bereich der zwischenmenschlichen Beziehungen, da gibt es keine Regeln und Definitionen. Offensichtlich hat ganz einfach die Chemie gestimmt. Wobei eines ganz klar blieb: mochte Enrique auch der Commandante sein, der Maximo Líder hieß Eduardo. Für den dürfte Heinz so ziemlich der einzige Mensch gewesen sein, der auch nachts um drei und mit 2,3 Promille intus noch in der Lage gewesen wäre, die Weltrevolution zu erklären oder die Koinzidenztheorie des Cusanus[124] mit ihm zu erörtern.

---

[123] Illustration im Glossar
[124] Erläuterung im Glossar

Sowas hat Eduard über die Maße geschätzt, für so etwas verzieh er alles.
Ich kann diese Haltung meinem Großvater gar nicht hoch genug anrechnen. Heinz war schließlich nicht nur der klassische 'Faulenzer' und Versager, er war der 'Mega-Faulenzer', der Versager par excellence. Entsprechend wurde er auch von vielen Familienmitgliedern, nicht zuletzt den eingeheirateten, angesehen. Für jemanden, dessen Sinnen und Trachten letztlich ganz und ständig auf die Wahrung bzw. Schaffung materieller Güter ausgerichtet ist, ist so ein Heinz der leibhaftige Gottseibeiuns. Von Haus aus war Eduard genauso abgerichtet, aber er stand über diesen Dingen und bewies, dass es für ihn außerhalb dieser Welt noch Dinge gab, die gleichfalls hohe Wertschätzung verdienten.

Heinz kurvte dann so mit uralten Fords durch sein Leben, wenn er denn überhaupt kurven durfte, weil der Lappen mal wieder eingezogen war. Seine alte Mutter musste ihn unterstützen. Einmal gab es eine Phase, da schien er doch noch einigermaßen den Anschluss zu schaffen. Eine stabile Beziehung, eine Tochter (heute promovierte Veterinärärztin). Als Vater wird der sonst so unkonventionelle Mensch sehr konservative Maximen verfolgen, was er selbst nicht schaffte erzwingt er so geradezu bei seiner Tochter: die Erreichung des höchsten Bildungsgrades. Aber auch dieser Abschnitt blieb Episode.

Seinen Lebensabend verbrachte er wieder in Wintrich, wo ich ihn oft besuchte und diese unvergesslichen Unterhaltungen führen durfte. Heinz war Linguist durch und durch. Er war u.a. auch ein großer Experte seines heimatlichen Idioms und konnte jede Lautverschiebung, jeden kleinen Bedeutungswechsel, jede Nuance eines einzelnen Wortes in den verschiedenen Dorfvarianten erläutern. Heinz hätte so viele ganz bestimmte Bücher verfassen können, eine Etymologie des Wintricher Platts wäre eines dieser Werke gewesen, die kompetenter zu verfassen keiner in der Lage gewesen wäre.

À propos, und das weiß ich ausnahmsweise nicht von ihm, sondern von meiner Jugendfreundin Conny: das Wintricher Platt hat eine im deutschen Sprachraum ziemlich einmalige Besonderheit, die an die Grammatik slawischer Sprachen erinnert: nur im Wintricher Platt wird das Zahlwort 'Zwei' im Plural nach Genus flektiert: zween Männer, zwo Frauen, zwää Kenner!

Heinz wusste nicht nur, wo man was finden konnte, er wusste schlicht gleich alles selbst, es war unglaublich. Wenn ich jemals einen Menschen getroffen habe, auf den die viel zitierte Wendung 'wandelndes Lexikon' zutraf, dann war es Heinz. Heute würde man wohl sagen: "googeln war gestern, frag' den alten Heinz."
Seine letzten Lebensjahre verbringt Heinz bei seiner Mutter in Wintrich. Nach ihrem Tod fühlt er sich in dem Haus allein und einsam. Seine paar Euro verleiht er überall im Dorf an Hilfsbedürftige oder solche, die vorgeben, welche zu sein. Ob Dorfbewohner oder polnische Saisonkräfte, er macht da keine Unterschiede. Der Heinz war einer der Wenigen, der buchstäblich sein letztes Hemd für andere auszog.

Heinz ist im Juli 2011 verstorben. Mit ihm trat der letzte mit Wintrich Zeit seines Lebens verbundene Vertreter seiner Generation in unserer Familie ab. Ich war durch eine günstige Fügung gerade für 3 Tage (!!) aus Australien an der Mosel. Es war mir eine traurige aber sehr gern übernommene Aufgabe, die Trauerrede auf dieses bemerkenswerte Mitglied einer an originellen Typen nicht gerade armen Familie zu halten

Wintrich/Mosel, Friedhof, 12.07.2011

Liebe Ruth, liebe Trauergemeinde, liebe Wintricher,
Ein paar persönliche Worte zum Tode von Heinz Mehn
Heinrich-Ernst Mehn, mein Großcousin, genannt Onkel Heinz oder einfach nur Heinz, wurde am 9.9.1944 im Hospiz des Cusanus geboren. Krieg ... Hinterland der Front ... geboren während eines Bombenangriffs
Die Bomben konnten Rosa und Heinz glücklicherweise nichts anhaben – und doch haben sie beider Leben zerstört. Der Krieg – der große Zerstörer - nahm Rosa den geliebten Mann und Heinz hat seinen Vater nie gesehen.
Dieses grausame Schicksal teilten damals Millionen von Menschen, was die Sache nicht besser macht, aber es mag einiges erklären von dem, was sich später in der Persönlichkeitsbildung und Biographie von Heinz Mehn ereignete.
Im Cusanus-Hospiz geboren und dort die letzten Wochen des Lebens verbracht, hier schließt sich ein Kreis und dies scheint mir etwas sehr Schönes und Tröstendes zu sein. Immerhin ist der Kreis in vielen Kulturen

ein Symbol perfekter Harmonie und auch von Ewigkeit.

Die Natur mit ihrem ewigen 'Stirb und werde' zeigt sich auch im weiten Familienkreis immer wieder. Heute verabschieden wir uns von unserem Heinz und bereits in 3 Wochen wird im Hause Klink in Canberra die Taufe unserer jüngsten Tochter Clara gefeiert werden, auch sie ein direkter Nachfahre des Großvaters von Heinz. Claras Schwester heißt Amalia Rosa - und wäre Clara ein Junge geworden, so wäre dieser auf den Namen Leopold Agritius getauft worden - das war beschlossene Sache.

Ein 3. Kreis: Heinz hat sich eine Seebestattung gewünscht. Seine Asche wird also dem Meer übergeben werden, welches bekanntlich den größten Teil unseres Planeten bedeckt und ebenfalls ein Symbol von Harmonie, Gleichgewicht und Ewigkeit ist. Diese Art der Bestattung will mir außerdem so recht zu einem Mann passen, der polyglotter Weltbürger im besten Sinne des Wortes war. „Die Welt ist mein Feld", dies war Teil seines Lebensmottos und es muss allein berufsbedingt auch gewiss das meine sein.

Heinz: wenn immer ich in einem Land an einer Küste auf Posten sein werde, dann muss ich nur - dann müssen wir nur - zum Meer gehen, um Dir nahe zu sein. Ein faszinierender und auch wiederum tröstender Gedanke.

Als Moselaner kam er vom Wasser – zum Wasser kehrt er zurück. ‚I was born down by the riverside' hätte gut einer seiner Aussprüche sein können.

Heinz Mehn war einer der intelligentesten und gebildetsten Menschen, denen ich in meinem Leben begegnet bin. Was immer über ihn innerhalb und außerhalb der Familie gesagt worden sein mag: für mich – und dies gilt auch für meine Eltern und Geschwister – überwog letztlich immer die Bewunderung über sein stupendes Wissen. Heinz sprach mindestens 7 Fremdsprachen fließend, darunter Türkisch und Russisch, er hatte ein vertieftes Interesse an weiteren Sprachen und neben seiner Muttersprache möchte ich auch seinen Heimatdialekt: das Moselfränkisch Wintricher Ausprägung, nicht unerwähnt lassen. Der Mensch lebt nicht vom Brot allein ... und wie viel geistige Nahrung hat Heinz jedem, der ihn kannte, gegeben.

Sich mit Heinz zu unterhalten war immer ein Gewinn, kein Thema des klassischen Bildungskanons, in dem er nicht zu Hause gewesen wäre. 3 Beispiele, wahllos aus Unzähligen herausgegriffen:

1. Geburtsort der Helena, der Mutter Konstantins des Großen
2. Maruffi, ein in Deutschland vollkommen unbekannter orientalischer Komponist
3. die Abschiedsrede auf den Lateinlehrer von Tochter Ruth, in Latein gehalten

Heinz war ein Bildungsbürger, aber keinesfalls im hergebrachten Sinne, sondern eben auf die seine, auf eine ganz spezielle und unnachahmliche Art.
Er war der Cousin meiner Mutter, mit ihr wuchs er auf Korbel auf und sie muss ihn sehr gemocht haben, denn sie entschied sich für ihn als den Patenonkel ihrer Tochter, meiner Schwester Eva. Und was für ein Patenonkel ist er gewesen, von Abenteurtum und Exotik umweht, der seiner kleinen Patentochter handgemachte Umhängetaschen von Nomaden aus dem Hochland Anatoliens sandte, mit persönlicher Namensstickerei. Kein Geburtstag wurde vergessen und wenn seine Patenpflicht es gebot, war Onkel Heinz zur Stelle. Zumindest in den ersten Jahren bis zur Kommunion – dies sei eingeräumt – die kleine Eva hat ihn jedenfalls sehr geliebt und wurde von ihren Spielkameradinnen um diesen so ungewöhnlichen Paten beneidet, daran erinnere ich mich genau.

Heinz war auch der langjährige Lebenspartner von Brigitte und nicht zuletzt der Vater ihrer gemeinsamen Tochter Ruth. Über diese beiden Rollen, so wichtig sie auch sind, kann ich wenig beitragen, ich gestehe es offen. Das Wenige, das ich weiß – und hier kann ich nicht auslassen, dass Heinz über diese elementaren Bereiche auffallend wenig Worte verlor – lassen Rückschlüsse auf Verwundungen auf allen Seiten zu. Heinz war kein einfacher Mensch und er machte es einem oft nicht leicht, das wissen einige hier viel besser als ich. Dennoch vermissen wir ihn – und das spricht für sich.
Schließlich – und nicht zuletzt- war Heinz 'en Wintria Jung', mit Moselwasser getauft und aufwachsen in dieser alten Winzergemeinde. Er war kein Quint - und dennoch: ein Haanes durch und durch – nicht nur von seiner ganzen Art und Veranlagung, sondern noch eher durch sein äußeres Erscheinungsbild. Es rührt sicher nicht nur mich an, soviel von ihm in Antlitz und Figur von Ruth wiederzuerkennen.

Im Dorf war Heinz anerkannt, man brachte ihm Respekt entgegen, obwohl er den überkommenen Idealen seiner auf praktischen Erfolg und Leistung getrimmten Sippe so wenig zu entsprechen schien. Er war eben ein 'feiner Kerl' und nicht zuletzt, bitte schön, war er bis zur letzten Minute seines Lebens ein Herr. Es kann kein Zufall sein, dass auf seinem Türschild im Hospiz nicht nur Name und Vorname vermerkt waren – wie dies dort ansonsten üblich zu sein scheint – sondern eben auch die nämliche (um in seinem Duktus zu bleiben) Anrede.

Es steht außer Frage, dass wir uns am Sarg eines Mannes versammelt haben, der mit vielfältigen Begabungen gesegnet war. Nochmals: jedes Gespräch mit ihm - und wie viele durften wir mit ihm führen - war immer ein Gewinn, allein seiner besonderen Ausdrucksweise wegen. Wendungen wie:
„Nämlichem ist genau dies widerfahren" oder: „Nachdem er sich dort installiert hatte …" werden mir ewig im Gedächtnis bleiben. Das sind so kleine Apercus, Wortgeschenke, die der Sprachgourmet sich auf der Zunge zergehen lässt.
Unvergessen die von ihm inszenierte Hammelbraterei mit dem umfangreichen türkischen Freundeskreis– Brigitte war dabei – vor ziemlich genau 30 Jahren im Erkelenzer Garten der Familie Klink!!
Und ebenso unvergessen, die Rolle, die Heinz in den ersten Wochen einer damals – im Jahrhundertsommer 2003 - noch ganz jungen Liebe zu meiner späteren Frau Katja gespielt hat. Wir campierten ganz wörtlich in Rosas Garten. Heinz inspizierte unser Zelt und meinte in seiner lakonisch-verschmitzten Art: „Ist das jetzt das neue Habitat?" Katja hat Heinz von Beginn an in ihr Herz geschlossen. Wer sie kennt, weiß, dass sie Menschen nicht nach ihrem äußeren Erfolg beurteilt. Sie sieht Menschen in erster Linie mit dem Herzen und was das sah, muss sehr schön gewesen sein.
Aus meiner zahlreichen Verwandtschaft, die man bekanntlich nolens volens mitheiratet, war ihr der Heinz so ziemlich der Liebste.
Heinz, Du hast mir wie wenige andere die Augen für die weite Welt geöffnet und den Samen für das spätere Interesse an anderen Sprachen, Völkern und Kulturen gelegt. Dafür danke ich Dir. Und persönlichen Dank möchte ich auch all jenen entrichten, die den Heinz getragen und zuweilen -pardon- ertragen haben. Heinz brauchte in seinem Leben bis zum Schluss viel Fürsorge. Dank an alle, die sich um ihn gekümmert haben: er war jede

Mühe wert.

Heinz, Heenz'che, Dau bes mer net bees, wann ejch ze gouder Laatzt, vo Mann ze Mann, en poar Saatz iewer Deich off Muselplatt soon. Dat Wintria Platt es joa genau genummen me-in Mottersproach – nummen woar et net mei Motter sondern Dau, der Motter Ihre Kusenng, der mir dat Muselplatt geliehrt hot. Dat e loa passt sou goat ze dem 'Linguist', wie de dech salvert in en Melangsch vo Ironie un Woarhäd genannt hos.

Ejch sain dat Beld noch vier mer: lenks de Groaßvadder, räächs Dau un en der Mitt ejch, dat klaan Metzche vo finnef, sechs Joar, allen dre-in de Koarsch [Hacke] iewer de Scheller, wie mer in de Wingerten zem 'Groaßen Hergott' eroff gang senn. Dau hos eweilen deine laatzte Gang oangefang. Wo Dau bess oder hottisch [bald] werst senn, loa givt et keen Schmerze un och kaan' Duuscht [Durst]. Loa bess de all dein Sorijen ledig. Un wä-este wat ejch -weilen in diesem Moment – denken: wie de ze Deim Vadder kemms. Ejch meinen dat auch ganz wörtlich. Wo'n doch sievenunsechzig Joar of Dech gewoart hott. Et es en sehr schee Beld, waat ejch eweilen loa su innerwännisch vier mer se-in!

Commandante Enrique und Maximo Líder Eduardo inspizieren eine Internationale Brigade im Ernteeinsatz 1967

Jenseits der Berge die Sonne! - Ausblick

In den Familien Quint - Franksmann wird seit Jahrhunderten Landwirtschaft betrieben. Dies gilt insbesondere für die beiden geraden, namensgebenden Linien. Beide Familien produzieren Nahrungs- bzw. Genussmittel und leisten damit einen nachhaltigen Beitrag zur Ernährung zahlreicher Menschen, mittlerweile auch deutlich über Deutschland hinaus.

Es gibt ein zweites Traditionsband, das die Jahrhunderte überdauert hat. In beiden Familien wird bis heute der christliche Glaube katholischer Ausprägung in lebendiger Form praktiziert. Das erstere erfüllt mich mit Stolz, das letztere mit Hoffnung.

Möge es den Nachfahren als Vorbild und Mahnung zugleich dienen. Demut vor der Leistung der Ahnen und Ansporn, das Erbe und die Tradition zu wahren, vor allem: den Stab an die nächste Generation weiterzureichen.

Die Weichen dazu sind auf St.Michael gestellt. Nach viel baulichem Pfusch unter Eduard und Michael hat der jetzige Besitzer, mein Cousin

Michael Quint, das Anwesen von Grund auf renoviert und sich dabei kompromisslos vom Erbe unseres Urgroßvaters Matthias leiten lassen. Das Weingutshotel St. Michael strahlt in neuem, alten Glanz: ein Vorzeigebetrieb in jeder Hinsicht. Und es gibt auch bereits die neue, die nächste Generation, Tochter Emma-Marie ist 9 Jahre alt. Sie hat alle notwendigen Voraussetzungen von den Eltern in die Wiege gelegt bekommen und ich hoffe, sie wird eines Tages das Erbe ihrer Vorfahren antreten wollen und können. Die eine, die entscheidende und allein maßgebliche Voraussetzung bringt sie mit: die stahlblauen Augen der Quints!

```
Der Michael, er war noch klein,
traf eines Sommers in Wintrich ein.
Und dort erfuhr er zum ersten Mal, daß sein Moselopa ein Winzer war.
Und daß der dort von früh bis spät
zur Arbeit in die Wingert geht.
Als Michael im Bus nun saß,
schaut-nicht wie sonst,- er auf die Straß'
sondern immer nur nach allen Seiten,
wo die vielen Wingert sich ausbreiten-
und da wird ihm voll bewußt,
was sein Opa alles schaffen muß,-
und voller Stolz erklärt er da..
" alles meinem Opapa ..... "

Aus Wintrich sitzen rundherum
ein paar Leute, die bis dahin stumm.

Jetzt kommt ein Wort nur,-ein spontanes -

"Hoastet gehoart,- et es en Haanes!"
denn in unserem Dorfe geht der Spruch:
" en Haanes, dä kre-it nie genuch"-

Doch dieser Spruch, in seinem Keim, hat auch was Gutes, wie ich mein
Ein Mensch, der lasch und ohne Ziel
erreicht auf dieser Welt nicht viel.

Drum mögt ihr,- wie' s in eurem Blut
getrost erstreben Hab und Gut,-
doch nicht vergessen bei all' dem Streben,
-das H E R Z- ist das Wichtigste im Leben!

So wünsch' ich, daß ihr all das kriegt,
was euch am meisten am Herzen liegt.
```

Tante Hildegards Mahnung erfolgte nicht ohne Grund und gern setze ich sie daher an den Schluss dieses Buches.

Ja, mit huldigem Herze und helfender Hand sollte man stets durch das Leben gehen!

"Ob uns auch Speier und Spötter verlacht,
uns geht die Sonne nicht unter.
Ob uns auch Speier und Spötter verlacht,
uns geht die Sonne nicht unter!"

Sag mir wo die Blumen sind - Impressionen aus einer untergegangenen Welt

Wintrich als Bauerndorf, diese komplexe Welt auf kleinem Raum ist mittlerweile vollkommen untergegangen. Heute wirtschaften in Wintrich nur noch eine gute Handvoll Vollerwerbsbetriebe und die Zahl der Nebenerwerbsbetriebe nimmt seit mindestens 40 Jahren kontinuierlich ab. Es gibt fast keine Handwerksbetriebe mehr, nicht einen klassischen, der letzte, der Schuster, hat vor ca. 20 Jahren dichtgemacht. Es gibt, seit vielen Jahren - horribile dictu! - nicht einmal einen Pfarrer mehr. Das schöne Pfarrhaus wurde ca. 2011 verkauft. Ich konnte es nicht fassen. Die Kirche (das Gebäude) war jahrhundertelang das kulturelle Zentrum all dieser Dörfer, nun geht kaum noch jemand hinein. Ein Bruch von dramatischer Tragweite. Heute ist Wintrich, wie fast alle Dörfer in Deutschland, überwiegend eine Schlafstätte für Menschen, die schön und günstig wohnen möchten und ansonsten irgendwo in der mehr oder weniger nahen Umgebung arbeiten gehen. Es liegt auf der Hand, dass das eine mit dem anderen Dorf allenfalls noch optische Ähnlichkeit aufweist und selbst die ist begrenzt. Dem Hör- und Geruchssinn wird fast nichts mehr geboten.
Als Kind durfte ich diese längst untergegangene und heute ferne Welt noch sehen, die Misthaufen und kleinen grünen Deutz-Traktoren vor fast jedem Hof, die engen 'Gaaßcher' mit den kleinen, alten, schäbigen Häusern. Meine Ohren durften das helle Klingen des Schmiedehammers, das dumpfe Tuckern der schon damals altmodischen Schlepper, das Muhen der Kühe aus den Ställen und den omnipräsenten Klang der Wintricher Mundart noch hören. Pfarrer Meid, der von der Kanzel herunter brüllt: "Ist Gott Privatsache??!!"

Mein Geruchssinn schließlich - und der bleibt bekanntlich am besten im Gedächtnis - konnte noch die zahllosen Reize aufnehmen, die es heute dort nicht mehr gibt: die permanente Dunstglocke von Kuh- und anderem Mist sowie des ungeklärten Abwassers in den Gossen und Rinnsalen des Dorfes, die diversen Spritzbrühen, der spezifische und auch nicht eben angenehme Geruch einer Hausschlachtung, dafür der Duft nach selbstgemachter Wurst beim Metzger (einen Bäcker gab es schon vor 60 Jahren nicht mehr in Wintrich), oder vom vorbeifahrenden Heuwagen, die diversen Odeurs aus den zahllosen Kellern, je nach Jahreszeit mal eher

Gärgase, mal mehr feiner Weinduft, die Mischung aus den Gerüchen des gesamten Angebots im 'Gemischtwarenladen' von Maria Porn. Schließlich die Messe in der (sonntags immer rappelvollen) Pfarrkirche: im Kirchenschiff die Gläubigen, je weiter hinten desto intensiver eine aparte Melange aus kaltem Körperschweiß, Mottenpulver, Tresterfahne und Eau de Cologne, vorne der etwas beißende Geruch von Weihrauch.

Mit allen Sinnen konnte ich das Dorf meiner Vorfahren in der Endphase eines lebendigen Bauerndorfes gerade noch wahrnehmen. Das Haus auf Korbel habe ich in allen seinen Teilen noch ganz so erlebt, wie mein Urgroßvater es ursprünglich vorgesehen hatte: Im Stall standen Kühe, man konnte durch die große Luke des Heubodens (das sogen. 'Ro-ofloch') auf den hohen Haufen nach unten springen. Im Kelterhaus stand tatsächlich eine Kelter und in der großen Speisekammer roch es nach Speck, Käse und Gewürzen (alles offen). Im Hof qualmte und 'schmixte' (stank) das ewige Feuer der großväterlichen 'Müllverbrennungsanlage' und in der Küche kochte Oma Aenne für ein ganzes Hotel auf Holzfeuer. Es war eine ganz andere, eine farbige, laute, stinkende, mitunter auch gefahrvolle aber ungeheuer abwechslungsreiche Welt, ungleich an- und aufregender als dieser stets menschenleere, langweilige und gespenstig stille, nicht nur sauber, sondern geradezu steril wirkende Ort der Gegenwart.

Auch in der sächsischen Heimat meiner Frau sind die Dörfer inzwischen still und öde. Aber es gibt wenigstens noch jede Menge Grün, und sei es Unkraut.

Piesport hat sein Gestade, Lieser das Schloss mit dem großen Garten. Brauneberg hat die wunderschönen Moselwiesen mit alten Nussbäumen, ein Kleinod an der Mittelmosel. Und Wintrich? In dem engen, dicht bebauten Dorf gab es auch früher wenig Grün. Aber heute ist alle Natur unter Betonpflastersteinen und Asphalt verschwunden, jeder Quadratzentimeter. Der Anblick dieses monochromen Grau bereitet mir körperliche Schmerzen.

Es war einmal, wäste nach? - das Dorf des Matthias und der Susanna, der Aenne und des Eduard, das Wintrich meiner Mutter und ihrer Geschwister gibt es nicht mehr. Damit ich nicht missverstanden werde: man kann und darf das Rad der Geschichte nicht zurückdrehen. Die wenigen verbliebenen Winzerbetriebe müssen im harten Überlebenskampf mit der Zeit gehen und Wintrich ist kein idyllisches Museumsdorf. Auch sehen

Kinderaugen anders und Anderes und später neigt man dann leicht zu einer gewissen Nostalgie oder gar Melancholie. Nein, ich bin einfach nur glücklich, dass ich noch Zeuge einer für immer untergegangenen Ära sein durfte. Es war damals nicht besser und nicht schlechter als heute - jede Zeit hat ihre Herausforderungen und Freuden.

Das Dorf und die Häuser auf Korbel und in Lieser waren das Paradies meiner Kindheit. Bis heute sind sie für mich Sehnsuchtsorte geblieben. Wo immer ich mich später aufgehalten habe, und wenn es Afrika, Zentralasien oder Australien gewesen war: bei jedem Heimaturlaub, jedem Aufenthalt in Deutschland, und sei er noch so kurz gewesen, stand ein Besuch an der Mosel fest im Programm. Immer wurde ich mit offenen Armen aufgenommen und dankbar durfte ich fühlen, wie unendlich wertvoll ein Stückchen Heimat für einen globalen Nomaden ist. Selbst meine nächsten Angehörigen haben diesen inneren Drang und mein daraus resultierendes Verhalten oft nicht verstanden, es gar kritisiert und ich konnte bzw. wollte ihnen keine Erklärung geben.
Hier ist zumindest ein Versuch dazu. Erinnern und Schreiben kann unglaublich befreiend sein.

Unbeschwerte und glückliche Kindertage bei den Großeltern: Traktorfahren als Vierjähriger bei der Heuernte auf dem alten Lanz mit Handgas - sich bei Gluthitze unter Heugarben verkriechen - das Schwein, das gleich tot im Brühwassertrog liegen wird - das blitzende Messer in der Hand des Metzgermeisters Steinmetz in Brauneberg - der schwere Hammer in der Hand des letzten Schmiedes Josef Binz 'Schmitze Jupp' - die klappernde Schere in der Hand von Josef Erz 'Iaze Juppes', der mir in der Pützgasse immer die Haare schnitt - mit meinen Freundinnen Bettina, Conny und Christine in irgendwelchen selbstgebauten Hütten und Verschlägen 'Vater, Mutter, Kind' spielen - mit Stefan, dem Sohn des Tankwarts, Autos betanken und anschließend auf dem Geländer ein Waldmeistereis lutschen - flache Schiefersteine ins Wasser werfen und Angeln am Fluss - Eidechsen nachstellen in den heißen Schiefermauern der Weinberge - mit dem Nachbarsjungen Gustav die Milchkanne auf die Rampe hieven - Tante Rosa, Susken und Christel; Onkel Michael, Heinz und Walter - datt Aennchen un datt Paulin', die (Schul)-Freundinnen meiner Mutter - mit meinen Geschwistern zu Füßen des 'Großen Herrgott' 'Spiegeleier' braten - mit Cousin Matthias bei Sturm und Wind auf dem Baugerüst in Seenot geraten - im flachen Wasser der Lieser mit bloßer Hand Forellen fangen - in Maria Porns waschechtem Tante-Emma Laden einkaufen und mit der Kundschaft über meine Herkunft rätseln ("datt is dem Hedi seind") - die alte Schiefergrube 'Geiersloch' erkunden - mit Conny Lurchis Abenteuer 'lesen' - Besuche der Gräber der Urgroßeltern - Toben im Heu - Kühe und Katzen füttern - versuchen, auf einem Schaf zu reiten - stundenlanges Versteckspiel in den zahllosen Verschlägen, Kammern, Ställen und Winkeln - tausende Weinflaschen umschichten, waschen, etikettieren und in Kisten verpacken - im Oktober Trauben lesen, Trauben naschen - mit den Lesehelfern aus aller Herren Länder Sprachen lernen - wohlhabenden Gästen aus Hamburg den Keller zeigen und dafür ein fürstliches Trinkgeld bekommen - eine liebende, fürsorgliche Großmutter und ein strenger, aber geduldiger Großvater, der Lehrer meines Lebens: das war meine Kindheit an der Mosel.

Es war eine schöne Zeit, sehr schön sogar.

Aber sie ist unwiederbringlich vorbei, wie jede Kindheit einmal ein Ende hat.

C'est ca la vie. - Mais, n'oublions jamais, c'est beau la vie!

Alors, levons nos verres mes chers amis!

Buvons avec du bon vin de la Moselle à tous les membres de la famille, vivants et morts.

Vive le saint patron de tous ceux qui luttent pour le bien!

Long live a strong Europe! Es lebe die ewige Freundschaft! Vive l'amour immortel!

Nachwort

Noch ein Wort zum Schluss: Ich hatte eingangs von den Stammvätern gesprochen. Ich habe diesen biblischen Begriff bewusst gewählt, ist doch unsere ganze judäo-christlich geprägte Kultur zumindest in ihrem Ursprung sehr maskulin zentriert. Jesus Christus hat bereits vor 2000 Jahren versucht, diese einseitige und die Frauen häufig benachteiligende Ausrichtung aufzubrechen. Seine diesbezüglichen Gesten, Symbole und Botschaften gehören für mich zum mutigsten und schönsten, zum radikalsten und revolutionärsten Erbe unseres Herrn in seiner Zeit und deutlich darüber hinaus. Dennoch sollten selbst in unserem Raum noch annähernd zwei Jahrtausende vergehen, bis es zu einer wenn nicht vollständigen, so doch weitgehenden Gleichstellung der Frau in Familie, Gesellschaft und Arbeitswelt gekommen ist. Im 19. Jhdt. war das, insbesondere im ländlichen Raum, noch ganz anders. Man kann sagen, die Gleichstellung der Frau hat sich auch im 20. Jhdt. nur lang- und mühsam vollzogen. Männer waren es, die den Höfen und Haushalten vorstanden, Männer gaben überall, ob im Privat- oder öffentlichen Leben, den Ton an, sie waren es, die hohe Ämter bekleideten und schicke Uniformen trugen. Männer bestimmten nahezu alle Geschicke und machten dadurch auch quasi exklusiv Geschichte. Entsprechend stehen auch in dieser Abhandlung überwiegend Männer im Mittelpunkt. Der Frau kam im ländlichen Raum eine andere Rolle zu, sie hatte sich in erster Linie gewissermaßen nach innen, hin zu Haushalt und Kindererziehung zu richten, wie dies in vielen traditionellen Kulturen unserer modernen Welt auch heute noch der Fall ist.

Dabei war der Beitrag der Frauen zur Aufrechterhaltung und Weiterentwicklung landwirtschaftlicher Betriebe zu allen Zeiten ein fundamentaler, mindestens so wichtig wie der der Männer. Man kann das gar nicht genug betonen. Ihre rein biologische Rolle und die damit verbundene gesundheitliche, psychologische und zeitliche Belastung nenne ich nur - hierzu gibt es ausreichend Literatur für alle, die sich damit näher beschäftigen möchten.

Das vollwertige Arbeitsleben der Frauen begann im Durchschnitt früher, weil ihnen noch viel seltener als den jungen Männern eine bessere Schulbildung zugestanden wurde. In der Mosel-Verwandtschaft gab es, wie wir sahen, bemerkenswerte Ausnahmen, die aber nur die Regel bestätigten. Verstarb die Mutter früh, was relativ häufig vorkam, waren es in aller Regel junge Mädchen, oft selbst noch Kinder, die die Versorgung der jüngeren Geschwister übernehmen mussten, mit allen Konsequenzen. Auch dafür habe ich Beispiele geschildert.

Junge Frauen wurden aus einer Reihe von Gründen früh verheiratet, meist vor Erreichen der Volljährigkeit. Sie wechselten damit vom weitgehend rechtlosen Status der Minderjährigen in den gesetzlich fast ebenso rechtlosen Stand der Ehefrau. Im Westen Deutschlands konnten verheiratete Frauen bis weit in die fünfziger Jahre (des 20. Jhdts.!) nicht über das eheliche Vermögen verfügen, selbst dann nicht, wenn sie es selbst in diese Ehe eingebracht hatten. Ihr rechtlicher Status entsprach damit fast noch dem des ausgehenden Mittelalters, lediglich als Witwe hatte sich ihr Los im Vergleich zu dieser Zeit verbessert. Warum man vielfache Mütter und erfahrene Hausfrauen per se für verantwortungslos und leichtfertig hielt, also für bestenfalls eingeschränkt geschäftsfähig, während sich ihre gesetzlich mit voller Prokura ausgestatteten Ehemänner jeden Abend die Hucke volllaufen lassen konnten und danach manchmal noch schlimmere Dinge anstellten, ohne gravierende Konsequenzen fürchten zu müssen, wird wohl nicht nur mir ein ewiges Rätsel bleiben. Es lässt sich wohl nur dadurch erklären, dass die Männer ihre Vormachtstellung verabsolutiert hatten.

Zwar verrichteten Männer die körperlich härtesten Arbeiten wie Pflügen im Frühjahr, Mähen im Sommer oder Holzfällen im Winter. Das bedeutet aber nicht, dass die Frauen nur leichtere Tätigkeiten verrichtet hätten. Die reine Frauentätigkeit des Wäschewaschens, -trocknens und -bleichens verursachte, vor der Einführung von Waschmaschine und Trockner, beispielsweise denselben Kalorienverbrauch wie das Holzfällen, vom vergleichsweise gigantischen Zeitaufwand nicht zu reden.
Den Frauen oblag neben der zeit- und nervenaufreibenden Erziehung und Versorgung der meist zahlreichen Kinder die Führung des kompletten Haushalts einschließlich des Gartens sowie die Versorgung des Viehs. Zusätzlich gingen sie oft auch noch mit in den Weinberg bzw. auf das Feld. Erkrankte der Mann, wurde er zum Militärdienst (2-jährig. Grundwehrdienst/mehrwöchige Reserveübungen) eingezogen oder brach gar mal wieder ein Krieg aus (das kam bis 1945 in Europa bekanntlich

häufiger vor) mussten die Frauen zusätzlich noch die komplette Männerarbeit übernehmen. Klingt unglaublich, war aber Alltag auf dem Land. Bei Lichte betrachtet leisteten die Frauen also einen mindestens so wichtigen Beitrag zum Bestehen der Höfe wie die Männer, wahrscheinlich war er sogar höher.

Es war mir ein Bedürfnis, diese Feststellung an den Schluss dieser Aufzeichnungen zu stellen und sei es nur, um etwaigen Fehldeutungen entgegen zu treten. Stellvertretend für die ungezählten fleißigen, klugen und umsichtigen Frauen unter meinen Vorfahren, rastlose Mütter allesamt, ist diese Arbeit meiner Großmutter Aenne Quint, geb. Franksmann-Tobergte, gewidmet.

Von großen Händen wunderbar geborgen – Großvater und Enkel auf Korbel 1965

Begonnen an Karfreitag 2017, beendet am 31.05.2017, niedergeschrieben in Berlin, Banjul und Bissau, Lieser und Wintrich, in Gedanken und mit dem Herzen stets bei meinen lebenden und toten Familienangehörigen.

Glossar

1) Lichterfelde gehörte 1904 an sich noch nicht zu Berlin, sondern war eine brandenburgische Landgemeinde im Weichbild der Stadt, ein eleganter Villenvorort der
sich bis heute noch viel vom damaligen Charme bewahrt hat. Lichterfelde kann übrigens mit Fug und Recht als die 'Pflanzschule' des preußischen Offizierkorps gelten. Außer dem
Garde-Schützen-Bataillon lag dort die preuß. Hauptkadettenanstalt. Zusätzlich, als sei dies noch nicht genug, gab es eine "Offiziervorbereitungsanstalt".
2)[Auszug Brockhaus von 1892 "Gardetruppen"]

Garde nicht dienen. Die preuß. Gardetruppen werden von besonders befähigten Commandeuren ausgebildet und sind im eigentlichen Sinne des Worts eine Mustertruppe für das Heer. Die Garde ist in den letzten großen Kriegen vielfach in vorderster Linie verwendet worden und hat sich durch ihre Leistungen, besonders bei Königgrätz, Metz, Sedan und vor Paris, unverwelkliche Lorbeeren errungen.

8) Per se als unehrlich galten Schäfer, Müller, Türmer, Bader, Leineweber oder Barbiere. Außerdem Anbieter von „unreinen" Dienstleistungen, die mit Schmutz, Strafe und Tod zu tun hatten wie Gassenkehrer, Büttel, Köhler, Abdecker, Totengräber oder Scharfrichter. Wikipediaeintrag 'Unehrlicher Beruf', abgerufen am 24.05.2017. Interessant, welche Berufe nicht auf dieser Liste sind.
10) Thanischt ist eine gallo-romanische Entlehnung einer vulgärlateinischen Ortsbezeichnung taxonarias bzw. (in) taxonariis. Diese enthält als Wurzel lat. 'taxus, taxo' = Dachs und bedeutet "bei den Dachslöchern". Allen Thanischt-Örtlichkeiten ist die Hanglage am (einstigen) Ortsrand gemeinsam, wo der Wald begann und die Dachslöcher zu finden waren. Vgl. im Französischen: Tanares, Tainieres, Taisnieres. Zitiert nach Caspers, Franz: Siedlungsnamen Fahls und Tanisch. In: Jahrbuch 1998 für den Kreis Bernkastel-Wittlich. S. 248
11) Die Mosel war bis weit ins 20. Jhdt. eine klassische arme Weinregion, unabhängig von der Tatsache, dass sie eine ganze Reihe erstklassiger Lagen aufzuweisen hatte. Entscheidend waren jahrhundertelang folgende

Kriterien: 1. Arme Böden (für die Landwirtschaft, aber die stellte nun mal für die große Masse der einfachen Landbewohner die Haupterwerbsquelle dar); 2. Realteilung; 3. Schlechte Absatzbedingungen für den Wein: viel Fläche, aber wenig Abnehmer in erreichbarer Nähe = geringer Preis; Als in der 2. Hälfte des 20. Jhdt. die ersten Moselwinzer auf Flaschenweinverkauf mit Selbstvermarktung umstiegen und Liefertouren fuhren, kamen sie - egal in welche Himmelsrichtung sie fuhren - stets durch ein anderes Weinanbaugebiet, bevor sie den Kunden erreichten. Klassische Gegenbeispiele sind die beiden 'reichen' Weinanbau- gebiete Franken und Baden, jeweils mit mehreren Großstädten in unmittelbarer Nähe. Es gab auch (wenige) reiche Moselorte - Piesport oder Brauneberg als Beispiel - die hatten dann erstklassige Qualitäten und schon früh ein gutes Marketing. Ende des 19. Jhdt. erzielten Rieslingweine von der Mosel bei Auktionen höhere Preise als Spitzenrotweine aus dem Burgund oder Bordeaux.

Dass die Mosel eine arme Gegend war belegt auch die Tatsache, dass es keine bäuerliche Tracht gab. Das 'Moselblümchen' (schwarzer Rock, grüne Schürze, weiße Bluse und rote 'Stola') als Tracht der Frauen wurde erst nach dem Zweiten Weltkrieg für die Touristen kreiert. Die Männer in ihren blauen Arbeitshemden mit weißen Streifen erinnern eher an Hamburger Fischmarkt. Alles heillos künstlich.

12) Der fortan gemeinsame Besitz Quint-Kettern reichte aus, um als "Weingut" zu firmieren. Das waren diejenigen Betriebe, die die notwendigen Voraussetzungen (bewirtschaftete Fläche, Jahresproduktion, Erzeugervermarktung etc. p.p.) erfüllen konnten. In Wintrich gab es davon ganze 5 (von geschätzt 250 Betrieben). Allerdings muss man de facto noch als sechstes Gut den Martinerhof hinzuzählen. Weil sich die Schorlemer'sche Hauptverwaltung jedoch in Lieser befand, zählte das Gut de jure dorthin.

Als "Gutsbesitzer" war Matthias im agrarisch geprägten Preußen mit seinen geschätzt gerade mal 7- 8 ha (davon ein Drittel Reb-, der Rest Acker- und Wiesenfläche sowie Wald) und 2-3 bezahlten Arbeitskräften (Jahresproduktion: ca. 7 Fuder Wein) zumindest nominell auf Augenhöhe mit einem ostelbischen Großagrarier, der locker das Hundertfache an Fläche und das fünfzigfache an Arbeitskräften aufbringen konnte. Klingt komisch und war es auch, trotzdem bleibt das gefühlte und in einer ständisch organisierten Gesellschaft auch zugestandene Prestige Tatsache.

Hier muss ich an eine herrliche Szene aus der von mir über die Maße geschätzten Heimattrilogie von Edgar Reitz denken: Der Protagonist Edi (er hieß wirklich so!) verirrt sich als 'Unschuld vom Lande' Anfang 1933 in einen Berliner Puff. Die dort arbeitende Lucie denkt beim Wort 'Ländereien' gleich in ganz anderen Kategorien, schmeißt sich an ihren späteren Ehemann (!) ran und ruft aus: "Na, dann lass uns doch mal zu deinen Jütern fahren!" Die Reaktion: "Na ja, Güter …. bei uns im Hunsrück ist das alles ein bisschen kleiner." An der Mosel auch.

13) Weinkommissäre sind Weinhändler, die auf fremde Rechnung Wein bei den Winzern aufkaufen. Bis nach dem 2. Weltkrieg wurde die große Masse des Weins noch im und mit dem Fass verkauft. Winzer und Kommissär probierten den Wein aus dem fraglichen Fass im Keller und dann ging die Handelei los. War man sich schließlich einig, schlugen beide Seiten mit der flachen Hand auf den Fassrücken und der Handel war damit besiegelt. Das Fass wurde verplombt und dann trat eine seit langem ausgestorbene Berufsgruppe in Aktion, die Schröter. Das waren vierschrötige Gesellen, die das tonnenschwere Fuderfass aus dem Keller und auf einen Wagen zu verbringen hatten.

Die Kommissäre befanden sich natürlich in der deutlich stärkeren Position. Wenn der arme Winzer verkaufen musste - und das war in der Regel ortsbekannt - dann war er dem Aufkäufer auf Gedeih und Verderb ausgeliefert. Deshalb versuchte ein jeder, sich möglichst gut mit ihm zustellen. Daher (und natürlich auch wegen des notorisch dicken Portemonnaies) rührte das hohe Ansehen. Clara Viebig hat der Thematik in ihren "Goldenen Bergen" viel Raum gegeben.

16) Es würde zu weit führen, alle Kommandobehörden und Garnisontruppen der Militärstadt Metz im Einzelnen aufzuführen. Ich versuche mich in einer Zusammenfassung: In Metz befanden sich das Generalkommando des 16. Armeekorps, die Kommandos zweier Divisionen, vierer (bayr.) Infanteriebrigaden, zweier Kavallerie- und einer Feldartilleriebrigade sowie einer Fuß- und einer Festungsartillerieinspektion. Ein Artilleriedepot und ein Verpflegungsamt durften in einer Festung natürlich auch nicht fehlen.

19) Ein Bursche war beim Militär ein einfacher Soldat, der einem Offizier zu dessen persönlichem Dienst beigegeben werden konnte. Der Bursche kümmerte sich in erster Linie um Reinigung und Pflege von Uniform und Ausrüstung seines Offiziers (deshalb in vielen Armeen auch einfach nur

"Putzer" genannt). Oft brachte er ihm die Mahlzeiten, erledigte Botengänge oder lästigen Schreibkram und ging ganz allgemein seinem Herrn in vielerlei Hinsicht zur Hand. Befand sich die Einheit im Manöver oder gar kriegsmäßigen Einsatz, kümmerte der Bursche sich um das immer wieder wechselnde Quartier. Es liegt auf der Hand, dass sich häufig ein Vertrauensverhältnis zwischen Offizier und Bursche einstellte, das ansonsten weder üblich noch erwünscht war, von dem aber beide Seiten profitierten. So war es auch bei unserem Matthias. Es liegt weiter auf der Hand, dass die Stellung des Burschen eine begehrte war, schließlich überwogen die Vorteile (weitgehende Befreiung vom üblichen Tagesdienst) die Nachteile bei Weitem. So verlief für Matthias das letzte Jahr in Metz vergleichsweise angenehm.

34) Im Gegensatz zu manchen anderen Regionen im deutschen Sprachraum - mir fallen spontan Oberbayern und die Sudeten ein - spielte Musik im Alltagsleben der Moselwinzer traditionell keine bedeutende Rolle. Auch auf Korbel wurde leider nur sehr wenig musiziert. Dabei soll Eduard sogar während des Krieges brieflich seine Aenne gemahnt haben, den Kindern eine musikalische Bildung zukommen zu lassen. Am weitesten dürfte es hier Walter gebracht haben, der immerhin einige Jahre Akkordeonunterricht erhielt. Erika bekam etwas Klavierunterricht, das war es dann aber auch.

40) Die Wendelinuskapelle verdankt ihre Entstehung ausgerechnet dem regen Kartenspiel dreier Wintricher Männer (Skatrunde): dem Besitzer der Geiersley Huesgen, Matthias Quint-Kettern und (ausgerechnet!) dem Ortspfarrer. Es wurde vor dem Ersten Weltkrieg um Geld gespielt und meistens gewann Huesgen. Einmal sagte der frustrierte Pfarrer: "Wenn du das nächste Mal wieder gewinnst, ist aber eine Kapelle fällig!". Huesgen gewann und errichtete an seinem Haus die Kapelle für die bereits vorhandene Heiligenfigur.

Dort betete die etwa 12-jährige Tochter des Lehrers Staudt einmal: "Hl. Wendelinus, bitte für uns und unsere Schweine."

43) Wintria Wiada - lauter Wörter, die es nur in Wintrich gibt
zusammengestellt von Hans Tömmes

Apelkrotz	Apfelkitsch, was nach Verzehr übrigbleibt
Armittschen	kleiner Henkeltopf, den man mit in den Wingert nahm
Audasteip	Büstenhalter (Euterstütze)
bampeln	baumeln
Braumen	Kreuzung v. Pflaume u. Mirabelle, eine gr. runde, blau. Frucht
Bul	Eimer für die Viehtränke
deßbedeeren	Zwiegespräch halten
dootgedehlt	tot geteilt
dorjena gemaach	Unordnung gemacht
drauzäin	dreizehn
Eiapatschen	Löwenzahn
Eiapatschenseisschmeerschmeer	
	Löwenzahnmarmeladenbrot
Fäija bauen	Feuer machen (starke phon. und semant. Nähe zum Englischen: to build a fire)
Färrija	der Fährmann
fauteln	pfuschen
Friemen	Fremde(r)
gaagisch Knippchen	die Ellenbogenspitze, Musikknochen, deshalb geckisch
Gaaßchen	kleine Gasse
Gaischkuppen	Bergkuppe über der Geiersley, unterhalb des Christus
Giestadaija	Zecken (bevorzugen angeblich den Ginster)
Gnoosgaaß	heute Schulstraße
graulen	Angst haben, 'et grault meijsch'
Handgatschel	Deichsel am Handwagen
hartstrichich	hartnäckig, widerborstig, lässt sich nicht überzeugen
Hiadschen	Geflecht/Körbchen aus Weiden/Stroh, manchmal auch Reiser aus Haselnusssträuchern, auf das man Obst zum Trocknen in den Ofen legte
hin unn her gewenzelt	er hat sich gewunden
hottisch	bald (von hurtig)
Kändel	Dachrinne und auch Fallrohr
Kiechtschen	Endstück des Brotlaibs
Krääf	Heurechen

Krehauen	was man schnell in den rohen Weinbergsstiefeln bekam: Hühneraugen
kuschtisch	verschwinde! versteck/verkriech dich!
Lean	Linde
Laiskaul	mein persönliches Lieblingswort: die Wintricher hatten sogar für eine antomische Besonderheit des menschl. Schädels einen eigenen Ausdruck: die 'Läusekuhle'. Hat jeder am Hinterkopf. Eltern zum unartigen Kind: 'Wenns dau nit brav bes, krei-jchste een a-an de Laiskaul!'
Meastepoul	Jauche
Meckenplaatsch	Fliegenklatsche
Naachen daijen	wenn der Fährmann sich/den Nachen mit der Stange vom Grund abstößt
loustern	lauschen (Nähe zum engl.: to listen)
offegroff	aufgerafft/-gehoben
Oschmatz	wörtl.: Arschmatthias, Schimpfwort
Paad/Good	Taufpate/Taufpatin
pluchen	pflügen (Nähe zum engl.: to plough)
possen	Obstbaum veredeln
Pond	Fähre
Roofloch	Heuluke
rolzen	sich balgen/am Boden wälzen
Rääschhaisjen	Räucherkammer
Rauschdebeidel	wildes Kind/Mensch
Säschomeßen	von sä-äschen (pinkeln): pinkelnde Ameisen
Schaiapood	Scheunentor
Schandaal	Lärm, Krach (von frz.: scandal)
Scheißmiehl	bestimmtes Unkraut
Schloatafaaß	Behältnis/Scheide für den Wetzstein
Schmäätz	große Fliege/Brummer
schmexen	unangenehm riechen/stinken
schnausesch	gerne Süßigkeiten essen, wenn man was haben möchte, jdm auf etwas neugierig machen ('Den hamma schausesch gema-ach')
Schniedkraitschen	Schnittlauch
Schoales	Weinbergsgericht, Kartoffelpuffer auf verschiedene Art
Sou	der schmale Durchlass zwischen zwei Häusern, Regentraufe

Spaiß	Mörtel
Spautzemencha	Wunderkerzen
speanenbeeß	richtig böse sein (spinnenböse)
Speanenboom	Spinnweben (erinnern an die Jahresringe eines Baums)
Tautsche	
Treenen fuazen	heftig lachen (ich habe Tränen gefurzt)
Pinnen	Nägel (nahezu identisch mit dem Englischen)
Veijaaurenzuuch	Vieruhrzug
Viawitztuut	Neugier (vorwitzige Tüte)
Waasch	Spülstein
Wentamouß	Grünkohl, in dem Wort steckt 'Winter'
Wiesboom	Holzbalken, der über das aufgetürmte Heu auf dem Wagen gelegt und hinten mit einer Kette befestigt wurde
Ziimisch	Rübenkraut
Empern	Himbeeren
Frejeln	Erdbeeren (von frz. fraises)
Krischeln	Stachelbeeren
Maanen	Brombeeren
Weelen	Heidelbeeren

" [Ein Reisebuch aus dem Jahre 1840 beschreibt] das Moselfränkische in der Stadt Trier so: Die Sprache hat in ihrer volltönenden Breite etwas ungemein treuherziges und gemüthliches. In der Tat wird Moselfränkisch von anderen Deutschsprechenden außerhalb der moselfränkischen Sprachgruppe nur schwer oder überhaupt nicht verstanden. Moselfränkisch wird im gesamten deutschsprachigen Moselraum sowie in der südlichen Eifel, im nördlichen Hunsrück, jenseits des Rheins [Westerwald!] bis ins Siegerland [und Limburg a.d.L.] hinein, im nördlichen und westlichen Saarland, im südlichen Ostbelgien, entlang der deutschen Grenze auch im ostfranzösischen Lothringen und nicht zuletzt im Großherzogtum Luxemburg gesprochen.

Auch die Siebenbürger Sachsen sprechen einen dem Moselfränkischen eng verwandten Dialekt, Siebenbürgisch-Sächsisch. Ihre Vorfahren stammen überwiegend aus dem Rhein-Moselgebiet und benachbarten Regionen, in denen das Moselfränkische in der Zeit ihrer Auswanderung um 1150 verbreitet war. Der Dialekt ist als Reliktmundart in Siebenbürgen über die Jahrhunderte erhalten geblieben und wird immer noch von ca. 200.000

Personen innerhalb und mittlerweile mehrheitlich außerhalb Siebenbürgens gesprochen." (aus dem Wikipedia-Eintrag zu "Moselfränkische Dialekte", abgerufen am 06.07.2017).

Das Moselfränkisch ist eine aussterbende Sprache. Seit Mitte des 20. Jhdts. gehen mit jeder Generation mindestens 50% der Sprecher verloren. Auch in Wintrich beherrschen nur noch die alten Leute das Idiom wirklich gut. Die mittlere Generation zum Teil, die junge fast gar nicht mehr. Zum Glück gibt es Luxemburg, wo es seit 1984 gesetzlich verankerte Staatssprache ist.

Weiter fällt auf (wie bei diversen anderen westdeutschen Dialekten) die größere Nähe zum Niederländischen oder gar Englischen (u.a., weil verschiedene Lautverschiebungen der Hochsprache nicht mitgemacht wurden). Ein besonders prägnantes Beispiel ist das Kölsche 'kallen' (rufen).

54)

Sei gegrüßt, Strom, gerühmt von den Fluren, gerühmt von den Bauern;
dir verdanken die Belger die der Herrschaft gewürdigte Stadt,
Strom, dessen Weinberge mit duftenden Reben bepflanzt sind,
grüner Fluss, auch am grasreichen Ufer mit Reben besetzt!
Schiffe trägst du wie das Meer, strömst talwärts mit eilenden Wogen als Fluss,
besitzest kristallene Tiefe wie Seen, kannst Bächen es gleichtun in hurtigem Lauf
und mit klarem Trank kühle Quellen beschämen.

55)

Ich hab' eine ganz famose, lange grüne Unterhose,
die hat mir bei Tag und Nacht viel Freude schon gebracht.
Mein grünes Beinkleid, hält mir die Nieren warm,
ich kenne keinen Freud, der's besser mit mir meint.
Du hast bei Tag und Nacht, viel Freude mir gemacht,
mein grünes Beinkleid, ich bleib dir treu!

60) Die einschlägigen Eskapaden des europäischen Hochadels sind hinlänglich dokumentiert. Bei Liselottes Briefen konnte man ja noch mit einer Mischung aus gespielter moralischer Entrüstung und patriotischem Überlegenheitsgefühl ausrufen: "Na ja, bei den Franzmännern halt, was war denn anderes zu erwarten?", brenzliger wurde es, wenn die Einschläge

gefährlich dicht lagen. Wilhelm II. musste in seiner Eigenschaft als Oberhaupt des Hauses Hohenzollern mehrfach und drastisch intervenieren. Um seine Spielschulden begleichen zu können, sah sich Neffe Prinz Friedrich Leopold mehrfach genötigt, Land zu verkaufen (seitdem stehen im äußersten Südwesten Berlins hübsche Villenkolonien). Mein Namensvetter Hubertus v. Meyerinck hat ihm und seinen Eskapaden im Jagdschloss Dreilinden und anderswo ein literarisches Denkmal gesetzt. Am Ende hat Onkel Wilhelm ihn ganz einfach entmündigt, im eigenen Haus konnte er das damals aufgrund von Sonderprivilegien ohne Gerichtsbeschluss, kraft eigener Wassersuppe.

Im Jagdschloss Grunewald veranstaltete der preußische Hochadel seinerzeit Orgien, deren 'Niveau' die Teilnehmer einschlägiger zeitgenössischer Events mutmaßlich als Regensburger Domspatzen meet the Trapp Family erscheinen lassen würden. Mit von der Partie: die Schwester des Kaisers. Die Sache wurde dummerweise ruchbar. His Majesty was not amused, das Jagdschloss wurde geschlossen.

61) Maria Puricelli war nach Angaben Kagenecks eine Vertraute und Freundin des Kaisers. Ihre Tochter Marie heiratete im November 1910 den 18 Jahre älteren Major Karl von Kageneck. In einem der Photoalben von Georg findet sich ein Bild, auf dem das frisch getraute Paar, er in Husarenuniform, die Schlosskapelle von Lieser verlässt. 1912 wurde Kageneck 'Flügeladjutant' des Kaisers, im Frühjahr 1918 geriet er im Rang eines Generalmajors in kanadische Kriegsgefangenschaft.

72) Friedrich Franksmann studierte am Lehrerseminar in Osnabrück. Er war der erste Abiturient und angehende Akademiker in der langen Franksmann-Geschlechterfolge. Sofort bei Kriegsausbruch will er sich freiwillig melden, doch sein Vater entschied, er möge erst seine Ausbildung beenden. Ein zweiter Anlauf im Herbst scheitert aus gleichem Grund. Nach Weihnachten 1914 fälscht der Minderjährige die notwendige Unterschrift seines Vaters und wird einberufen. Sechs Wochen nach seiner Meldung ist Friedrich tot. Der 19-jährige, die große Hoffnung seiner stolzen Eltern, ist als Angehöriger der 12. Kompanie des Infanterie-Ersatz-Regimentes 92 am 16. Februar 1915 gefallen bei Perthes-les-Hurlus. Sein Regiment wurde bei der Abwehr einer französischen Großoffensive buchstäblich vernichtet, von knapp 2000 Mann gab es innerhalb weniger Tage mindestens 900 Verluste zu beklagen. Ernst Jünger, dessen hannoversches Regiment im gleichen Abschnitt kämpfte, hat den "Löwen

von Perthes" in seinem berühmten Erstlingswerk ein literarisches Denkmal gesetzt. Die sterblichen Überreste von Friedrich ruhen heute in einem Kameradengrab auf der deutschen Kriegsgräberstätte Suippes/Champagne. Ich habe Ende der 90er Jahre dafür gesorgt, dass sein Name (er war durch Umbettungsarbeiten verloren gegangen) an der Grabstätte ergänzt wurde. R.I.P.

80) Der andere berühmte Drachentöter, Georg, war beritten und daher der Schutzpatron der Kavallerie. Gelegentlich wurde auch der Heilige Michael fälschlicherweise zu Pferde dargestellt, was nur wieder mal die altbekannte Tatsache bestätigt, dass der Anteil Ungedienter unter den Künstlern schon immer überproportional hoch war.

Wie jeder anständige Artillerist haben sowohl mein Ur-/Groß-/Vater und ich selbst versucht, wenigstens eine unserer insgesamt 10 Töchter nach der Schutzpatronin unserer Waffe (zu-gleich! auch anderer Sprengmeister wie den Pionieren und Bergleuten) zu benennen. Dies scheiterte jeweils am entschiedenen und generationenübergreifenden Widerstand unserer Ehefrauen. Ich kann das gut verstehen. Wenn ich eine Frau wäre, würde ich auch nicht gerne zeitlebens 'Barbarin' heißen müssen, bloß, weil mein Papa ein berufsmäßiger Pyromane war.

Als Ausweis seiner Friedfertigkeit hat das britische Königshaus übrigens gleich beide wichtigsten Militärheiligen zu einem seiner höchsten Orden zusammengebracht, dem 'Most Distinguished Order of Saint Michael and Saint George'. Zur Verleihung tragen sowohl Ihre Majestät als auch der/die Ausgezeichnete Stahlhelm - Kinnriemen fest! - weshalb photographische Aufnahmen streng verboten sind.

81) Im Jahre 2011 habe ich mich an das zuständige Bundesarchiv wegen der Partei- und Mitgliedsakte meines Großvaters gewandt. Dort war nichts vorhanden. Man teilte mir mit, dass die NSDAP-Mitgliederkartei kriegsbedingt nur zu 60% vollständig sei. Anders verhielte es sich bei der Mitgliederkartei der SS, die ganz überwiegend erhalten sei.

An Eduards Mitgliedschaft gab es aber keinen Zweifel. Nach langer Recherchiererei habe ich im Internet sogar seine Mitgliedsnummer ausfindig gemacht. Ich halte, auch nach Rücksprache mit befreundeten Zeithistorikern, folgende Version für wahrscheinlich: der wahre Grund für Eduards Austritt wird so oder so ruchbar geworden sein. Selbst falls nicht: man trat nicht einfach so aus der SS aus! Die vorgesetzte Dienststelle wird sich gesagt haben: "So einer, der war nie bei uns!" und seine Akte vernichtet haben.

83) .... Kerle, genau wie die Sexarbeiterinnen, die ab etwa Mitte der Siebziger auch im kleinen Wintrich in einem "Etablissement' arbeiten - meine Großmutter wäre vor Fremdscham am liebsten im Boden versunken.

99) Die einzige bedeutende staatliche Institution, die der nationalsozialistischen Ideologie über die gesamte Zeit (zumindest in Teilen) mit einer gewissen Reserve gegenüberstand, war die Wehrmacht, genauer: das Heer. Dies gilt - zumindest anfangs - auch für die Militärgerichtsbarkeit. Im Polenfeldzug verurteilten mehrere Heeresgerichte SS-Männer, die Juden ermordet hatten, zum Tode. Ich zitiere aus dem (fiktiven) Gerichtsprotokoll:

Richter: "Wieso haben sie die Männer getötet?"

Angeklagter: "Herr Vorsitzender, es waren doch Juden!"

Richter: "Ja ..., und ..., weiter?"

Keiner der Mörder wurde angemessen bestraft. Die Männer wurden vom "Obersten Kriegsherrn" begnadigt.

102) William E. Roberts wurde 1921 mutmaßlich in Hudson County, New Jersey geboren. Am 03. August 1942 begann er in Newark seinen Militärdienst bei der Army Air Force. Bei Einstellung war er 1,65 'groß' und wog 55 kg. Ich finde es bemerkenswert, dass er nur ein Jahr später bereits den Rang eines 'Staff Sergeants' innehat. Sein B-17 Bomber, mit dem er am 17.08. vom englischen Fliegerhorst Framlingham/Suffolk abhebt, trägt die Seriennummer 42-30017 und hat den Spitznamen "All Shot To Hell".

Die Maschine wurde durch Jagdfliegerbeschuss an der linken Tragfläche/Triebwerk schwer getroffen und stürzte ab. Alle 10 Besatzungsmitglieder überlebten und gerieten in Kriegsgefangenschaft.

Der Kugelturmschütze (Ball Turret Gunner) lag auf dem Rücken, schaute aus mehreren kleinen Fenstern aus dem Turm und zielte zwischen seinen Beinen hindurch. Er hatte auch die Aufgabe, das Öffnen und Schließen des Bombenschachtes und den Bombenabwurf zu bestätigen. Die Position war bei Einsätzen besonders gefährlich: Selbst mit fremder Hilfe benötigte der Schütze zum Verlassen des Turms etwa eine Minute – in einer abstürzenden B-17 war so meist nicht genug Zeit, um den Schützen aus seinem Gefängnis zu befreien. Hinzu kommt, dass der Kugelturmschütze aufgrund der räumlichen Enge keinen Fallschirm tragen konnte und nur mittels Karabinerhaken an einem Gurt gesichert wurde, der an der Trägerkonstruktion der Kuppel befestigt war.

103) Die Fragestellung mag aus heutiger Perspektive zumindest teilweise etwas befremdlich erscheinen, damals war sie es nicht. Selbst ein Zeitgenosse, der absolut nichts mit dem nationalsozialistischen Regime am Hut hatte, hätte sich die Frage "soll ich - soll ich nicht" gestellt - und zwar ausdrücklich nicht nur aus Angst vor den möglichen schlimmen Folgen. Schließlich bombardierten die Alliierten nicht nur - wie am 17.08. - Rüstungsbetriebe. Erst wenige Wochen zuvor hatte eine riesige britisch-amerikanische Bomberflotte Hamburg in Schutt und Asche gelegt, wobei 40.000 Ziviltote zu beklagen waren, fast durchweg Frauen, Kinder und Alte. Es ist eine schon lange wissenschaftlich fundierte Tatsache, dass die Alliierten durch solche Akte barbarischer Gewalt der Propagandaarbeit der Nationalsozialisten Vorschub leisteten bzw. ihr Ziel, die Moral der Bevölkerung zu zerrütten, weitgehend verfehlten [vgl. Grayling: Among the dead cities.]

104) "Verbotener Umgang" meinte in der nationalsozialistischen Diktion jedweden Umgang mit zivilen oder kriegsgefangenen Zwangsarbeitern, der über das reine Arbeitsverhältnis hinausging. Auf Geschlechtsverkehr stand (abhängig von Rasse/Nationalität der Beteiligten) KZ bzw. Todesstrafe, aber selbst das gemeinsam an einem Tisch Sitzen war ausdrücklich und bei Strafe verboten. Eduard konnte von Glück reden, dass William (nicht-jüdischer) Amerikaner und nicht "Angehöriger einer minderwertigen Rasse" war. Andernfalls wäre sein Leben wohl verwirkt gewesen. Die auch nur zusammenfassende Wiedergabe der zugrundeliegenden zutiefst rassistischen NS-Gesetzgebung ist mir schlicht nicht möglich.

117) Dies ist in ein Buch über meine Vorfahren, in das meine Eindrücke und Bewertungen einfließen. Es ist kein Buch über mich als handelnden Akteur. Ich möchte hier eine Ausnahme machen und sei es nur, damit in dieses harte Drama aus Kampf und Besitztum auch einmal ein Schuss Romantik einfließt. Diesen Part übernehme ich gerne.

Es gibt unzählige Definitionen nach dem Motto: Heimat ist …

Ich möchte eine hinzufügen bzw. den Schwerpunkt legen auf: Heimat ist, wo einen der Pfeil des Amor zum ersten Mal traf. Bei mir geschah dies im zarten Alter von 6 Jahren in Wintrich. Natürlich gab es eine Vorgeschichte

...sie beginnt im Sommer 1968, wie in jedem Jahr verbrachte ich die wärmsten Wochen des Jahres bei den Großeltern. Meine Mutter war froh, wenn sie wenigstens eines ihrer drei (später vier) Kinder eine Weile los war und für Aenne war ich, nun ja, der Liebling, weil ich ihrem viel zu früh verlorenen Bruder Friedrich so sehr ähnlich sah.

In Wintrich gab es zahlreiche gleichaltrige Kinder, wir gehörten schließlich zu den geburtenstarken Jahrgängen, an Spielkameraden mangelte es also nie. Auf Korbel selbst gab es allerdings 'nur' drei gleichaltrige Mädchen: Bettina, Cornelia (Conny) und Christine, das war mein engerer Kreis. Thomas, der Sohn des Tankstellenpächters war ab und zu da und unter den Kindern des Schleusenpersonals gab es noch Gleichaltrige (auch hier mehr Mädchen), das war der weitere Kreis. Keiner weiter als 200 m entfernt.

Also, Sommer 1968 … es ist die Zeit von Flower-Power und ich sitze mit Bettina auf einer Moselwiese unterhalb des Hauses meiner Großeltern im Gras. Ohne jemals etwas von San Francisco oder Steve McKenzie gehört zu haben, machen wir das, was Wiesenkinder überall auf der Welt seit jeher gemacht haben: wir winden uns Kränze aus Ringelblumen ins Haar. Wahrscheinlich rührt aus diesen intensiven Kindheitserlebnissen meine spätere Vorliebe für Sommerblumenmädchen.

Um uns herum blühende Wiesen - satte Auen mit Obstbäumen - Vögel zwitschern in der Luft - Heuschrecken zirpen endlos - ab und zu kräht ein Bussard - reben- und waldbestandene Hänge ringsum - das sich anmutig windende Tal - Kinderlachen – Mädchenaugen – ein Mund mit Milchzähnen – unsere ganz persönliche, zarte Version des berühmten 'summer of love'.

Die Julisonne scheint heiß von einem hohen blauen Himmelszelt, an dem weiße Haufenwolken gemächlich vorbeiziehen. Es riecht nach Gras, Kräutern und Wasser, denn inmitten dieses Bildes fließt langsam und breit ein silbriger Fluss.

Der schönste Platz in Gottes weiter Welt, er befindet sich auf einer Wiese im wundervollen Tal der Mosel. Dieser schöne Fluss, mit blühenden Auen, umrahmt von grünen Bergen und tiefen, stillen Wäldern. Paul Jüngling hat das mal so ähnlich seiner Frau gewidmet und dass es als großes Geschenk betrachtet werden muss, an diesem Platz seine Kindheit und Jugend verbracht zu haben und alt geworden zu sein.

...es gab noch keine Schule, ...es gab Sommer und Sonne ..., wir waren fünf. Frei und glücklich ...

Natürlich gab es eine Fortsetzung und Steigerung: der berühmte 'summer of 69'!

Ich war an die Stätte meines unbeschwerten Glücks zurückgekehrt und zwar bereits zu Pfingsten. Was soll ich sagen? Es war Mai, es war warm, die Sonne brannte und die Luft war voller Rebblütenstaub, da genügt ein Funke, um das Herz des Sohnes eines Winzermädchens zu entflammen. Ich war Feuer und Flamme für meine Betty. Da die Jungs an der Mosel aus irgendwelchen Gründen Indianer als eher minderwertig abtaten und lieber Cowboys waren, war ich im Sommer bei meinen Großeltern immer als Tom Sawyer unterwegs. Richtig mit Western-Hemd, Goldgräber-Jeans und (wichtigstes Utensil!) den stilechten Hosenträgern. Meine Flamme hieß entsprechend nicht Nscho-Tschi, sondern musste den Namen eines Bleichgesichts tragen. Im Herzen blieb ich Apache.

Conny war mein verstärktes Interesse an Bettina nicht entgangen. Sie sann auf geeignete Abhilfe und fand sie: im Hause Marx kaufte man scheinbar fleißig Schuhe ein, jedenfalls gab es dort eine stattliche Sammlung der damals sehr populären 'Lurchi-Hefte' (Marke Salamander), ich war begeistert, und verbrachte fortan deutlich mehr Zeit bei der Tochter der besten Schulfreundin meiner Mutter. Bis mir irgendwann selber klar wurde, dass ich mich in einem inneren Konflikt befand...

Bettina war (dunkel)blond, hübsch und hinreißend süß.

Conny war schwarz und hinreißend schön, ein Römermädchen, von der Natur mit dem etwas hochmütigen Stolz ihrer Rasse versehen.

Zum ersten Mal in meinem Leben machte ich das ewige Liebesdilemma meiner armen Geschlechtsgenossen durch: du musst dich entscheiden!

Ich rang mit mir, wahrscheinlich ging es mir mindestens 3 Tage richtig schlecht.

Meine Mutter hatte mir eingeschärft, bei den Mädchen nicht bloß auf Äußerlichkeiten zu achten,

mein Großvater hatte mich gelehrt, dass man bei den Frauen immer auch den 'Hintergrund' im Blick haben müsse.

Nun gut, Hintergrund ..., was meint der Opa jetzt mit Hintergrund? Ich beschloss also, den Begriff beim Wortsinn zu nehmen und mal zu gucken, was denn da so in den Hinterhöfen der beiden Bräute los sei. Die Methode sollte sich als gar nicht so verkehrt erweisen. Ich muss voranschicken, dass ich damals einen ganz klaren Berufswunsch hatte: Bauer (nicht Winzer, wirklich 'nur' Bauer. Ich kam aus dem flachen Norden und das Rumgekraxle in den steilen und rutschigen Schieferhängen war mir als Lebensaufgabe schon sehr früh niemals in den Sinn gekommen). Also schaltete ich bei der Untersuchung des 'Hintergrunds' meiner zukünftigen Ehefrau einen Filter ein.

Tom Sawyer in Wintrich 1970

Vater Marx war in erster Linie Weinhändler, mit Landwirtschaft war da, bis auf ein paar Hühner, nicht mehr viel los. Vater Basten-Wirtz hingegen betrieb damals noch einen vollwertigen Bauernhof. Da gab es neben Weinbau auch richtig Milchvieh, nicht bloß Ochsen, wie bei meinem Opa. Damit war die Sache klar. Hier und nirgends anders würde der angehende Jungbauer die angemessene Schule durchlaufen können und falls Bettinas großer Bruder Peter am Tag X nicht konnte oder wollte: ...'Haanesen Huppi' stünde bereit!
Meine Wahl hatte, abgesehen von den besseren beruflichen Perspektiven, den äußerst aparten Vorteil, dass ich es gleichzeitig den Maximen meiner

Mutter und ihres Vaters recht gemacht hatte, was es eigentlich quasi per definitionem nicht geben konnte.

So, die Entscheidung war getroffen, wie weiter? Aus den Wild-West Filmen im s/w - Fernsehen wusste ich, dass Cowboys wie Indianer jetzt 'was machen' mussten, wenn sie am Ende mit ihrer Braut den Wigwam/die Blockhütte auch tatsächlich teilen wollten. Eine beliebte Cowboy-Methode war, einfach an eine Frau heranzureiten, sie auf das Pferd zu ziehen und dann mit ihr im gestreckten Galopp davon zu reiten, der Rest würde sich fügen.

Diese in jeder Hinsicht effiziente Masche erschien mir die Methode der Wahl. Dummerweise hatte mein Opa seine Pferde bereits vor 20 Jahren abgeschafft und mit dem Schlepper (wenigstens wusste ich ab dem Moment, warum das Ding so hieß) wollte ich den Job dann doch nicht erledigen. Was tun? Ich dachte nach. Außer Cowboys und Indianern gab es ja noch diese tollen Ritter! Meine Ritterära würde erst ein paar Jahre später richtig einsetzen, aber ein Schwert und ein Schild hatte ich bereits. Moselland ist Ritterland, es gibt Burgen in Hülle und Fülle, warum war ich eigentlich nicht gleich draufgekommen: ich mache einen auf Minnesänger! Kultivierter Gesang geht bei Frauen schließlich immer!

An einem geeigneten Tag trat ich am geeigneten Ort (wir saßen in einer selbstgebastelten Konstruktion aus Weinbergspfählen im väterlichen Schuppen des Basten-Hofs, wo wir sehr viel Zeit verbrachten - "we 'll build a world of our own, that no one else can share" - zum musikalischen Sturmangriff an.

Damals dudelte in jedem Radio nichts Anderes als deutsche Schlager, so dass ich reichlich Vorlagen hatte und nur geringfügigste Textanpassungen vorzunehmen brauchte. Also schmachtete ich im passenden Moment los: „Arme kleine Tina, du bist so alleine, du hast niemand auf dieser Welt...", um mich sogleich als Lösung des Problems in Form eines Sterns im silberblauen Scheine anzudienen, den das holde Burgfräulein bloß nach Belieben vom Himmelszelt zu pflücken brauche.

Ach Hudavid,[125] du solltest es eigentlich besser gewusst haben. Mit deinem Süßholzgeraspel hättest du vielleicht die kleinen Italienerinnen in deiner hannoverschen Mietskaserne beeindrucken können, hier hantierst

---

[125] So nannte und so nennt man mich nur auf Korbel, der Hintergrund findet sich hier

du mit einem waschechten 'Wintria Mädd'sche', die sind aus anderem Holz geschnitzt - und Rebholz ist bekanntlich ziemlich hart und spröde.
Bettina prustete und lachte in geradezu unverfrorener Manier, der Herr Minnesänger musste seine Flagge streichen.
Moment! Aufgeben? Wegrennen? Feigheit vor dem Feind? Niemals! Ich mobilisierte meine gesamte innere Indianer-, Cowboy- und Ritterehre. Wäre mir die berühmte Parole damals schon geläufig gewesen, hätte ich gerufen:" Die Garde stirbt, aber sie ergibt sich nicht!" So dachte ich ganz schlicht im Stillen: „Sieg oder Tod!", riss den Helm vom Kopf und ging zum Frontalangriff über. (C'est la guerre pour l'amour?).
Sagen wir mal so, mein Kuss - der erste meines jungen Lebens auf die Wange eines nicht verwandten weiblichen Wesens - vollzog sich durchaus in eher schüchterner Manier und gar nicht stürmisch, aber immerhin, es war vollbracht!

Ich hatte nicht damit gerechnet, eine leidenschaftliche Erwiderung zu erleben. Auch bekam ich keine geklebt. Die Reaktion war gleichwohl absolut niederschmetternd: „Hudavid! Datt ma-ascht ma doch nit!"
Mit gesenktem Haupt verließ ich die Stätte meiner ultimativen Schmach. Und wegen dieser blöden Dorftrulla hatte ich einer richtig heißen Biene einen Korb gegeben!
Alles Selbstmitleid half nichts, die Sache war unheilbar vermasselt, ich erging mich in Kummer und Gram.
Meine Mutter war weit und meiner Oma hätte ich mit meinen Frauengeschichten erst gar nicht zu kommen brauchen, die hätte mich sofort zum Beichtstuhl geschleppt oder gleich zum nächsten Exorzisten.
Ich musste also allein zurechtfinden. „Indianer weinen nicht. Sie kennen weder Schmerz noch Herzeleid", habe ich mir wohl hundertfach gesagt und meinen Liebeskummer anderntags durch einsames Spiel auf einem mit Sand beladenen Anhänger zu vergessen versucht. Ein nicht ganz ungefährlicher Spielplatz und ich war dazu unkonzentriert. Ich fiel rücklings von dem Anhänger und zu meinem Herzen brach ich mir auch noch ein Bein!

Man verbrachte mich in das Bernkasteler Krankenhaus. Die dusselige Krankenschwester hatte die Flasche mit dem Feuerwasser vergessen. Also renkte mir der Medizinmann das linke Schienbein unsediert ein. Vor

einem halben Jahrhundert mussten auch die kleinsten Krieger vom Stamme der Haaneesen schon richtig tapfer sein, c'est la guerre.
Schlimmer waren die seelischen Schmerzen. Eine halbe Ewigkeit bekam ich keinen Besuch, das hatten sich die bösen Schamanen so ausgedacht. Wenn ich auf meinem Krankenhausbett lag, hin und wieder eine heimliche Träne aus dem Auge wischend, fand ich Trost in den Liedzeilen Camillo Felgens, des erfolgreichsten Musikers moselfränkischer Zunge, den es je gegeben hat:[126]

Irgendwann erwacht ein neuer Tag, die dunklen Stunden geh'n vorbei.
Es bleibt in Sorgen - Hoffnung auf morgen, alle Herzen werden frei - und höher schlagen!
Nach 14 Tagen kehrte ich nach Korbel zurück. Und wer hat dort auf mich gewartet, wer sollte mir tagelang nicht mehr von der Seite weichen und mich als gute Squaw fürsorglich umsorgen und unterhalten?
Meine Bettina!

Irgendwann wird wieder Sonne sein, am hohen blauen Himmelszelt!
Gestern noch einsam, morgen gemeinsam - alle Herzen schlagen wieder froh und frei!

Wir sollten noch einen weiteren Sommer zusammen am großen ruhigen Fluss verbringen.
An einem Augustmorgen des Jahres 1970 ritt der Knappe Hudavid zu Korbelsteyn auf einem geraubten Pony von den Moselwiesen herauf, ließ es auf der Dorfstraße vor dem Basten-Hof Front machen, um standesgemäß Urlaub von seiner Minne zu ersuchen, die neben ihrer Mutter Hilde etwas geknickt im Fenster stand.
Visier auf: "Arme kleine Tina, trockne deine Tränen - und verliere nie den Mut!
Ein and'rer wird dich lieben und zärtlich verwöhnen, dann ist alles wieder gut."
Ein letzter Kuss über die Schwertklinge (diese kecke Geste ist nur den Knappen vorbehalten, ein Ritter senkt zum Abschiedsgruß die Lanze), Visier zu, dann ritt ich von dannen um mich fortan, wie alle jungen

---

[126] Biographisches zu Camillo Felgen findet sich hier

Krieger meiner Generation, ganz der Komplettierung meiner Briefmarkensammlung sowie dem Trix-Metallbaukasten zu widmen. Das Interesse für kleine Burgfräuleins oder Nscho-tschis wird erst viele Jahre später wiedererwachen.

Ganze 25 Jahre sollten nach diesem bewegenden Abschied vergehen, bevor wir uns wiedersahen, ausgerechnet beim Wintricher Karneval. Exzellente Umstände, wird jetzt vielleicht manch einer denken. Klar, vor allem, wenn rechts und links die Ehepartner stehen. Es war ein schönes, aber etwas verkrampftes und reichlich kurzes Wiedersehen.

Der andere Grund meiner schlaflosen Feriennächte hat den Wigwam ihrer Eltern nie verlassen. Conny habe ich einige Male in Wintrich wiedergesehen. Dann war es immer gleich sehr locker und herzlich und wir schwelgten - gerne bei einem guten Glas Wein - in unseren gemeinsamen Kindheitserinnerungen. Sie mag meine Treue zu den Jagdgründen meiner Ahnen, ich mag ihren komplett bodenständigen Lebensentwurf.

Conny im Sommer 1969

Beide - Bettina wie Cornelia - leben noch heute mit dem Mann, für den sie sich als junge Frauen entschieden haben. Längst haben sie Kinder und bald wohl auch Kindeskinder. Conny hat alle wunderbaren Gaben ihrer Mutter geerbt: das südländisches Temperament, das strahlende Lachen und vor allem den unverwechselbaren Klang ihrer ganz eigenen Version des Wintricher Platts, mit einem etwas stärker als üblich rollenden 'r'.

Bei der Passion 2017 sah ich sie auf der Bühne wieder und sie spielte die Maria. 'Meine' Conny, die Muttergottes!

Spröde wie Rebholz können sie sein, die Mädchen von der Mosel,
jedoch auch zart und süß, wie der frische Most aus der Kelter.
Ruhig und schön wie eine Auenwiese,
manchmal stolz wie ein eleganter Riesling.
Moselmädchen sind vor allem eines: treu wie Gold!

120) Zu den angenehmen Begleiterscheinungen langjährigen Militärdienstes gehört die intensive Gelegenheit zum Studium menschlicher Marotten der verschiedensten Art. An der Offizierschule in München gab es einen unvergesslichen Hörsaalleiter. Der Mann hatte, wie viele Vertreter seiner Zunft - heute noch auf hohen Rossen, morgen durch die Brust geschossen - der kluge Mann baut vor - ein durchaus intimes Verhältnis zu seinem Herrgott. Also ließ er uns bei jeder Geländebesprechung im Rahmen der Taktikausbildung in den schönen Gauen Oberbayerns eine 'Morgenandacht' abhalten. Damit ist nicht die im Landserjargon so bezeichnete morgendliche Befehlsausgabe gemeint. Nein, kaum waren wir am Besprechungspunkt aus dem Bus geklettert, fing ein jeder von uns sofort zu überlegen an, wo man wohl das MG-Nest am trefflichsten platzieren könne und durch welchen Geländeabschnitt der Panzerangriff am erfolgversprechendsten nach vorne zu führen sei. Nach 5 Minuten musste jeder in der Lage sein, eine taktische Geländeansprache durchzuführen. Bevor er aber einen Kandidaten aufrief, sagte OTL Filthaut jedes Mal: "Meine Herren, jetzt nehmen wir uns alle eine Minute Zeit und bewundern die schöne Schöpfung Gottes." Der Mann war Hubschrauberpilot, wahrscheinlich lag da der tiefere Grund sowohl seines Vertrauens zu Gott als auch seiner intensiven Schau von dessen Schöpfungskunst.
Eine weitere Episode aus meiner Münchner Zeit gehört an sich ebenfalls nicht hierher, allenfalls in Verbindung mit dem Verhalten der kaiserlichen Hoheiten in Lieser. In diesem Zusammenhang ist folgendes Beispiel hocharistokratischer Nonchalance einfach zu köstlich, um es dem Leser vor zu enthalten.
Unser Militärgeschichtslehrer in München war ein Oberstleutnant Bruder. Als er in den Sechzigerjahren anheuerte, gab es noch keine Bundeswehruniversitäten. Also hat er - à la bonheur! - ein komplettes Geschichtsstudium nach dem Dienst absolviert. Der gute Mann legte folglich zu Recht großen Wert auf seinen akademischen Grad M.A.,

weshalb wir ihn nur 'Bruder Emma' nannten. Als junger Offizieranwärter in einem Panzerbataillon nahm Bruder Emma einmal an einem Essen teil, das der Bataillonskommandeur für alle Fähnriche seiner Einheit bei sich zu Hause ausrichtete.

Die längste Zeit verläuft alles unspektakulär, auch der Nachtisch ist ohne besondere Vorkommnisse verzehrt, als dem Fähnrich zu Waldeck-Pyrmont beim Digestif ein veritabler Aufstößer geräuschvoll entweicht.

In der hochnotpeinlichen Stille wendet der junge Prinz sich, ohne auch nur einen Hauch von Verlegenheit, an die Gastgeberin: "Entschuldigen Sie, gnädige Frau, unten war schon zu."

123) Dazu das Bild auf Seite 251: Commandante (auch im Weinberg nie ohne 'den treuen Kameraden jedes einsamen Freiheitskämpfers') und Maximo Líder inspizieren eine Internationale Brigade im Ernteeinsatz 1967. Die Mutter passt auf Enrique und der Sohn auf Eduardo auf. Die aparte Dame rechts im Sonntagsstaat und mit Kind versucht erst gar nicht, den Eindruck von Arbeit zu vermitteln. Die beiden britischen Soldaten (lange Haare) im Hintergrund überlegen gerade, wie sie sich am unauffälligsten verkrümeln könnten, was den beiden französischen Soldaten (sehr kurze Haare) bereits gelungen ist, wie man sehen kann. Der Einzige, der vermittels einer typischen Handbewegung wenigstens den Anschein von Arbeit zu erwecken trachtet, ist der vierjährige Autor.

124) "Nikolaus selbst kennzeichnet den Gedanken der Koinzidenz (coincidentia oppositorum), des Zusammenfalls der Gegensätze zu einer Einheit, als Kernelement seiner Betrachtungsweise oder Methode (womit er nicht eine Lehre oder ein System meint). Mit diesem Konzept tritt er als Urheber einer neuen Theorie auf, die der bisherigen Philosophie gefehlt habe. Er meint, alle geistige Anstrengung müsse sich darauf richten, die „einfache Einheit" zu erreichen, in der alle Arten von Entgegengesetztem (opposita) zusammenfallen, somit paradoxerweise auch die kontradiktorischen (widersprüchlichen) Gegensätze, die einander nach dem aristotelischen Satz vom Widerspruch ausschließen. Die Einbeziehung auch dieser Gegensätze in die allumfassende Einheit ist das Neue gegenüber den früheren Ansätzen." Wikipediaeintrag, abgerufen am 24.05.2017

125) mein 'nom de guerre', mir selbst im zarten Alter von 14 Monaten auf Korbel gegeben, gegen den verzweifelten Widerstand meines Vaters: "Wie heißt du? - HUDAVID! - Nein, du heißt Hubertus. Wie heißt du? -

HUDAVID! - Nein, Hubertus. Wie heißt du? - HUDAVID! HUDAVID! HUDAVID!'' Michael hat sich vor Begeisterung auf die Schenkel gehauen, sein Sohn Michael nennt mich heute noch so.

Als Hubertus noch sehr klein, wollt' er gern ein '' David'' sein
allenfalls von seinem Namen, wollt' er noch das "Hu" ertragen.
Und so fordert er naiv, daß "HUDAVID" man ihn rief.
Ratlos sann die family '' Wie kommt das Kind auf die Idee? ''
War das gar ein altes Omen, daß dank seiner Chromosomen
fern aus der Geschlechter Tiefe, doch das gelobte Land ihn riefe?
Trotz der genau'sten Eruierung, blieb erfolglos die Sortierung;
nirgends fand sich je ein Nam', wie Sarah oder Abraham;
weit und breit bei Quints und Klinks,-
HUDAVID schwieg rätselhaft, -wie die Sphinx.-
Und so wurd' bis heut nicht klar
was in den Hubertus gefahren war.
Verfasst von Tante Hildegard 1988
126) Camillo Felgen (eigentlich Camille Jean Nicolas Felgen), (1920 - 2005), war ein bekannter Luxemburger Sänger, Texter sowie Radio- und Fernsehmoderator. 1958 wurde er von Radio Luxemburg zum ersten deutschsprachigen Programmleiter berufen. Als Texter machte sich Camillo Felgen ebenfalls einen Namen. Unter seinem einzigen Pseudonym Jean Nicolas schrieb er über 2000 Lieder, unter anderem die Texte zu Schöner fremder Mann für Connie Francis und Ich zähle täglich meine Sorgen für Peter Alexander. Auch schrieb er 1964 für die Beatles die deutschen Texte ihrer Hits Komm gib mir deine Hand (I Want to Hold Your Hand) und Sie liebt dich (She Loves You).
In den Jahren 1960 und 1962 nahm er für Luxemburg beim Eurovision Song Contest teil. 1960 wurde er in London mit seinem Titel Sou laang wéi s du do bass, gesungen in luxemburgischer Sprache, Letzter. 1962 in Luxemburg erreichte er mit seinem französisch gesungenen Titel Petit Bonhomme den dritten Platz. Zu seinen bekanntesten Liedern in deutscher Sprache gehören Sag warum? nach einer Melodie von Phil Spector. Die Single verkaufte sich 800.000 Mal. Von 1965 bis 1973 übernahm er für den Westdeutschen Rundfunk die Leitung der Fernsehsendung Spiel ohne Grenzen, die er 125-mal moderierte. (Wikipedia-Eintrag, abgerufen am 12.06.2017)

Literaturverzeichnis

Allen, Henry T.: The Rhineland Occupation. Bobbs-Merrill, Indianapolis ca. 1926

Andres, Stefan (Text)/*Weisweiler, Hermann* (Fotos): Die Mosel. Greven, Köln ca. 1968

Andres, Stefan: Der Knabe im Brunnen. Piper, München und Zürich 1994

Ausonius, Decimus Magnus: Mosella. Reclam, Stuttgart 2000

Brockhaus Konversations-Lexikon. 14. Auflage. Berlin und Wien 1895.
Benutzte Bände: 7 zu Garde, 10 zu Lichterfelde, 11 zu Metz, 13 zu Rheinprovinz und 16 zu Weinbau.

Browning, Christopher: Ganz normale Männer. Das Reserve-Polizeibataillon 101 und die "Endlösung" in Polen. Rowohlt, Hamburg 1999

Bruhns, Wibke: Meines Vaters Land. Ullstein, Berlin 2007

Choreße-Pheder (Müller) seim Sohn: Unser Jubeljahr. Denkschrift anläßlich des 150-jährigen Bestandes von Zsombolya (Hatzfeld) 1766-1916, 17 S., Selbstverlag

Dahl, Roald: ... und noch ein Küsschen. Rowohlt, Hamburg 1961
In der Geschichte 'Geschmack' erwähnt Dahl einen Wein der Lage Geiersley

Erschens, Hermann: Literarische Schauplätze an der Mosel. Husum 1990

Grayling, A.C.: Among the dead cities. Is the targeting of civilians in war justified or a crime? Bloomsbury, London 2006

Jahrbuch 1998 des Kreises Bernkastel-Wittlich. Monschau, Weiss-Druck 1998

Jünger Ernst: Gärten und Strassen. E.S. Mittler & Sohn, Berlin 1942

Jünger Ernst: Afrikanische Spiele. Hanseatische Verlagsanstalt, Hamburg 1936
In diesem vielleicht 'schönsten' seiner Werke beschreibt der Autor auf seinem Weg in die Fremdenlegion 1913 kurz auch die Atmosphäre in der Garnisonsstadt Metz. S. 36ff.

Jüngling, Paul: Wintricher Blätter. Sonderband: Das Dritte Reich auf einem Moseldorf. 236 S., Selbstverlag, Wintrich, 2002

Jüngling, Paul: Wintricher Blätter. Nr. 1, 2, 17, 24 und 29. Selbstverlag, Wintrich 1997 - 2004

Kageneck, August Graf von: Lieutenant de panzers. Perrin, Paris 1994
Der Autor ist ein Sohn der Freiin Marie v. Schorlemer und schildert im ersten Kapitel die Gegebenheiten in Lieser im ersten Drittel des 20. Jhdts.

Krüger, Hardy: Was das Leben sich erlaubt. Mein Deutschland und ich. Hoffmann & Campe, Hamburg 2016

Markham, James M.: Meandering along Germany's Moselle. Artikel in der New York Times, Travel. Ausgabe vom 28.07.1985. Im Internet:
http://www.nytimes.com/1985/07/28/travel/meandering-along-germany-s-moselle.html?pagewanted=all

Müller, Ingo: Furchtbare Juristen. Die unbewältigte Vergangenheit der deutschen Justiz. Kindler, München 1987

Neu, Peter/Orth, Hubert: Am Ende das Chaos. Weiss, Monschau 1982

Quint, Eduard: Handschriftliche Lebenserinnerungen. ca. 70 Seiten, 1982/85. Diese hochinteressante Quelle wurde erst nach Herausgabe der Familienausgabe aber rechtzeitig vor Drucklegung dieser Ausgabe entdeckt, sie scheint aber nicht vollständig zu sein.

Ruby, Jürgen (Hrsg.): Privilegierte Lager? Westalliierte Flieger in deutscher Kriegsgefangenschaft während des Zweiten Weltkrieges. Berlin 2014

Schaaf, Erwin (Hrsg.): Zeitenwende. Das 20. Jahrhundert im Landkreis Bernkastel-Wittlich. Wittlich 2000

Schaaf, Erwin: Neubeginn aus dem Chaos. Wittlich 1985

Strache, Wolf: Das Moselbuch. Bong, Berlin ca. 1937

Taddey, Gerhard (Hrsg.): Lexikon der deutschen Geschichte. Kröner, Stuttgart 1983

Transfeldt, Walter: Wort und Brauch in Heer und Flotte. Hrsg. Von Hans-Peter Stein. 9. überarb. und erw. Aufl., Spemann, Stuttgart, 1986

Viebig, Clara: Die Goldenen Berge. Rhein-Mosel-Verlag, Briedel 1994

Vogts, Hans: Die Kunstdenkmäler des Kreises Bernkastel. 15. Band, I. Abteilung in der Reihe: Die Kunstdenkmäler der Rheinprovinz. Im Auftrage des Provinzialverbandes herausgegeben von Paul Clemen Düsseldorf, 1935. Nachdruck im Verlag der Akademischen Buchhandlung Interbook, Trier 1981

ANNO 1602

The soundtrack to this motion picture is NOT available for sale, but here are the titles:

Wilde Gesellen	Autor: Fritz Sotke, Wandervogellied
Boss guitar	Duane Eddy & Rebelettes
Oh Susanna	Evelyn Künneke
Schöner fremder Mann	Connie Francis
Da sprach der alte Häuptling der Indianer	Gus Backus
Andre, die das Land so sehr nicht liebten	Zupfgeigenhansel
Another you	The Seekers
A world of our own	The Seekers
Sag mir wo die Blumen sind	Marlene Dietrich
San Francisco	Scott McKenzie
Arme kleine Sheila	The Nordwinds
Irgendwann erwacht ein neuer Tag	Camillo Felgen
Riverside	Agnes Obel

Lektorat: Ulrich Klink, Hamburg, Erika Moser, geb. Quint, Pfullendorf; Matthias Quint, Liescr

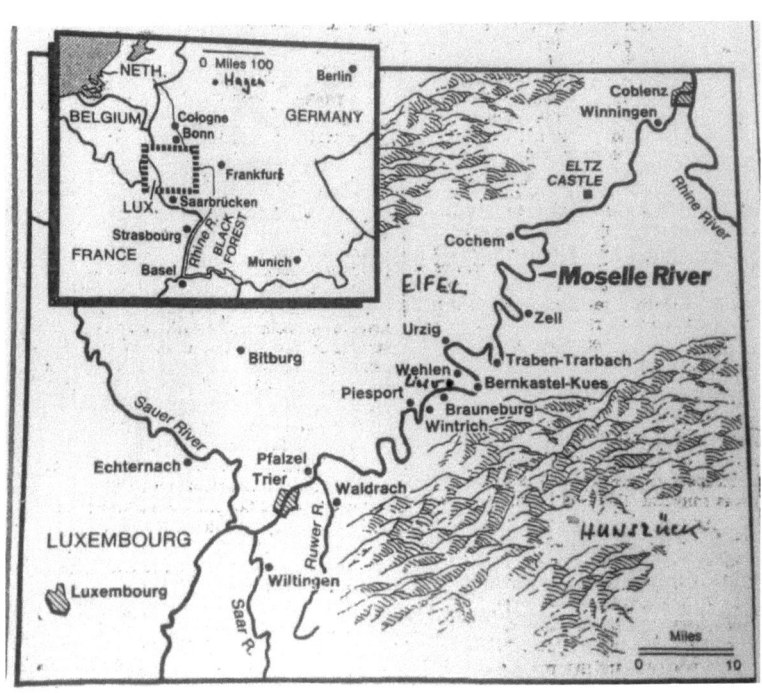

Die Hauptpersonen von 'Gratwanderung'

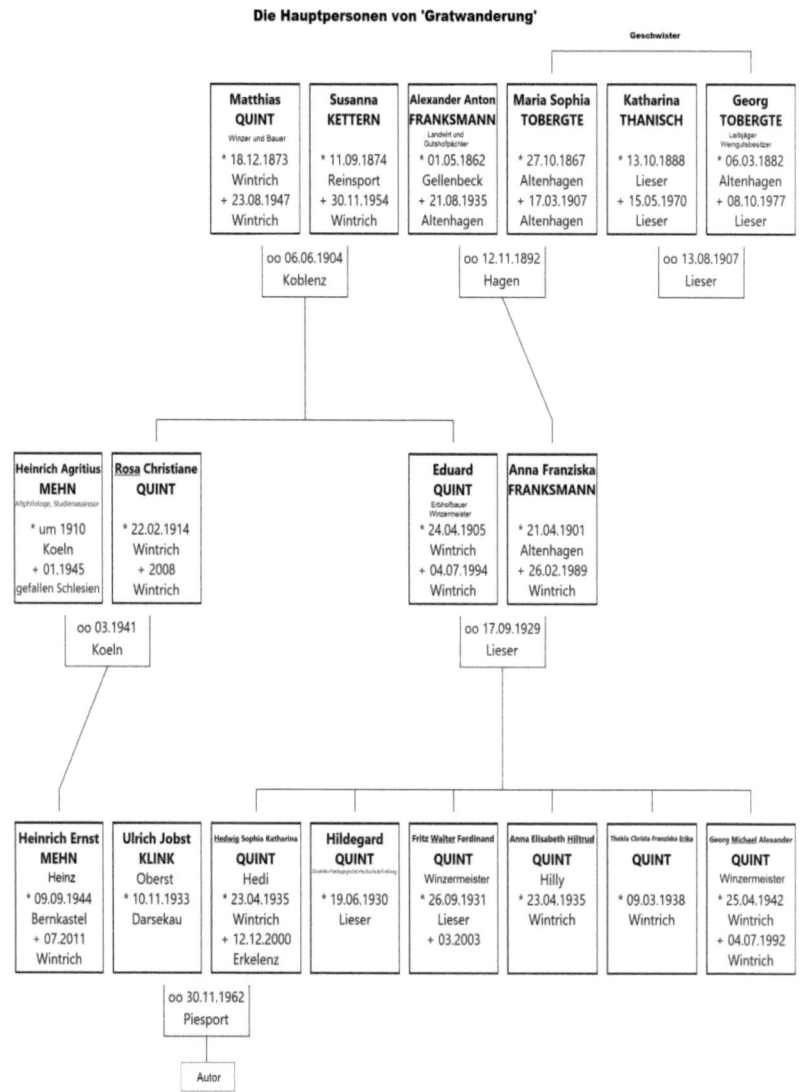

WEINKÖNIGIN JOHANNA I.
2017 - 2019
WEINORT WINTRICH/MOSEL

Altdeutsche Weinstube in St.Michael

original sind der Dielenboden und der Eichenwandschrank an der Stirnseite

Fachwerkhäuser des 17./18. Jhdts. am Dorfplatz ‚Linde', im Hintergrund die Pfarrkirche St. Stephanus

Der Autor mit dem König der Dornen nach der letzten Vorstellung der Wintricher
Passionsspiele 2017.
Geboren 1963, verheiratet, 5 Kinder.
Abitur am Cusanus Gymnasium Erkelenz, Studium der Geschichte, Erziehungs-
und Politikwissenschaften an der Helmut-Schmidt-Universität in Hamburg.
11 Jahre als Jünger der Barbara in Idar-Oberstein, Tauberbischofsheim und
Würzburg.
Seit vielen Jahren mit Sack und Pack sowie dem Segen des Auswärtigen Amts
weltweit unterwegs als 'Botschafter des Moselweins'.